KÄSE

FABRIQUE EN

WISSENSWERTES · ESSEN · TRINKEN

KÄSE

Genuss und Vielfalt aus Europa

Fabiano Guatteri

VERLEGT BEI
KAISER

Titel des italienischen Originals: »Formaggi«
Einzig berechtigte Übertragung aus dem Italienischen: Mag. Maria Schlick

Redaktion und Bildredaktion:
Redaktionsleitung: Valeria Camaschella
Technische Koordination: Roberto Ghidoli
Graphische Zusammenstellung: Marco Santini
Redaktionelle Zusammenstellung: Davide Bernardini

Bildnachweis: Alle Fotografien dieses Bandes stammen von DeA Picture Library, geleitet von Ada Mascheroni 2P, AF. Studio, B. Annebicque, M. Borchi, W. Buss, G. P. Cavallero, G. Cigolini, N. Cirani, T. Ledoux, F. Liverani, G. Losito, R. Marcialis, P. Martini, A Pagani, L. Perazzoli, C. Sappa, M. Sarcina, G. Sioen, D. Staquet, S. Vannin, A. Vergani, G. Wright), mit Ausnahme der folgenden: AFIDOP/Broadbent-Libra 98, 107, 112, 116, 125u, 131, 137, 141, 144u, 152u, 154o, 159, 165, 166, 170; Agriform 12, 18u; Archivio ERSA del Friuli-Venezia Giulia 128o; Assopiemonte DOC e IGP 100u, 133, 154u; Caseificio Sociale di Manciano 145; Caseificio Tempestoso 105u; Centro Operativo Formaggi Trentini 151o, 164, 167; Comunità Montana Langa delle Valli/G. Carosso 101; Centro Internazionale di Documentazione Alpina »Terre Alte-Oscellana« 97; Consorzio Tutela Asiago 94, 95; Consorzio Tutela Fontina 117; Consorzio Tutela Gorgonzola 123, 124; Consorzio Tutela Mozzarella di Bufala Campana 132o; Consorzio Tutela Provolone Valpadana 150; Consorzio Tutela Ragusano 153; Dutch Dairy Organisation 173u, 174o, 175u, 176o; Ersal 111u, 113o; Fattorie Italia/Cooperlat 110u, 119, 161, 171; Formaggi di Francia 32, 36, 37, 40, 41, 42, 44, 45, 46, 47, 49, 51, 52, 58, 59, 60, 61, 62, 63, 65, 68, 69, 70o, 72, 73, 74, 75, 77, 78, 79, 80, 81, 84; ICEX-Foods From Spain-APQE (Asociación de Productores de Quesos Españoles) 192, 198, 201, 202, 204, 207, 208, 209, 212, 213, 215; Latteria Sociale di Marsure 127o; Mofin Alce 125o, 128u; Occelli Agrinatura 115; A. Ramella 50o, 64u, 156o, 158o, 168o; Svizzera Turismo 185 ; U. Torromacco 180, 96, 99o, 102, 103, 104, 105o, 106o, 108o, 109o, 110o, 111o, 113u, 114u, 118, 120, 121, 122, 126o, 127u, 129, 130u, 134u, 135, 136, 139, 140, 142, 143u, 144o, 146u, 147u, 148u, 149, 151u, 152o, 155u, 156u, 157, 160, 162, 163, 169u, 172; Ufficio Economico e Commerciale di Spagna/A. De Benito 190u, 191o, 193o, 194o, 195, 196o, 197o, 198o, 206o, 210u, 211o, 214u, 216; www.fromages.com Bruno Bois 53o, 70u, 83o.

Deutsche Erstausgabe

Einbandgestaltung und Satz: Context Type & Sign Pink GmbH, St. Veit/Glan
Gesamtherstellung: Gorenjski Tisk, Kranj-Slowenien

Inhalt

Einführung

Im Laufe der Jahrtausende wurden von den Menschen viele Dinge entwickelt, welche in dieser Form in der Natur nicht vorhanden waren und zum Ausdruck menschlicher Kultur geworden sind – Produkte, die durch Bearbeitung entstanden sind und zum Teil auch religiöse Bedeutung erhalten haben. Dies gilt auch für Lebensmittel: so sind Brot, Wein und Öl eng mit dem Christentum und der Kirchenliturgie verbunden.

Diesen drei Nahrungsmitteln kann man noch, etwas weltlicher, den Käse zur Seite stellen, dem aber ebenfalls in gewissem Sinn ein geheimnisvoller Kult zugrunde liegt und auch nicht ganz ohne religiöse Bedeutung ist. Käse entsteht aber nicht wie Wein oder Essig durch einen selbstständigen Prozess, wie etwa der Gärung, welche Zucker in Alkohol oder Wein in Essig umwandelt. Denn durch einfaches Stehenlassen eines Eimers Milch erhält man keinen Käse. Dafür muss man nämlich die Milch zum Gerinnen bringen – etwa durch Beigabe von Lab, wodurch die Milch eindickt, ohne sauer zu werden.

Bei vielen Völkern der Antike war es üblich, den Göttern Tieropfer darzubringen, und da Schafzucht weit verbreitet war, waren die bevorzugten Opfer vermutlich die auch als Reinheitssymbol geltenden Lämmer. Der grausame Brauch verlangte, dass die Anwesenden die Säure aus dem Labmagen des Lammes tranken. Waren jedoch sehr viele Teilnehmer zugegen, dann wurde diese Säure mit frisch gemolkener Milch verdünnt. Dabei gerann die

Eine prächtige, einladende Edelschimmel-Käseplatte.

frische Milch – sie dickte immer mehr ein bis man schließlich Käse erhielt. Man entdeckte, dass dieses Produkt länger aufbewahrt werden konnte als die Milch. Die Herstellung wurde weiter verfeinert, sodass der Käse noch länger gelagert werden konnte.
Somit begann man, die überschüssige Milch zu Käse zu verarbeiten. Käse war nahrhaft, hatte einen angenehmen Geschmack und war länger haltbar als andere Nahrungsmittel. Außerdem konnte er in Quersack oder Satteltasche befördert werden und war eine sehr einfache und praktische Wegzehrung für Hirten, Reisende und alle, die weitere Strecken zurücklegen mussten. Das geschätzte Nahrungsmittel wurde sehr schnell zu einer wertvollen Tauschware und konnte teilweise, vor allem in der Ernährung der Erwachsenen, die Milch ersetzen. Käse wurde wirtschaftlich so bedeutend, dass für eine vermehrte Käsegewinnung auch mehr Milch produziert wurde. Die ersten Käsesorten wurden aus der Milch von Schafen und Ziegen erzeugt, da diese Tiere bereits vor den Rindern vom Menschen gezüchtet und genutzt wurden. Erst später wurde Kuhmilch verwendet, welche einen guten, vielleicht neutraleren Geschmack aufwies und sehr gut für die Käseproduktion geeignet war.

Tierzucht ist eine der ältesten Erwerbstätigkeiten des Menschen. Oben: eine Melkszene auf einem Wandgemälde, das in Sakkara (Ägypten) gefunden wurde.

VON DER MILCH ZUM KÄSE

Die Tiere, von welchen der Mensch seit jeher Milch bezieht, sind Haustiere wie Rinder, Schafe und Ziegen. Die Entdeckung der Eigenschaften des Ferments Lab und die dadurch mögliche Käseproduktion führten zu einer erheblichen Steigerung der Lebensqualität der Menschen. Käse erwies sich sehr bald als nahrhaftes, lange haltbares Produkt, das den Speiseplan bereicherte. Vermutlich passierte der erste Schritt zur Käseerzeugung, die Milchgerinnung, rein zufällig. Man weiß nicht, wo wirklich erstmals Käse hergestellt wurde, oder welches Volk sich als Erfinder des Käses rühmen darf. Die heutige, durch moderne Technologie unterstützte Käseproduktion basiert auf denselben Prinzipien wie jene der Vorzeit. Manche Käsesorten haben bereits jahrhundertealte Tradition (um 1200 wurde erstmals Stracchino-Käse – der spätere Gorgonzola – hergestellt, 1270 der damals als *»Vacherinus«* bezeichnete Fontina, 1347 Parmigiano Reggiano und wenige Jahre später Caciocavallo), andere Sorten sind relativ neu. Alle basieren jedoch auf dem gleichen Prinzip. Nach italienischem Gesetz darf die Bezeichnung *»formaggio«* (Käse) nur für Produkte angewendet werden, welche aus durch Lab oder Milchsäure geronnener Vollmilch, Magermilch oder Sahne erzeugt werden, wobei auch Fermente und Salz beigefügt werden dürfen.

Bereits mit der Herstellung der ersten Käse entwickelte sich in prähistorischen Zeiten und zu Beginn der Antike eine wahre Käsekultur. Ein in Bagdad erhaltenes sumerisches Basrelief aus dem 3. Jahrtausend v. Chr. belegt, dass die Hirten in Mesopotamien bereits damals Käse hergestellt haben. Dieses Relief zeigt, angefangen beim Melken, alle Vorgänge der Käsebereitung. Man nimmt an, dass die Sumerer etwa 20 verschiedene Frischkäse-Arten herstellten. Auf einem ägyptischen Sarkophag des 2. Jahrtausends v. Chr. fand man eine Abbildung eines Dieners beim Melken einer Kuh.

Das älteste Fundstück in Italien stammt mehr oder weniger aus der gleichen Epoche. Es handelt sich dabei um ein Tonsieb, das zum Abseihen der Molke verwendet wurde. Man fand dieses Sieb im Städtchen Piadena (Provinz Cremona). Ein bekannter literarischer Bezug ist bei Homer zu finden, welcher Odysseus an der Küste Kampaniens landen lässt. Hier leben die Zyklopen, ein Volk von Tierzüchtern, welche auch Käse herstellten.

Polyphem, das Dorfoberhaupt, welches Odysseus und seine Gefährten als Geiseln hält, wird beschrieben, wie er Schafe und Ziegen melkt, die geronnene Milch in Form bringt, in Behälter (vermutlich aus Weidengeflecht) zum Abtropfen gibt und einen Teil der frischen Milch zum sofortigen Konsum zur Seite stellt.

»Jezto saß er, und melkte die Schaf' und meckernden Ziegen
Nach der Ordnung, und legte den Müttern die Säugling' ans Euter;
Ließ von der weißen Milch die Hälfte gerinnen, und setzte
Sie zum Trocknen hinweg in dicht geflochtenen Körben;
Und die andere Hälfte verwahrt' er in weiten Gefäßen,
Dass er beim Abendschmause den Durst mit dem Tranke sich löschte.«
(Odyssee, 9. Gesang, Verse 244-246).

Einige Völker, beispielsweise die Etrusker, verwendeten pflanzliches Lab. Es ist also kein Zufall, dass diese Praxis in den toskanischen Crete Senesi, wo die Etrusker einst lebten, auch heute noch angewendet wird. Das Gerinnen der Milch konnte auch durch pflanzliche Substanzen, wie den Blüten wilder Artischocken oder Feigenmilch, eingeleitet werden. Die Römer übernahmen die Produktionstechnik nicht nur von den Griechen, sondern auch von den Etruskern, nutzten nun aber reichlich die bis dahin nur selten verwendete Kuhmilch. Zur Zeit der römischen Kaiser durfte Käse bei Banketten mit raffinierten kulinarischen Genüssen nicht fehlen. Die Römer verbreiteten die Kunst der Käseherstellung auch in den von ihnen eroberten Ländern.

Im 1. Jh. v. Chr. schrieb Marcus Terentius Varro über die damaligen Hauptkäsesorten – aus Kuh-, Ziegen- und Schafsmilch – über frische und länger gelagerte Käsesorten, wobei er dem mit Hasenlab oder Ziegenlab hergestellten Käse gegenüber dem mit Lammlab erzeugten den Vorzug gab.

Käseverarbeitung in einer Miniatur aus dem Mittelalter.

Im 1. Jh. n. Chr. beschrieb der römische Schriftsteller Lucius Iunius Moderatus Columella in seinen Büchern über die Landwirtschaft den Prozess der Käsegewinnung aus Milch. Er wies auf verschiedene pflanzliche Gerinnungsmittel wie Distelblüten und Feigenmilch hin, gab jedoch Kälberlab und Ziegenlab den Vorrang.
Mit dem Zerfall des Römischen Reichs und dem Eindringen der Barbaren kam die Käseproduktion fast zum Erliegen. Nur in Klöstern und einigen abgeschiedenen Bergdörfern wurde weiterhin Käse hergestellt.
Im Laufe des Mittelalters waren vor allem länger gelagerte Käsesorten weit verbreitete Nahrungsmittel: sie waren sehr nahrhaft, lange haltbar und standen das ganze Jahr zur Verfügung. Zu dieser Zeit entwickelte man auch in einigen Klöstern (Zisterzienser und Benediktiner) verfeinerte, auch heute noch angewendete Techniken zur Herstellung und Haltbarmachung von Käse. Es ist kein Zufall, dass bereits in Schriftstücken aus dem Mittelalter einige der bekanntesten italienischen Käsesorten erwähnt werden. 1477 wies der Arzt Pantaleone da Confienza in seinen *Summa Lacticiniorum* auf die pflanzlichen Substanzen und tierischen Labenzyme hin, welche für die Milchgerinnung verwendet wurden und welche auch für die Unterschiede zwischen den Käsesorten verantwortlich waren. Bekannt war auch, dass die richtige Menge des Gerinnungsmittels für die Haltbarkeit des fertigen Käses ausschlaggebend war.

DER SCHUTZHEILIGE DER KÄSEMACHER

Auch Käser haben einen Schutzpatron – den hl. Lucius, dessen Namenstag am 12. Juli gefeiert wird. Als Beschützer der Hirten und Senner wird er mit Stab, Käselaib, Messer und dem Palmzweig des Märtyrers dargestellt. Nach der Überlieferung war Lucius ein Hirte, der nicht zögerte, den als Zahlung für seine Dienste erhaltenen Käse an die Armen zu verteilen. Der geizige Eigentümer fürchtete, dass Lucius auch seine Güter verteilen würde, misshandelte ihn immer gröber und erstach ihn schließlich. Nach einer anderen Version wurde Lucius von seinem geizigen Herrn davongejagt, worauf er sich in die Dienste eines anderen Herrn begab. Die im neuen Dienst zu betreuende Herde vermehrte sich rasch und versprach hohen Gewinn, während der frühere Herr in Armut geriet und nun, von Neid und Hass getrieben, den Hirten umbrachte.

Ein eigener Name für jede Käsesorte

Viele für den Eigenverbrauch bestimmte Nahrungsmittel waren einst nur den Produzenten und in der jeweiligen Gemeinde bekannt. Als durch den Handel viele Käsesorten auch außerhalb des ursprünglichen Gebietes verbreitet wurden, stellten sich die allgemeinen Bezeichnungen wie Weichkäse, Bergkäse oder Schafskäse bald als allzu ungenau heraus. So gibt es bessere und weniger gute Schafskäse, weshalb die unterschiedslose allgemeine Bezeichnung auch irreführend sein kann. Um die beliebteren Käsesorten besser erkennen zu können, wurden Herkunftsbezeichnungen eingeführt, welche den Namen von Berg, Gemeinde oder Region der Herstellung trugen. Käse konnte also mit Hilfe geographischer Hinweise identifiziert werden. So nahmen zum Beispiel Käse aus Asiago, Montasio, Taleggio den Namen des Produktionsgebietes an. Mit dem Erfolg einer Käsesorte weitete sich oft das Produktionsgebiet von der ursprünglichen Gemeinde auch auf benachbarte Orte aus. Vor der Gründung von Standesvertretungen waren die Käsebezeichnungen überhaupt nicht geschützt. Nicht selten kamen Produkte auf den Markt, die ganz einfach die gefragteste Herkunftsbezeichnung trugen, aber woanders hergestellt worden waren. So konnten für Käsesorten minderer Qualität bessere Preise erzielt werden.
Irreführung, falsche Herkunftsbezeichnungen, Verkauf von Produkten niedriger Qualität zu erhöhten Preisen haben nicht nur den Käsemarkt geprägt, sondern jeglichen Handel mit typischen Produkten, wie auch von Weinen. Die heutige Aufmerksamkeit, welche auf Spezialitäten des Nahrungsmittelmarktes und somit auch auf das Käseangebot gerichtet ist, bekam Mitte der 1990er-Jahre einen kräftigen Impuls. Davor gab es nur wenig Fachliteratur und auch in Zeitschriften konnte man nur wenige Artikel über Käsesorten finden.

»Mangiatori di ricotta« *(»Ricotta-Esser«) in einem Gemälde aus dem 16. Jh. des Malers Vincenzo Campi aus Cremona. Der Ricotta-Käse scheint zu schmecken.*

Durch bestimmte EU-Verordnungen, welche die weitere Herstellung zahlreicher typischer Produkte gefährdeten, einerseits und durch die Anerkennung geschützter Gebiets- und Herkunftsbezeichnungen andererseits wurde großes Augenmerk auf die Wichtigkeit der Typisierung gelenkt. Heute kauft der Konsument sehr aufmerksam ein, prüft Etiketten sehr genau und kontrolliert Warenzeichen und eventuelle geschützte Herkunftsmarken. Reist man etwa in die Gebiete des Büffel-Mozzarella oder des Fiore Sardo, so sucht man nach dem Geschäft, welches die besten Milchprodukte verkauft, oder wendet sich direkt an den Produzenten. Das Verkosten vor Ort ist insofern wichtig, da man so zum Beispiel den Geschmack eines bestimmten Frischkäses, der eben erst fertig gestellt wurde mit jenem der gleichen Marke vergleichen kann, den man zuhause im Geschäft bekommt. Auf diese Weise kann man den Geschmack prüfen, die organoleptischen Eigenschaften erkennen, sodass man – wieder zuhause – mit größerer Sicherheit jene Bezugsquelle aussuchen kann, welche die beste Qualität und Frische garantiert. Manchmal hilft die am Herstellungsort gewonnene Kenntnis, den Kauf eines bestimmten Produktes abzulehnen, wenn es nicht der Qualität entspricht oder gar einen verfälschten Geschmack aufweist. In solchen Fällen ist es zweifellos am besten, direkt beim Produzenten zu bestellen.

Käse sollte in keinem Kühlschrank fehlen, da er zu jedem Essen passt. Als Zutat bei zahlreichen Rezepten hat Käse oft nur eine ergänzende Funktion und macht nur selten den mengenmäßig größeren Teil eines Gerichtes aus. Er würde es jedoch verdienen, nicht nur als letzter, kleiner Gang eines üppigen Mahles serviert zu werden, sondern auch als große Hauptmahlzeit. Traditionell wird Käse im Stück serviert, kann aber, ebenso wie Fisch oder Fleisch, ausgezeichnet mit Beilagen und manchmal auch mit Saucen serviert werden. Als eiweißhältiges und kräftigendes Nahrungsmittel kann Käse ein reichhaltiges, abwechslungsreiches und vollständiges Hauptgericht ergeben.

Mozzarella-Herstellung. Oben: das Verrühren der Käsemasse; unten: die »mozzatura« (»Abschlagen, Abschneiden«) der Mozzarella-Stränge.

In diesem Buch werden für jede Käseart nicht nur die passenden Weine vorgeschlagen, sondern auch Koch- und Serviervorschläge gemacht. Denn ein feiner Käse sollte auch nur mit feinen Speisen und zarten Gewürzen kombiniert werden, um seinen Geschmack nicht zu übertönen.

Produktionsverfahren

Sobald die Milch in der Käserei ankommt, wird sie entweder als Vollmilch oder entrahmte Milch weiterverarbeitet. Für manche Käsesorten werden zwei verschiedene Milcharten verwendet – fettarme Milch und Vollmilch. Die Trennung von Fett und Milch kann auf zweierlei Art erfolgen: entweder durch Zentrifugieren, wobei die Vollmilch in Sahne und fettarme Milch oder Magermilch aufgespalten wird; oder dadurch, dass man die Milch in weite, nicht sehr tiefe Gefäße füllt und wartet, bis die fetten Anteile (die Sahne) obenauf schwimmen. Die Sahne kann zu Butter weiterverarbeitet werden, die Milch zu Käse. Aus Vollmilch werden meist Frischkäse oder sehr bald zu verzehrende Käse hergestellt. Für länger haltbare Sorten muss die Milch vollständig oder teilweise entrahmt werden. Für italienischen Parmesan, einen halbfetten Käse, wird Milch verwendet, die am Abend gemolken, über Nacht stehen gelassen und dann entrahmt wurde; dazu kommt am Morgen gemolkene Vollmilch. Die so zusammengesetzte Milch füllt man in Kessel, welche bei einigen Käsesorten die Form einer umgedrehten Glocke haben können. Hier wird sie auf eine Temperatur zwischen 30 °C und 40 °C gebracht und Lab beigefügt. Das Labpräparat, das pflanzlicher oder tierischer Herkunft sein kann, bewirkt nicht nur die Gerinnung der Milch, sondern beeinflusst auch den Geschmack der Käsesorte. Viele Molkereien verwenden industriell hergestelltes Lab – so kann dieselbe Käsesorte etwa vom Bauern oder Senner mit Kälberlab, in den großen Käsereien jedoch mit industriell hergestelltem Lab produziert werden. Die Angaben bei den einzelnen Einträgen dieses Führers beziehen sich auf die traditionell verwendeten Labfermente – meist Lab von Kälbern, Ziegen oder Schafen –, obwohl diese in den Molkereien inzwischen vielleicht ganz oder teilweise durch industriell hergestellte Präparate ersetzt wurden. Die Milch flockt zu einer käsigen Masse aus, der so genannten Dickete oder Gallerte; nach weiteren Schritten wird diese Masse mit Tüchern aus den Produktionskesseln gehoben und meist auch gepresst, bis sie ihre jeweils charakteristische Form angenommen hat. Dann lässt man die trocken gesalzenen oder in Salzlake gelegten Käselaibe reifen; manche Käsesorten lässt man zusätzlich noch mehr oder weniger lang altern.

Nach einjähriger Lagerung werden die Parmigiano-Reggiano-Laibe geprüft. Der Käsemeister beurteilt die Qualität nach dem Ton, der beim Abklopfen des Laibes mit einem kleinen Hammer zu hören ist.

Käsesorten

Die Liste der verschiedenen Käsesorten weist sehr unterschiedliche Gruppen auf, beispielsweise Brühkäse, Hartkäse, Streichkäse, Käse aus Ziegen-, Schafs-, Kuh- oder Büffelmilch. Um eine Klassifizierung vorzunehmen, müssen ein oder mehrere Auswahlkriterien berücksichtigt werden. So kann man die Konsistenz der Käsesorte (weich, fest etc.), den Reifegrad und die Milchart, aus welcher die Sorte hergestellt wurde (Kuh, Schaf etc.) als Merkmale heranziehen. Bei einer Einteilung nach der Konsistenz und somit meist auch nach dem Alter kann man vereinfacht vier Basisgruppen unterscheiden: Frischkäse, Weichkäse, Schnittkäse und Hartkäse.

FRISCHKÄSE

Frischkäse sollten immer sehr bald nach der Fertigstellung konsumiert werden. Dazu gehören der korsische Brocciu, streichfähige Ziegenkäse, Mascarpone, und die nach dem Filata-Verfahren »gezogenen« Käsesorten Mozzarella, Fior di Latte und Burrata.

WEICHKÄSE

Dies sind Käse, die man nicht länger als 60 Tage reifen lässt; sie sind nicht sehr lange haltbar. Es gibt Weichkäse mit Rinde und solche ohne Rinde. Zu den letztgenannten gehören der griechische Feta und der italienische Crescenza. Weichkäse mit (manchmal sehr dünner) Rinde sind Taleggio, manche Robiola-Käse, Italico und Camembert.

SCHNITTKÄSE

Meist sind dies halbfeste Käsesorten, welche zwei bis sechs Monate gelagert wurden. Dazu gehören der englische Cheddar, der Schweizer Appenzeller und die italienischen Fontina, Montasio und Fiore Sardo. Die Kategorie umfasst auch Blauschimmelkäse wie Roquefort, Gorgonzola, Danablu und manche Brühkäse wie Provolone und Caciocavallo – allerdings nur Povolone, welcher nicht älter als ein halbes Jahr ist, denn länger gereifter Provolone gehört zu den Hartkäsesorten. Da sich die Eigenschaften einer Käseart im Laufe der Zeit verändern, gehören auch einige Sorten verschiedenen Kategorien an. Schnittkäse sind, richtig aufbewahrt, relativ lange haltbar, mit Ausnahme der Blauschimmelkäse, deren Haltbarkeit zwar länger als jene von Weichkäsesorten, aber doch begrenzt ist.

HARTKÄSE

Die Käsesorten dieser Kategorie haben mehr als sechs Monate Lagerung hinter sich. Sie sind fest, aber brüchig, haben eine feste oder sehr feste Rinde und sind lange haltbar. Dazu gehören außer den bei den Schnittkäsesorten bereits erwähnten Montasio, Fiore Sardo und Provolone, auch Parmesan, Pecorino Romano, Appleby's Cheshire, Queso Manchego und Sbrinz. Auch wenn das Alter dieser Käsesorten oder die Kategorie nicht genau bekannt sind, so eignen sich sehr feste Hartkäse immer gut zum Aufreiben.

Erwärmen des Käsebruchs

Eine weitere Klassifikation bezieht sich darauf, ob und auf welche Temperatur der Käsebruch erwärmt wurde. Dieses Kriterium erscheint nicht selbstverständlich, da eine visuelle Prüfung der Käsestruktur zwar vielleicht das Alter, aber nicht so leicht eine erfolgte Erwärmung (»Brennen«) des Produkts erkennen lässt. Solche Erwägungen schränken jedoch den Wert und die Genauigkeit dieses Klassifikationskriteriums nicht ein. Man kann aufgrund der Verarbeitungstemperatur zwei Typologien unterscheiden.

KÄSE MIT ROHEM TEIG

Solche Käsesorten wurden bei einer Temperatur zwischen 32 und 35 °C einer raschen Reifung unterzogen und mit natürlichen Säuren versehen. Sie sind teilweise identisch mit den weichen Frischkäsesorten und manchen halbweichen Schnittkäsesorten. Die Käselaibe sind kaum schwerer als 2–3 kg und können aus allen Milchsorten erzeugt werden. Die bekanntesten Käsesorten mit rohem Teig sind Mozzarella, Fior di Latte und weitere Brühkäse, Crescenza, Robiola, Italico und Gorgonzola.

KÄSESORTEN, DEREN TEIG NACHGEWÄRMT WURDE

Bei vielen Käsesorten wird die Bruchmasse auf eine Temperatur von 36–58 °C erhitzt (»Brennen«). In der Regel wird in der Käserei der Bruch für jene Käsesorten nachgewärmt, welche für eine lange Lagerung (sechs Monate bis zu mehreren Jahren) vorgesehen sind. Käse, die nur mittellang gelagert oder frisch verkauft werden, belässt man meist roh. Man kann auch bestimmte Weichkäsesorten verschieden lange unterschiedlich hohen Temperaturen aussetzen, um mehrere Varianten zu erhalten, die aber vom Äußeren her identisch sind.

Käse mit nachgewärmtem Teig werden im Allgemeinen aus Kuh- oder Schafsmilch gewonnen und in Laiben vermarktet, deren Gewicht bis zu 40 kg betragen kann. Zu dieser Kategorie gehören beispielsweise Emmentaler, Greyerzer, Appenzeller, aber auch die verschiedenen Parmesan-Käse.

Bra-Käselaibe, die zum Reifen im Keller einer Piemonteser Käserei gelagert sind.

Reifung und Affinage

Bei der Käseproduktion können verschiedenste Arten erzielt werden – weichere und feste, Brüh- und Grana-Käse, kürzer oder länger haltbare. Die letzte Phase der Käseerzeugung, die Reifung und *Affinage,* verleiht dem Käse grundlegende Eigenschaften. So muss gesagt werden, dass etwa bei einem Formaggio di Fossa eher die besondere Art der Lagerung in *fosse* (in den Felsen gehauene Gruben) den Charakter dieser Käsesorte ausmacht als die verwendete Milch oder die Art der Käsebereitung. Der Terminus *Affinage* (»Verfeinerung«) bedeutet jedoch nicht, dass man ganz einfach wochen- oder monatelang auf den Käse »vergisst«, sondern, dass ein aktiver Prozess im Gange ist. Unter *Affinage* versteht man alle Behandlungen, die dem Käse zuteil werden, bis er fertig für den Verzehr ist. So spielt neben Temperatur, Feuchtigkeit und Belüftung auch die sorgfältige Bearbeitung durch den Menschen eine bestimmende Rolle; denn er dreht die Käselaibe um, wäscht die Rinde, reibt sie ein – zusammenfassend kann man sagen, dass er den Käse »pflegt«.

Um die Bedeutung dieser Phase zu betonen, braucht man nur darauf hinzuweisen, dass eine der berühmtesten Käsesorten der Welt – Roquefort – seinen einzigartigen Charakter während der *Affinage* annimmt. Denn davor haben jene Käselaibe noch keinen besonderen Geschmack und sind auch noch nicht mit dem Schimmelpilz geimpft. Die frischen Laibe werden in Caves – natürliche Höhlen im Mont Combalou, welche von Menschenhand ausgebaut wurden – gebracht. Dieser Berg ist wie ein Schwamm mit einem Labyrinth von Höhlen und Gängen durchzogen, welche sich auf eine Länge von 2 km und eine Breite von 300 m erstrecken. In diesen Höhlen entwickelt sich der besondere Schimmelpilz des Roquefort-Käses – *Penicillium roqueforti* – welcher hier einen besonderen Charakter angenommen hat.

Viel weniger bekannt ist Oira, eine kleine geschichtsträchtige Gemeinde in der Provinz Verbania. Der Ort entstand nach dem Jahr 1000 an der *»Via Francisca«*, welche durch die Ossola-Täler führt und die sich zum Teil mit der *Route Napoléon* über den Simplon-Pass deckt. Wenn man dieses Gebiet heute besucht, kann man noch immer jene Merkmale erkennen, welche einst das tägliche Leben prägten: Brunnen, Mühlen, Brotbacköfen und

Keller zum Aufbewahren von Wein und Milchprodukten. Einst waren das kleine Dorf Oira und die restlichen Ansiedlungen der Ossola-Täler rund um die Käserei angelegt – traditionell wurde Rinderzucht betrieben, Butter und Käse erzeugt sowie Wein angebaut. Butter und Käse wurden in der »Schichtmolkerei« hergestellt, an die die Bauern (jede Familie besaß mindestens eine oder zwei Kühe) jeden Morgen die frische Milch lieferten. Die Käserei wurde von den Bauern abwechselnd betreut – jeden Tag kam ein anderer dran. Durch diese kleine Genossenschaft konnte eine beträchtliche Menge an Rohmaterial, Zeit und Feuerholz eingespart werden. Sobald die Käselaibe gereift waren (zu diesem Zweck verfügte die Molkerei auch über einen geräumigen Keller), wurden sie unter den Genossenschaftsmitgliedern je nach gelieferter Milchmenge aufgeteilt. Nur eine kleine Menge wurde verkauft; der größte Teil wurde von den Mitgliedern selbst verbraucht. Die im 19. Jh. offiziell gegründete Schichtmolkerei von Oira war in einem Gebäude aus dem 17. Jh. untergebracht und bis vor wenigen Jahren in Betrieb. Nachdem moderne Genossenschaftskäsereien in den Ossola-Tälern entstanden sind, wurde sie aufgelassen. Im Winter 2003/04 wurde das Gebäude mit der ursprünglichen Käsereieinrichtung restauriert; heute wird wieder Käse zu Demonstrationszwecken produziert. Auch der darunter liegende Keller mit Mauern aus in der Gegend gewonnenen Steinen wurde vom Käse-Affineur Luigi Guffanti aus Arona wieder restauriert, da er schon längere Zeit nicht genutzt worden war. Dabei wurden dort, wo es nötig war, Material zu ersetzen, Steine von alten, zerstörten Gebäuden verwendet. Das Traditionshaus Guffanti wurde 1876 gegründet und ist seither immer von derselben Familie geführt worden. Heute lässt man den aus Rohmilch hergestellten Toma »Natur« oder auch im Trester der lokalen Rebsorte Prunent reifen.

Schutzmarken

Die europäischen Konsumenten tendieren heute bei der Auswahl von Nahrungsmitteln zu gesunden, qualitativ hochwertigen Produkten. Manche Nahrungsmittel sind auch von besonderer gesellschaftlicher und wirtschaftlicher Bedeutung, da sie nur in einer bestimmten Region oder nach einem besonderen traditionellen Verfahren hergestellt werden. Für das Fortbestehen dieser Produkte ist eine Qualitätssicherung unerlässlich. Bei der großen Vielfalt der in Europa produzierten Lebensmittel tauchen immer wieder Regionalprodukte auf, welche auch außerhalb der regionalen und nationalen Grenzen bekannt werden. Es kommt aber auch vor, dass auf dem Markt andere Produkte unter dem gleichen Namen als »echt« verkauft werden, dass also unlautere Konkurrenz betrieben wird. Aus diesem Grund führte die EU 1992 ein System mit geschützten Ursprungsbezeichnungen (g.U.) und geschützten geographischen Angaben (g.g.A.) ein, um die große Vielfalt der in den Mitgliedsländern erzeugten Nahrungsmittel zu bewahren und den Konsumenten vor Missbrauch und Verfälschungen zu schützen.

Die Abkürzung g.U. steht für Produkte, welche nach einem ganz bestimmten, anerkannten Verfahren in einem genau beschriebenen geographischen Gebiet produziert, bearbeitet und verfeinert wurden. Die besondere Charakteristik des Produktes muss seine Wurzeln hauptsächlich im Herkunftsgebiet haben. Zur Herkunft gehören nicht nur geographische, sondern auch menschliche und Umweltfaktoren, wie Klima, Bodenbeschaffenheit und das Wissen um bestimmte Herstellungstechniken.

Die Abkürzung g.g.A. verlangt jedoch nur, dass eine der Phasen Produktion, Bearbeitung oder Verfeinerung eine Verbindung mit dem bestimmten geographischen Gebiet aufweisen. Überdies muss es sich um ein Produkt handeln, welches durch lange Tradition im Herkunftsgebiet einen bestimmten Bekanntheitsgrad erreicht hat.

Um die Käseformen richtig aufzubewahren und durch Affinage zu verbessern, muss mit großer Sorgfalt vorgegangen werden. Gegenüberliegende Seite: das Bürsten der Käselaibe (oben) und Entnahme eines Böhrlings zum Verkosten (unten).

Für die Herstellung als g.U. oder g.g.A. bezeichneter Produkte gibt es genaue Vorschriften über die Beschaffenheit der verwendeten Zutaten, die einzelnen Verarbeitungsvorgänge, sowie die organoleptischen (Farbe, Geruch, Geschmack) und qualitativen Merkmale des fertigen Nahrungsmittels. Die Anwendung dieser Vorschriften wird von autonomen öffentlichen Prüfeinrichtungen sowie unabhängigen Prüfern von Seiten der Produzenten überwacht. Die Norm bezieht sich auf Käse und andere Nahrungsmittelprodukte (Öl, Gemüse, Obst, Würste etc.).

Doch wie erhält man ein g.U.- oder g.g.A.-Siegel (oder etwa in Frankreich ein AOP- und in Italien ein DOP- oder IGP-Siegel)? Sowohl die Produzenten als auch die Weiterverarbeiter können im Mitgliedsstaat um die Registrierung ihres Produktes ansuchen, und müssen ihr Erzeugnis im so genannten Lastenheft spezifizieren. Die Besonderheit eines solchen Produkts besteht vor allem in der Anerkennung bestimmter Unterschiede zu ähnlichen Produkten durch die EU. Dabei kann es sich nach dem EU-Gesetz 2082/92 um traditionell verwendete Grundstoffe oder traditionelle Produktions- und/oder Verarbeitungstechniken handeln. Der Produktname muss entweder ein nur für dieses Produkt verwendeter eigener Name sein oder die Spezifität des Produkts ausdrücken. Wenn dem Ansuchen im Mitgliedsstaat stattgegeben wird, so wird es an die EU-Kommission weitergeleitet. Diese prüft das Ansuchen und hält Rücksprache mit den anderen Mitgliedsstaaten, welche Einwände – so sie begründet sind – erheben dürfen. Wird das Ansuchen angenommen, so schreibt die Kommission das spezifische Produkt in das Register ein. Die Kommission kann darüber hinaus ein

EU-Symbol definieren, welches am Etikett angebracht oder bei der Produktpräsentation verwendet werden kann. Nach dem EU-Gesetz müssen die Mitgliedsstaaten für öffentliche und private Kontrolleinrichtungen sorgen, sodass die besonderen Produkterwartungen (aufgrund der beim Ansuchen angeführten Eigenschaften) auch erfüllt werden. Die Strukturen für die ministerielle Genehmigung müssen konform zur Norm EN 45011 sein. Die Kosten für die Kontrolle werden von jenem Amt getragen, welches die Spezifität bescheinigt. Die registrierten Produktnamen sind gegen jeglichen Täuschungsversuch oder Betrug, welche den Konsumenten irreführen könnten, geschützt.

Käse schneiden

Käse richtig zu schneiden ist nicht ganz einfach und erfordert, vor allem bei großen Käselaiben, etwas Geschicklichkeit. Außerdem ist die richtige Portionierung Grundlage für eine gepflegte Käseplatte.
Runde Laibe von weicherem Käse, etwa Gouda, schneidet man in tortenförmige Stücke. Wenn diese Keilstücke sehr hoch sind, werden sie in der Höhe nochmals halbiert. Wenn man jedoch einen Käselaib mit sehr breitem Durchmesser, wie Parmesan oder Emmentaler zerteilt, schneidet man aus dem ganzen Stück einen Keil heraus, dessen Spitze bis in die Mitte der Käseform reichen sollte. Wenn man nun von der Keilspitze her beginnt abzuschneiden, erhält man bei weicheren Käsesorten Scheiben und bei härteren Käsesorten große Bruchstücke. Sobald man bei der Hälfte des Keils angelangt ist, schneidet man die Stücke radial bis zum Rand des Käselaibes.

Kleine runde Formen, wie es allgemein bei Ziegenkäse der Fall ist, werden in der Breite halbiert. Quadratische Käseformen wie Pont-l'Evêque werden in der Mitte durchgeschnitten und dann, bevor man Scheiben schneidet, die beiden Hälften wieder zusammengestellt, damit der sehr weiche Käse nicht auseinander rinnt; festere Käsesorten wie Raschera kann man in dreieckige Stücke schneiden. Längliche Käseformen, wie Havarti, werden am besten in nicht zu dünne Scheiben aufgeschnitten, um nicht eine unnötig große Oberfläche mit Luft in Kontakt zu bringen.

Käse und Ernährung

Bereits in der Antike galt Käse als wertvolles Nahrungsmittel, welches neben Fleisch eine alternative, leicht konservierbare und reichlich vorhandene Eiweißquelle darstellte. In manchen Zeiten, vor allem im Mittelalter, diente Käse sogar als Zahlungsmittel und wurde als Mietzahlung oder im Tausch gegen andere Güter gerne angenommen. Das Leben in den Jahrhunderten nach dem Fall des Römischen Reichs bis zum wirtschaftlichen und sozialen Wiederaufblühen nach dem Jahr 1000 war für die Menschen in den verschiedenen Regionen sehr mühselig. Zu dieser Zeit war Käse eine Grundnahrungsquelle.

Durch den erhöhten Nährwert eignet sich Käse als Hauptgericht, als Teil davon, oder – wie es häufig vorkommt – als Dessert. Eine Käseauswahl kann jedoch einen reichen zweiten Gang oder auch ein Einzelgericht ausmachen, besonders wenn dieses mit Salat, Honig und frischen oder trockenen Früchten garniert wird. Frischkäse, also Käsesorten, die nicht wesentlich länger als einen Monat gelagert wurden, sind meist weich und enthalten viel Wasser (welches bei längerer Lagerung verdunstet). Daher ist ihr Nährwert geringer. Lange gealterte, nunmehr harte Käsesorten enthalten hingegen Nährstoffe in konzentrierter Form. Die Käse-Eiweißmenge und auch der biologische Wert sind ebenso groß wie in Fleisch (je höher der biologische Wert, desto größer ist die Fähigkeit des Organismus, Eiweiß aufzunehmen). Parmigiano Reggiano enthält 36 Kalorien/100 g, eine weniger nahrhafte Käsesorte weist nur etwa 20 Kalorien auf, entspricht aber der durchschnittlichen in Fleisch enthaltenen Kalorienzahl. Überdies ist Käse das kalziumreichste feste Nahrungsmittel, weshalb er bei der Ernährung abgestillter Kinder nicht fehlen darf und auch während der ganzen Kindheit und Jugend ein fester Bestandteil bleiben sollte. Aus dem gleichen Grund ist Käse sehr gut für Frauen, welche nach der Menopause unter Mineralstoffmangel leiden, für schwangere Frauen, Sportler und ältere Menschen, die nicht gerade un-

ter Bluthochdruck leiden. Für Vegetarier ist Käse eine perfekte Nahrungsergänzung, um Kalzium aufzunehmen. Die Kalziumaufnahme wird durch einen leicht sauren pH-Wert im Darm begünstigt (ein solcher Wert entsteht durch einen hohen pflanzlichen Anteil in der Ernährung), durch einen basischen pH-Wert jedoch teilweise gehemmt (charakteristisch für eine Ernährungsweise mit hohem Fleischanteil). Überdies ist Käse viel reicher an Phosphor als der allgemein als Phosphorspender bekannte Fisch. Grana-Käse enthält beispielsweise etwa dreimal soviel Phosphor wie Fisch mit durchschnittlichem Phosphorgehalt.
Es heißt allerdings, dass vor allem gealterte Käsesorten nicht für Personen geeignet sind, welche unter Arteriosklerose und Bluthochdruck leiden; denn die im Käse enthaltene Aminosäure Tyrosin wandelt sich während der Lagerung in Tyramin um, welches einen Anstieg des Blutdrucks bewirken kann.

Eiweißmengen folgender Nahrungsmittel in Gewichtsprozenten

Grana	33,9
Emmentaler	28,5
Cheddar	25,0
Frischer Thunfisch	21,5
Rumpsteak eines erwachsenen Rindes	21,3
Filet eines erwachsenen Rindes	20,5
Brie	19,3
Huhn	19,0
Büffel-Mozzarella	16,7
Zahnbrasse	16,7
Forelle	14,7
Hühnerei	12,4

Quelle: Istituto Nazionale di Ricerca per gli alimenti e la nutrizione, Rom.

»Al contadino non far sapere, quanto sia buono il cacio colle pere« *(»Den Bauern lasse ja nicht wissen, dass Käse und Birnen so gute Bissen«): das italienische Sprichwort hebt die Kombination Käse und Birnen hervor; Käse harmoniert aber auch mit vielen anderen Nahrungsmitteln sehr gut.*

Führer zur richtigen Handhabung des Buches

VISITENKARTE
Diese kleine Tabelle listet in kurzer und übersichtlicher Form die wichtigsten Informationen über die jeweilige Käsesorte auf: Herstellungsgebiet, Milchart (Kuhmilch, Schafsmilch, Ziegenmilch), Art des Labpräparats (hier wird die Labsorte angegeben, welche in den kleinen, traditionellen Herstellungsbetrieben verwendet wird), Reifung und Haltbarkeit.
Die Hintergrundfarbe entspricht jener der Herkunftsländer in den untenstehenden Kästchen:

Dänemark	**Deutschland**	**Frankreich**
Griechenland	**Großbritannien**	**Italien**
Niederlande	**Österreich**	**Schweiz**
	Spanien	

Der Text der jeweiligen Einträge beginnt mit einer Beschreibung der Käsesorte, vor allem von **Form, Rinde, Teig** (mit eventueller **Lochung**), **Geruch** und **Geschmack.** Auch eventuelle Schutzmarken (g.U.; *siehe auch Seite 224*) werden angegeben.

Herstellung und Reifung. In diesem Absatz werden das Verfahren zur Käseerzeugung, geeignete Lagerräume sowie die Dauer von Reifung und Lagerung behandelt.

Käse und Küche. Vorschläge zum Garnieren anderer Speisen, deren Aromen und Geschmack durch den Käse unterstrichen wird. Außerdem wird auf manche Rezepte hingewiesen, in welchen die Käsesorte als Zutat verwendet wird.

Käse und Wein. Dieser Absatz hilft bei der Auswahl des zum Käse passenden Weines.

Geschichte. Unter diesem Titel werden historische Informationen zur jeweiligen Käsesorte geliefert.

Weitere Absätze, welche mit **Ähnliche Käsesorten, Andere Käsesorten des Gebietes** oder **Andere Käsesorten** betitelt sind, können die Produktpalette eines Gebietes oder Landes noch vervollständigen

Danablu

Visitenkarte

Herstellungsgebiet
ganz Dänemark

Milch
Kuhmilch

Fermentierung
Kälberlab

Reifung
3–5 Monate

Aufbewahrung
im weniger kühlen Teil des Kühlschranks, in der originalen Metallfolie, damit der Teig nicht gelb wird; er ist auch in Kunststoffschalen mit 200 g Inhalt erhältlich: hier reicht es, den Käse in der unbeschädigten Schale aufzubewahren und das Ablaufdatum zu beachten

Danablu (BOB) wird in 2-3 kg schweren, zylinderförmigen **Laiben** hergestellt. Die sehr dünne weiße **Rinde** wird durch eine Alufolie geschützt. Der **Teig** präsentiert sich weiß oder elfenbeinfarben, ist weich oder halbfest und weist eine unregelmäßige **Lochung** und eine blaue Äderung auf – der typische Blauschimmel ist ein charakteristisches Kennzeichen des Produkts. Danablu weist einen intensiven **Geruch** sowie einen deutlich pikanten, kräftigen **Geschmack** auf und schmilzt butterartig auf der Zunge.

Herstellung und Reifung. Pasteurisierte Vollmilch wird mit Lab und Schimmelsporen angereichert. Nach der Gerinnung der Milch lässt man den Käsebruch abtropfen und füllt ihn in Käseformen. Die Käselaibe werden trocken gesalzen und einer 3-5monatigen Reifung unterzogen. Das Herstellungsverfahren ist ähnlich wie beim französischen Roquefort: denn eigentlich wurde Danablu in den 1920er-Jahren als Roquefort-Alternative erfunden, auch wenn er nicht aus Schafsmilch, sondern aus Kuhmilch hergestellt wird.

Käse und Küche. In Scheiben geschnittener Danablu passt bestens auf Landbrot, aber auch zum Verfeinern von Gemüsesalaten oder von gekochten Kartoffeln. Er wird auch für die Zubereitung von Saucen, Aufläufen und würzigen, pikanten Torten verwendet. Wenn der Geschmack allzu scharf wird, so kann man Danablu mit Butter vermischen, mit Früchten oder mit Marmeladen servieren.

Käse und Wein. Wie die meisten Blauschimmelkäse kann Danablu mit körperreichen Weinen mit hohem Zuckergehalt wie Breganze Torcolato, Recioto di Soave oder Picolit dei Colli Orientali del Friuli serviert werden, welche die scharfe Note des Danablu mildern. Ansonsten können auch weniger süße körperreiche Rotweine wie Valle d'Aosta Torrette, Carema oder Rosso di Montalcino dazu gereicht werden.

Esrom

Esrom (BOB) hat eine gewaschene **Rinde**, wird in der **Form** eines Quaders erzeugt und kommt in Metallfolie verpackt in den Handel. Der **Teig** ist fett, cremig, von weiß-elfenbeinfarben bis strohgelb, zeigt eine unregelmäßige **Lochung** und weist je nach Reifungsgrad eine mehr oder weniger feste Konsistenz auf. Der **Geschmack** ist süß, reich und aromatisch und wird bei längerer Reifung etwas pikanter.

Visitenkarte

Herstellungsgebiet
ursprünglich die Stadt Esrom, heute ganz Dänemark

Milch
Kuhmilch

Fermentierung
Kälberlab

Reifung
höchstens 3 Monate

Aufbewahrung
im weniger kühlen Teil des Kühlschranks, in der originalen Metallfolie oder in Klarsichtfolie

Herstellung und Reifung. Die Entstehung dieser Käsesorte geht auf das 11. und 12. Jh. zurück – bereits damals wurde sie im Kloster Esrom auf der Insel Seeland erzeugt. Der hohe Bekanntheitsgrad wurde aber vor noch nicht so langer Zeit erreicht – erst um 1930 wurde die Produktion auf ganz Dänemark ausgeweitet. Für die Herstellung des Esrom wird pasteurisierte Kuhmilch nach Zugabe von Lab und Milchsäurebakterien stehen gelassen, bis die Gallerte fest genug ist, dass sie mit den so genannten Käseharfen zerteilt werden kann. Danach wird die Bruchmasse mit einem Tuch aus dem Kessel gehoben und die Molke abgelassen. Die Masse nochmals erwärmt, in Käseformen gefüllt und leicht gepresst. Die ausgeformten Käselaibe werden abgekühlt und gesalzen um dann in sehr luftigen Räumen meist 10-12 Wochen zu reifen.

Käse und Küche. Esrom wird in Dänemark oft als Imbiss, aber auch als Mahl serviert: traditionell wird er mit Orangen und Zwiebeln oder mit gegrilltem Fleisch (zum Beispiel zur Vervollständigung eines Hamburger-Brötchens) serviert. Der bereits von sich aus volle Geschmack des Esrom wird durch Schwarzbrotscheiben, frische Früchte und Marmelade noch hervorgehoben.

Käse und Wein. Zu Esrom passen körperreiche Weißweine wie Verdicchio di Jesi Riserva, Solopaca Bianco oder Pigato della Riviera Ligure di Ponente.

Havarti

Visitenkarte

Herstellungsgebiet
ganz Dänemark

Milch
Kuhmilch

Fermentierung
Kälberlab

Reifung
mindestens 1 Monat lang; seinen besten Ausdruck zeigt er nach 3 Monaten

Aufbewahrung
bis zu 30 Tage, wenn er in Alufolie eingewickelt bei einer Temperatur von 2-4 °C aufbewahrt wird.

Diese Käsesorte wird unterschiedlich gewürzt in verschiedenen Größen und Formen hergestellt. Oft hat Havarti-Käse die **Form** eines Quaders, sodass er leicht in Scheiben geschnitten werden kann. Er hat keine Rinde, einen elfenbeinfarbenen bis hellgeben, elastischen, eher weichen **Teig** und weist eine verschieden große **Lochung** auf. Diese Käsesorte entfaltet einen würzigen **Geruch** und einen süßen **Geschmack**, der im Laufe der Reifung stärker und fast scharf werden kann. Havarti wird auch gewürzt vermarktet – mit frischem Dill, Knoblauch, aromatischen Kräutern oder Jalapeno-Pfeffer; diese Zusätze verändern nicht nur Geruch und Geschmack, sondern auch die Farbe des Käses. Havarti mit Kräutern weist einen weißen Teig mit grünen Punkten auf, der mit Dill gewürzte Käse nimmt eine gelbe Farbe an. Die Käsesorte wird auch in der Version *light*, also mit vermindertem Fettanteil, hergestellt.

Herstellung und Reifung. Havarti wird aus Vollmilch hergestellt. Nach dem Erwärmen der Milch wird Lab beigefügt. Sobald die Milch eingedickt ist, wird sie zu feinem Bruch zerschnitten. Dann wird auf 40 °C erhitzt, etwa die Hälfte der Molke abgegossen, und die Masse in rechteckige, lange, schmale Formen gefüllt. Die so gewonnenen Käseformen werden etwa zwei Tage in Salzlake gelegt und müssen mindestens einen Monat reifen. Seinen besonderen Charakter lässt der Käse aber erst ab dreimonatiger Reifung erkennen.

Käse und Küche. Der in Scheiben aufgeschnittene Käse passt gut zu Butterbroten, Salz-Crackern und rohen Gemüsestreifen (Karotten, Sellerie, Zucchini). Besonders beliebt ist Havarti als Fondue-Käse. Erwärmt entfaltet er ein weites Aromenspektrum, weshalb er auch zu gerösteten Brotschnitten, zum Verfeinern von Risottos, Gnocchi und Teigwarengerichten empfohlen werden kann. Havarti vervollständigt geröstete Polentascheiben, gekochte Kartoffeln und gratinierte Gemüsegerichte und kann auch für würzige Strudel und Gemüsekuchen verwendet werden. Auch auf Omeletten passt er ausgezeichnet und findet sogar als Zutat in Hefekuchen Anwendung. Selbst bei süßen Desserts, wie Erdbeerpürree mit Havarti-Würfeln, ist diese Käsesorte beliebt.

Käse und Wein. Empfehlenswert zu Havarti sind Weißweine wie Terre di Franciacorta Bianco, Grechetto oder Bianco di Pitigliano. Die reiferen Sorten können aber auch mit Rotweinen wie jungem Dolcetto di Dogliani, Rosso Piceno oder Cesanese del Piglio gereicht werden. Zu gewürztem Havarti-Käse passen aromatische Weine wie Riesling Italico aus dem Oltrepò Pavese oder Silvaner aus dem Etschtal.

Allgäuer Bergkäse

Die um 1820 von Schafhirten aus den Schweizer Alpen übernommenen Methoden der Käseherstellung führten auch in Deutschland zur Schaffung neuer Käsereiprodukte, wie etwa den Bergkäse. Allgäuer Bergkäse (g.U.) kommt in Form eines kreisrunden Laibes in den Handel, das Gewicht beträgt, je nach Größe des **Laibes**, zwischen 15 und 50 kg. Die **Rinde** ist gelb, fest, aber elastisch. Der **Teig** ist ebenfalls elastisch, elfenbein- bis strohfarben und weist eine charakteristische erbsengroße **Lochung** auf. Sein zarter, milchiger **Geruch** erinnert an Heu, sein voller, intensiver **Geschmack** lässt ein typisches Nussaroma erkennen.

Herstellung und Reifung. Der in einem Kessel auf 31 °C erwärmten rohen Kuhmilch werden Lab und Milchsäurebakterien beigegeben, um die Gerinnung einzuleiten. Die so entstandene Gallerte wird in kleine Stücke zerteilt, die Käsemasse erhitzt und anschließend in Käseformen gefüllt. Dann wird gepresst und mit Lake gesalzen. Schließlich müssen die Laibe vier Monate reifen.

Käse und Küche. Allgäuer Bergkäse wird gerne mit Weißbrot (oder auch Rosinenbrot) und gerösteten Haselnüssen serviert. In kleine Würfel geschnitten gibt man ihn zu rohen Pilz- und Selleriesalaten, streut ihn auf Omeletten oder mischt den in Streifen geschnittenen Bergkäse bereits direkt in das verquirlte Ei. Man kann ihn für Kartoffelnocken, Polenta, Püree oder zum Überbacken von Brotteigfladen mit Gemüse wie Karotten, Zwiebeln und Kürbis verwenden. Geschmolzen passt er gut auf Teigwaren oder Spargel und andere zarte Gemüsesorten.

Käse und Wein. Gut passen duftige, körperreiche Weißweine wie Südtiroler Müller Thurgau, Sauvignon dell'Isonzo und Torgiano Bianco. Wer Rotweine vorzieht, sollte einen lieblichen Wein wie Marzemino Trentino wählen.

Visitenkarte

Herstellungsgebiet
Landkreise Lindau (Bodensee), Oberallgäu, Ostallgäu, Unterallgäu, Ravensburg und Bodenseekreis; Kaufbeuren, Kempten und Memmingen

Milch
Kuhmilch

Fermentierung
Kälberlab

Lagerung
4 Monate

Aufbewahrung
im weniger kühlen Teil des Kühlschranks, gut in Stanniolpapier verpackt

Allgäuer Emmentaler

Visitenkarte

Herstellungsgebiet
Landkreise Lindau (Bodensee), Oberallgäu, Ostallgäu, Unterallgäu, Ravensburg und Bodenseekreis; Kaufbeuren, Kempten und Memmingen

Milch
Kuhmilch

Fermentierung
Kälberlab

Lagerung
3 Monate

Aufbewahrung
im weniger kühlen Teil des Kühlschranks, gut in Stanniolpapier verpackt

Allgäuer Emmentaler (g.U.) weist, bei einem Gewicht von rund 60 kg, die Form eines mächtigen **Laibes** mit etwa 60 cm Durchmesser und 20 cm Höhe auf. Die **Rinde** ist fest, aber elastisch und hat eine gelbe bis braune Farbe. Der **Teig** ist elfenbeinfarben mit beigem Ton, fest, elastisch und lässt eine charakteristische **Lochung** von 1–3 cm Größe erkennen. Der zarte **Geruch** erinnert an Milch und Heu, der volle, intensive, charakteristische **Geschmack** an Nüsse.

Herstellung und Reifung. Rohe Kuhmilch wird in einem Kessel auf etwas unter 40 °C erhitzt, dann werden Lab und Milchsäurebakterien beigemengt, welche die Milch zum Gerinnen bringen. Die Gallerte wird in kleine Stücke zerteilt, die Käsemasse erhitzt und anschließend in Formen gefüllt; nach dem Pressen wird in der Lake gesalzen. Schließlich müssen die Laibe etwa einen Monat bei 20 °C reifen, danach werden sie noch weitere drei Monate affiniert.

Käse und Küche. Allgäuer Emmentaler wird pur mit Weißbrot verzehrt. Man kann ihn auch gewürfelt mit entkernten Oliven und in Streifen geschnittenem Sellerie zum Aperitif reichen. Außerdem wird er mit rohem Gemüse, wie Artischocken und Stangensellerie, mit Trüffeln, Walnüssen, Haselnüssen, Kastanienhonig, Aprikosen und nicht allzu aromatischen weißen Trauben serviert. Aber auch gegrillt schmeckt er vorzüglich.

Käse und Wein. Zu Allgäuer Emmentaler passen komplexe, volle Weißweine wie Rheinriesling oder Sauvignon del Collio. Wer Rotweine vorzieht, sollte einen Merlot oder Südtiroler Blauburgunder wählen.

Altenburger Ziegenkäse

Visitenkarte

Herstellungsgebiet
Sachsen und Thüringen, in den Landkreisen Altenburg-Land und Muldentalkreis, den Städten Schmölln, Gera, Zeitz, Geithain, Wurzen, Borna, Greiz und Grimma, sowie in Teilen der Landkreise Burgenlandkreis und Leipziger Land

Milch
Kuhmilch, mit einem kleinen Anteil Ziegenmilch

Fermentierung
Rinderlab

Lagerung
10 Tage

Aufbewahrung
den ganzen Laib in Lebensmittelpapier verpackt an einem frischen Ort; sobald der Käse angeschnitten ist, in Alufolie verpackt im Gemüsefach des Kühlschranks

Altenburger Ziegenkäse (g.U.) wird in flachen, runden **Laiben** mit einem Gewicht von etwa 250 g hergestellt. Die **Rinde** ist weiß und samtig. Der elfenbeinfarbige, fette, weiche, gleichmäßige **Teig** lässt eine spärliche **Lochung** und mitunter auch Punkte erkennen, welche vom Kümmel stammen, der zum Würzen unter die Käsemasse gemischt wird. Der **Geschmack** ist süß, intensiv und lässt die Ziegenmilch und – falls vorhanden – den Kümmel hervortreten. Beim Verkosten erweist sich die Konsistenz als weich, fett und cremig.

Herstellung und Reifung. Dieser Käse wird ausschließlich aus Milch von Tieren, welche auf den kleereichen Weiden des Produktionsgebiets grasen, hergestellt. Ursprünglich wurde ausschließlich Kuhmilch verwendet, heute wird aber auch eine kleine Menge (mindestens 15 %) Ziegenmilch beigegeben. Früher wurde Ziegenmilch hier nicht zur Käseproduktion verwendet, sondern nur frisch getrunken. Während des Herstellungsprozesses kann auch Kümmel unter den Teig gemischt werden. Die Reifezeit ist sehr kurz – meist etwa zehn Tage.

Käse und Küche. Dieser Ziegenkäse passt zu Vollkorn- und Roggenbrot und kann mit Kürbiskompott oder zu Kartoffelnocken mit Butter gereicht werden. Als Garnierung eignen sich grüner Salat oder roher Artischockensalat.

Käse und Wein. Empfehlenswert sind duftige Weine wie Südtiroler Goldmuskateller, Traminer Aromatico Friulano oder trockener Malvasia aus den Colli Piacentini.

Quark

Visitenkarte

Herstellungsgebiet
ganz Deutschland

Milch
Kuhmilch

Fermentierung
Kälberlab

Lagerung
nicht vorgesehen

Aufbewahrung
kurze Zeit im Kühlschrank; verpackten Quark sollte man erst kurz vor dem Verbrauch öffnen und bis dahin das Ablaufdatum kontrollieren

Quark ist ein cremiger Frischkäse von weicher und teilweise feuchter Konsistenz. Er ist reinweiß und erweist sich beim Verzehr als homogen, glatt und samtig. Der **Geschmack** ist süß, mitunter leicht säuerlich, frisch und etwas sahnig; wenn Quark aus Vollmilch hergestellt wird, ist einen intensiver **Geruch** festzustellen. Quark wird in verschieden großen Kunststoffbechern oder auch offen verkauft.

Herstellung und Reifung. Für die Quark-Herstellung wird pasteurisierte Magermilch, fettarme Milch oder Vollmilch verwendet. Da Quark eine Frischkäsesorte ist, muss die Milch aus hygienischen Gründen auf jeden Fall pasteurisiert werden. Die Milch wird mit Milchsäurebakterien und einer kleine Menge Lab angereichert, um eine relativ feste Gallerte zu erhalten. Die Masse wird weder geschnitten noch nacherhitzt – sie fällt beim Rühren auseinander, weshalb man die Molke entweder von Hand oder mittels Zentrifugieren zum Abrinnen bringt. Schließlich kann der Quark noch gesalzen werden. Im Handel sind auch Quark-Varianten mit Früchten zu finden.

Käse und Küche. Quark kann pur oder mit Honig, frischen oder getrockneten Früchten, Marmelade, bestreut mit Haferflocken oder Schokoladeflocken verzehrt werden. In der Küche verwendet man ihn sowohl für süße als auch salzige Torten, zum Verfeinern von Kuchen- oder Keksteigen, für Käsekuchen und Cremespeisen. Außerdem passt Quark auch vorzüglich auf salzige Gerichte – ein Klassiker sind Folienkartoffeln mit einer Sauce aus Quark und Schnittlauch.

Käse und Wein. Zu Quark passt im Allgemeinen kein Wein. Eventuell kann man einen stillen, halbtrockenen Prosecco di Valdobbiadene dazu reichen.

Mit Quark können sowohl salzige als auch süße Speisen zubereitet werden, wie beispielsweise der Käsekuchen im Bild rechts.

Tilsiter

Visitenkarte

Herstellungsgebiet
ursprünglich in Ostpreußen, heute in ganz Deutschland

Milch
Kuhmilch

Fermentierung
Kälberlab

Lagerung
mindestens 2 Monate

Aufbewahrung
auch längere Zeit im weniger kühlen Teil des Kühlschranks, in Alufolie oder in Klarsichtfolie verpackt

Die ursprünglichen Tilsiter-Laibe waren groß und rund, aber heute wird er auch in länglichen, unterschiedlich schweren Quadern hergestellt, welche sich besser zum Aufschneiden eignen. Die **Rinde** ist dünn, trocken, von gelber bis beiger Farbe und kann einen leichten Schimmelansatz aufweisen. Der **Teig** ist kompakt, fest, elastisch, glatt, eignet sich vorzüglich zum Aufschneiden und weist kleine unregelmäßige Löcher auf. Der **Geruch** ist kräftig, aber angenehm; der charakteristische **Geschmack** intensiv, leicht fruchtig, buttrig, mit pikanter Note und würzigem Grundton.

Herstellung und Reifung. Die ostpreußischen Stadt Tilsit hat diesem Käse den Namen gegeben. Hier versuchten holländische Einwanderer um 1700, einen dem Gouda ähnlichen Käse herzustellen. Da sie das Original nicht genau genug nachmachen konnten, benannten sie die solcherart neu entstandene Käsesorte nach der Stadt Tilsit. Tilsiter wird aus pasteurisierter Vollmilch oder teilentrahmter Milch hergestellt. Während der ersten beiden Reifungsmonate werden die Laibe regelmäßig gewaschen und gebürstet – so bildet sich eine Rinde, welche den Teig vor dem Austrocknen schützt.

Die großen Tilsiter-Laibe kommen in Alufolie verpackt in den Handel.

Käse und Küche. Meist wird er in Scheiben geschnitten – diese eignen sich bestens, um kalte oder heiße Brötchen zu bereiten und Quiches zu belegen; außerdem passen sie, leicht geschmolzen, auf Hambursteaks, auf in der Pfanne gebratene Frankfurter Würstchen, auf Brathuhn oder Ofenkartoffeln. Zudem dient Tilsiter, dünn aufgeschnitten, zum Gratinieren von Gemüse oder als Verfeinerung für Fladenbrote, indem man die Scheiben fünf Minuten vor Ende der Backzeit auflegt.

Käse und Wein. Diese Käsesorte verlangt duftige Weißweine wie Traminer Aromatico del Friuli oder Südtiroler Silvaner.

ÄHNLICHE KÄSESORTEN

Odenwälder Frühstückskäse (g.U.) wird in kleinen zylindrischen, etwa 100 g schweren **Laiben** hergestellt, im Handel sind aber auch in Alu- oder Kunststofffolie verpackte Einheiten von 200 und 500 g zu finden. Die elfenbeinfarbene bis hellbraune **Rinde** ist dünn, glatt und nicht sehr ausgeprägt. Der gelbliche **Teig** ist weich, cremig, homogen und lässt eine spärliche **Lochung** erkennen. Der **Geschmack** ist pikant, kräftig, ausgeprägt, mit auch vom Geruch her wahrnehmbarer aromatischer Note. Beim Verkosten erweist sich die Konsistenz als fett und cremig. Es ist historisch belegt, dass Odenwälder Frühstückskäse bereits im 18. Jh. hergestellt wurde, und dass die Odenwälder Bauern damals mit dem Käse die Pacht für die von ihnen bewirtschafteten Felder bezahlten. Der Käse kann mit grünen Salaten, gekochten grünen Bohnen und Walnüssen serviert werden. Er eignet sich vorzüglich, um Omeletten zu füllen, oder um mit Butter vermischt Kartoffelnocken und Risottos zu würzen. Dazu serviert man am besten zuckerreiche Weißweine, welche gut mit der Würzigkeit dieser Käsesorte harmonieren, wie Caluso Passito, Colli Orientali del Friuli Picolit und Albana Amabile.

Edelpilzkäse ist ein industriell hergestellter Käse, welcher dem Roquefort nachempfunden ist, aber aus Kuhmilch hergestellt wird. Er wird sowohl in zylindrischer Form als auch in der in Deutschland sehr beliebten Stangenform hergestellt. **Klosterkäse** und **Weichkäse** sind allgemeine Bezeichnungen für weiche Käsesorten. Als Weichkäse gelten vor allem Sorten mit Schimmelrinde oder solche mit gewaschener Rinde. Als Klosterkäse oder **Trappistenkäse** wird eine Familie von relativ frischen Schnittkäsesorten bezeichnet, welche den französischen Fromages d'Abbaye nachempfunden sind.

Oben: eine der verschiedenen Klosterkäse-Formen. Manche Kloster- und Weichkäse kommen auch unter Phantasienamen auf den Markt.

Abbaye du Mont des Cats

Abbaye du Mont des Cats wird in 2 kg schweren, 4 cm hohen zylinderförmigen **Laiben** mit einem Durchmesser von 25 cm hergestellt. Es ist ein Käse mit rohem, würzigem und intensiv schmeckendem Teig. Die **Rinde** ist hell und mehr oder weniger strohfarben, die Schnittfläche weist einen festen, eher fetten cremefarbenen **Teig** auf, welcher zur Rinde hin in Strohgelb übergeht. Der **Geschmack** ist zart und erinnert an Milch, mitunter auch an Heu.

Herstellung und Reifung. Für die Herstellung wird um den Kattenberg (Mont des Cats) erzeugte Kuhmilch verwendet, welche roh belassen und nicht pasteurisiert wird. Der auf 32-35 °C erwärmten Rohmilch wird Lab beigegeben. Die eingedickte Milch wird in große Würfel geschnitten und nach dem Abtropfen der Molke in Käseformen gefüllt. Die Käselaibe werden in Salzlake gelegt und dann in feuchten Kellern zum Reifen gelagert. Während der mindestens einmonatigen Reifeperiode werden die Formen immer wieder umgedreht und mit Salzlake abgewaschen, sodass die Rinde weich bleibt. Außerdem kann das Salz in den Teig eindringen und dem Käse noch mehr Würzigkeit verleihen. Seine charakteristische gelb-orange Farbe bekommt Abbaye du Mont des Cats durch Zugabe des Farbstoffs Annatto, welcher aus dem Orleanstrauch gewonnen wird.

Käse und Küche. Diese Käsesorte wird gerne in Scheiben geschnitten mit frischen Walnüssen oder gerösteten Haselnüssen serviert. Abbaye du Mont des Cats passt gut zu Kräuterbutter, Zucchinistreifen und zu einem Salat aus Kaiserlingen. Außerdem kann er für kleine Gemüse- und Kartoffelpasteten verwendet werden, um diesen seinen charakteristischen Geschmack und eine weiche Konsistenz zu verleihen.

Käse und Wein. Abbaye du Monts des Cats verlangt keine besonders körperreichen Weine, weshalb man Weißweine von mittlerer Struktur wie Côtes de Provence oder Verdicchio di Matelica wählen kann.

Geschichte. Dieser Käse wurde erstmals Ende des 19. Jh. von Mönchen der Abtei Mont des Cats hergestellt, welche nahe der Stadt Godeswaersvelde im französischen Flandern liegt.

Visitenkarte

Herstellungsgebiet
französisches Flandern, also der nördlichste Teil Frankreichs, in der Nähe der Stadt Godeswaersvelde

Milch
Kuhmilch

Fermentierung
Kälberlab

Reifung
mindestens 1 Monat

Aufbewahrung
als Laib an einem frischen Ort, z. B. im Keller;
in Scheiben geschnitten im weniger kühlen Teil des Kühlschranks, am besten in Alufolie eingewickelt

Abondance

Visitenkarte

Herstellungsgebiet
Haute-Savoie, in der Region Rhône-Alpes

Milch
Kuhmilch

Fermentierung
Kälberlab

Reifung
3 Monate bis 1 Jahr

Aufbewahrung
im weniger kühlen Teil des Kühlschranks, die Schnitten in Alufolie eingewickelt

Diese Käsesorte erhielt 1990 AOP-Status (geschützte Ursprungsbezeichnung). Die zylinderförmigen **Laibe** sind 7-8 cm hoch, haben einen Durchmesser von 38-43 cm und wiegen von 7-12 kg. Bei der Herstellung wird der Käsebruch erwärmt (»Brennen«) und gewürzt. Die gelbe **Rinde** kann auch in Ocker oder Grau übergehen; der **Teig** ist elfenbeinfarben mit strohgelben Schattierungen und weist eine spärliche, feine **Lochung** auf. Der **Geruch** ist ausgeprägt und intensiv, der **Geschmack** ist voll, angenehm würzig mit nussigem Aroma.

Herstellung und Reifung. Die Milch für diese Käsesorte darf nur von den Rinderrassen Abondance, Montbéliard und Tarine stammen. Sie wird auf 32-35 °C erwärmt, worauf Lab beigefügt wird. Die so gewonnene Gallerte wird fein zerschnitten und geschwenkt, sodass der Großteil der Molke abfließen kann. Dann wird auf 50 °C erhitzt (»Brennen«), um noch den Rest der Molke zu entfernen und die Masse zu trocknen. Diese wird mit einem Holzreifen geformt, gepresst und dann aus der Form gelöst; Abondance-Laibe aus *Fermier*-Betrieben, also von nach traditionellen Methoden arbeitenden Bauern und Sennern, erhalten ein ovales Käsesiegel, die Käselaibe aus anderen Käsereien quadratische Siegel. Dann werden die Laibe erneut in die Holzreifen gepresst und kommen 12 Stunden in eine Salzlake. Die Reifedauer beträgt mindestens drei Monate, aber auch bis zu einem Jahr. Während dieser Zeit werden die Laibe regelmäßig mit grobem Salz eingerieben, um die Haltbarkeit des Produkts zu erhöhen.

Für einen 10 kg schweren Abondance-Laib braucht man mehr als 100 l Kuhmilch.

Käse und Küche. Um den scharfen Geschmack zu mildern, kann Abondance mit etwas Honig serviert werden. Er passt gut zu Kartoffelpürree, geschmortem Wirsingkohl und gegrillter Polenta. Außerdem wird er gerne geschmolzen für die Zubereitung von Gnocchi und Nudeln verwendet.

Käse und Wein. Zu Abondance passt sowohl ein körperreicher, lieblicher Weißwein wie Recioto di Soave und Breganze Torcolato oder ein körperreicher Rotwein wie Bordeaux und Barbaresco.

Geschichte. Das Rezept für diese Käsesorte stammt von dem Mönchen des Klosters von Abondance in Savoyen. Im Mittelalter begannen sie, dafür nur Milch der gleichnamigen Rindersorte zu verwenden und konnten mit dem so gewonnenen Käse große Erfolge erzielen. Zu den vielen Liebhabern des Abondance gehörte auch der Sonnenkönig, Ludwig XIV.

Ardi-Gasna

Diese Käsesorte hat einen baskischen Namen – *»ardi«* bedeutet »Schaf« und *»gasna«* »Käse«. Ardi-Gasna wird das ganze Jahr hergestellt, aber die beste Qualität wird im Frühjahr und Sommer erzielt, wenn die Tiere sich von frischem Gras ernähren. Die runden **Laibe** haben einen Durchmesser von 19-27 cm, eine Höhe von 7-9 cm und wiegen 3-4 kg. Die **Rinde** ist gelb-orange mit vereinzeltem Schimmelansatz. Der **Teig** ist fest, weist den für Schafskäse typischen **Geruch** und einen etwas bitteren, nussigen **Geschmack** auf. Nach fünf Monaten Reifung verstärken sich all diese Eigenschaften und der Geschmack wird noch kräftiger.

Herstellung und Reifung. Für diese Käsesorte wird Schafsvollmilch auf 32-35 °C erwärmt und Lab beigemengt. Nach dem Dickwerden der Milch wird die Masse zerschnitten, um das Abrinnen der Molke zu erleichtern. Dann wird der Käsebruch in Formen von 20-30 cm Durchmesser gefüllt. Die Laibe werden gesalzen und mindestens drei Monate, manchmal auch mehr als zwei Jahre, reifen gelassen.

Käse und Küche. Im Baskenland wird Ardi-Gasna traditionell mit Marmelade aus schwarzen Kirschen serviert. Man kann auch nicht zu süßen Honig, etwa Kastanienhonig und auch Früchte wie Feigen und Birnen dazu reichen. Er wird auch mit Kartoffelpüree, Pilzen und geschmortem Wirsingkohl gegessen. Für manche Rezepte wird er in feine Streifen geschnitten und auf Rühreier, Gemüsekuchen, Risottos und Fleischsuppen verteilt.

Käse und Wein. Zu nur wenige Monate gereiftem Ardi-Gasna serviert man wenig strukturierte Weißweine wie Favorita delle Langhe oder Locorotondo. Zum ausgeprägteren Geschmack der länger gereiften Sorten passen Weine mit mehr Körper wie Vernaccia di San Gimignano, Alezio Rosato oder ein junger Rotwein wie Côtes-de-Bordeaux.

Visitenkarte

Herstellungsgebiet
Pyrenäen, vor allem im Nive-Tal

Milch
Schafsmilch

Fermentierung
Kälberlab oder Lammlab

Reifung
3 Monate bis zu mehr als 2 Jahren

Aufbewahrung
an einem frischen Ort, wie Speisekammer oder Keller; aufgeschnittene Stücke in Alufolie eingewickelt im Gemüsefach des Kühlschranks

Banon

Visitenkarte

Herstellungsgebiet
Banon, Haute-Provence

Milch
Ziegenmilch im Frühjahr und Sommer, Schafsmilch im Winter, Kuhmilch das ganze Jahr über

Fermentierung
Kälberlab oder Lammlab

Reifung
2 oder mehr Wochen

Aufbewahrung
im Kastanienblatt eingewickelter Banon soll an einem kühlen Ort wie Speisekammer oder Keller aufbewahrt werden; nach dem Öffnen ist ein sehr baldiger Verzehr zu empfehlen

Der unverwechselbare Banon wird in ein Kastanienblatt gelegt und mit Bast umwickelt.

Diese Käsesorte wurde bereits in der Antike erzeugt und soll von den römischen Kaisern sehr geschätzt worden sein. Banon wird in bäuerlichen Betrieben im Frühjahr und Sommer aus Ziegenmilch, im Winter aus Schafsmilch und das ganze Jahr aus Kuhmilch hergestellt. Nachdem früher nur Käse aus Ziegenvollmilch als Banon vermarktet werden durfte, gibt es heute viele Banon-Käse aus Kuhmilch. Die runden, kleinen **Laibe** weisen 6-7 cm Durchmesser sowie 2,5-3 cm Höhe auf und sind etwa 100 g schwer. Die **Rinde** ist dünn, der **Teig** weich, cremig und duftet nach Milch. Das Kastanienblatt, in welches der Käse eingewickelt ist, verleiht ihm leichte Tannine und beeinflusst den **Geschmack**, welcher je nach Milchsorte variiert.

Herstellung und Reifung. Der auf 32-35 °C erwärmten Milch wird Lab beigegeben. Nach dem Dickwerden wird die Masse geschnitten, die Molke abrinnen gelassen und der Bruch in kleine Formen von weniger als 10 cm Durchmesser gefüllt. Nach zwei Wochen Reifung werden die kleinen Käselaibe, um die Schimmelbildung hintan zu halten, in Alkohol getaucht und in ein Kastanienblatt gewickelt, welches vorher in kochendem Wasser und Essig sterilisiert wurde.

Käse und Küche. Im Herstellungsgebiet wird Banon gerne mit dem Löffel gegessen. Er wird auch mit Honig serviert, wodurch der Tanningeschmack dieser Käsesorte gut ausgeglichen wird. Auch mit Früchten wird er genossen – im Sommer mit Feigen, im Winter mit Khaki. Man kann ihn mit Zwiebeln in weißer Sauce, aufgeschnittenen Artischocken, gekochten oder – am besten – in der Asche gebratenen Kartoffeln servieren. Schließlich passt Banon gut zu Porree-Risotto oder zu Spiegeleiern, welche dann in einem Nest aus Nudeln oder Reis einen ganz besonderes originellen zweiten Gang ergeben.

Käse und Wein. In Frankreich wird Banon mit Cassis-Wein (Wein mit schwarzen Johannisbeeren) oder einem Schluck Branntwein serviert. Ansonsten passt er wegen seiner bitteren Note, vor allem wenn er mit einem Tropfen Honig serviert wird, sehr gut zu lieblichen oder süßen Weinen wie Sauternes oder den italienischen Ramandolo und Vino Santo del Trentino.

Beaufort

Beaufort (AOP) wird in zylinderförmigen **Laiben** hergestellt, welche zwischen 35 und 75 cm Durchmesser aufweisen, zwischen 11 und 16 cm hoch sind und 20 bis 70 kg wiegen. Die **Rinde** ist hart, gelblich, feucht und klebrig; der **Teig** ist glatt, elastisch, wirkt fett und ist bei Käselaiben aus Wintermilch elfenbeinfarben; Beaufort *d'été* oder *d'alpage* tendiert zu Strohgelb, da das Chlorophyl im frischen Gras und das Karotin in den Blumen der Milch eine intensivere Farbe verleihen. Der **Geschmack** ist voll, anhaltend, intensiv und süßlich.

Visitenkarte

Herstellungsgebiet
Savoyen, in den Vallées Beaufortain, Tarentaise, Maurienne und zum Teil im Vallée d'Arly

Milch
Kuhmilch

Fermentierung
Kälberlab

Reifung
mindestens 4 Monate

Aufbewahrung
in ein feuchtes Tuch oder in Alufolie eingewickelt, im weniger kühlen Teil des Kühlschranks

Herstellung und Reifung. Die von Tarine-Rindern stammende Milch wird warm, bei etwa 32 °C mit Lab vermischt. Die dickgelegte Milch wird in kleine Stücke zerschnitten, abtropfen gelassen und weiter erwärmt, um den Rest der Molke zu entfernen. Dann wird die Masse in Buchenholzreifen geformt und gepresst. Die Käselaibe werden entweder trocken gesalzen, also mit grobem Salz eingerieben, oder in Salzlake gelegt. Die Reifezeit beträgt mindestens vier Monate, kann aber auch länger als ein Jahr dauern. Neben der Bezeichnung Beaufort darf bei Käselaiben, welche zwischen Juni und Oktober – einschließlich jener von Almsennereien – hergestellt wurden, die Spezifikation *été* angeführt werden. Den Zusatz *alpage* darf nur zweimal täglich in Almsennereien hergestellter Beaufort tragen, für welchen nur die Milch einer Herde verwendet werden darf. Wenn Beaufort in Schnitten abgepackt wird, so muss jede einzelne Portion die charakteristische Rinde des Beaufort (AOP) aufweisen.

Käse und Küche. Junger Beaufort kann mit gekochtem Spargel, geblätterten Steinpilzen, grünen Salaten (beispielsweise Kopfsalat), gekochtem Gemüse wie Zucchini und Artischocken und pochierten Eiern serviert werden. Er passt gut zu Walnüssen, Haselnüssen, rohen Artischocken, verschiedenen Früchten und Honig. Aufgerieben kann er für Risottos, zum Würzen von Kartoffelpüree und für das traditionelle *Fondue savoyarde* verwendet werden.

Käse und Wein. Gut zum jungen Beaufort passen duftige Weine wie Favorita delle Langhe, Lugana oder Graves; zu gereifterem Beaufort können Rotweine wie Enfer d'Arvier, Torrette, Sankt Magdalener und Fleurie gereicht werden.

Geschichte. In Frankreich werden traditionell alle großen Käseformen, deren Käsebruch zum Brennen erwärmt und gepresst wurde, als *Gruyères* bezeichnet, auch wenn sie ansonsten nicht mit dem gleichnamigen berühmten Schweizer Käse verwandt sind. Beaufort gilt als der beste französische »*Gruyère*« und wird je nach Herstellungsgebiet und Jahreszeit in drei verschiedenen Varianten hergestellt. Vermutlich hat er seinen Ruhm den Klöstern und den Dörfern des Mittelalters zu verdanken, auch wenn er bereits zur Zeit des Kaisers Trajan geschätzt wurde. Die Rinderrasse Tarine, aus deren Milch Beaufort produziert wird, soll aus Indien stammen. Die Rinder müssen im Winter vor dem Wetter geschützt im Stall eingestellt werden, dürfen aber nicht mit Siloheu oder fermentiertem Gras gefüttert werden. Im Frühjahr werden die Kühe auf die Almen getrieben und im Herbst, bevor der Schnee fällt, wieder ins Tal gebracht.

Bleu d'Auvergne

Visitenkarte

Herstellungsgebiet
Auvergne, Midi-Pyrénées, Limousin, Languedoc-Roussillon

Milch
Kuhmilch

Fermentierung
Kälberlab

Reifung
mindestens 1 Monat

Aufbewahrung
im weniger kühlen Teil des Kühlschranks; der Käse sollte in Klarsichtfolie oder Alufolie eingewickelt sein, damit die Schnittfläche nicht durch den Luftkontakt gelb wird und austrocknet

Die Käsesorte Bleu d'Auvergne hat AOP-Status und wird in einem von erloschenen Vulkanen geprägten Hochlandgebiet hergestellt. Die Vulkanböden sind aufgrund ihres Mineralstoffreichtums besonders gut als Weideland geeignet.
Bleu d'Auvergne wird in zylinderförmigen **Laiben** mit 18-20 cm Durchmesser, 8-10 cm Höhe und einem Gewicht von 2-3 kg erzeugt; es gibt auch kleinere, verschieden hohe, 350 g bis 1 kg schwere Formen mit 10 cm Durchmesser. Seit kurzem wird der Bleu auch in rechteckigen Formen hergestellt – diese können bequemer in Schnitten zerteilt werden und sind für den Export bestimmt. Die dünne, natürliche **Rinde** ist cremefarben und kann einen Schimmelansatz aufweisen. Der **Teig** ist von klebriger, feuchter Konsistenz und weist eine **Lochung** mit Äderungen von grün-blauem Schimmelpilz auf. Der **Geschmack** ist intensiv, streng, angenehm würzig und pikant mit leichtem Nussaroma.

Herstellung und Reifung. Die Rohmilch wird pasteurisiert und erwärmt, dann werden Lab und Blauschimmelsporen beigefügt. Die dick gewordene Milch wird in Stücke zerschnitten, abgeseiht und ohne Pressung in Käseformen gefüllt. Die so gewonnenen Laibe werden trocken gesalzen und mit Nadeln durchbohrt, damit sich der Edelpilz entwickeln kann. Die Reifedauer beträgt mindestens einen Monat.

Käse und Küche. Bleu schmeckt auf gerösteten Polentaschnitten und kann geschmolzen für Nudeln und kurze Teigwaren verwendet werden. Mit diesm Bleu werden Omeletten gefüllt, Crêpes mit Nüssen vervollständigt und er dient, mit Öl vermischt, als Dressing für grünen Salat. In Sahne aufgelöst und zusammengekocht ergibt er eine köstliche Sauce, die zu Rindsfilets und Hamburgersteaks gereicht werden kann.

Käse und Wein. Zu Bleu d'Auvergne gehören liebliche, warme, zuweilen honigartige bukett- und körperreiche Weine, welche nicht vom intensivem Aroma des Bleu übertönt werden und durch ihre Süße die strenge Note dieser Käsesorte mildern. Daher passen die Weine Colli Orientali del Friuli Picolit, Verduzzo dei Colli Orientali del Friuli, Recioto di Soave, Torcolato, Sauternes-Weine und ganz besonders Château D'Yquem. Werden Rotweine dazu gereicht, sollten diese viel Körper aufweisen, wie Côtes du Rhone oder die italienischen Carema und Rosso di Montalcino. Diese Weine können durch ihre harmonische Struktur die strenge Würzigkeit der Käsesorte gut ausgleichen; außerdem reinigen die in diesen Weinen vorhandenen Tannine den Gaumen von den besonders intensiven und strengen Geschmacksnoten.

Bleu des Causses

Visitenkarte

Herstellungsgebiet
Midi-Pyrénées, Languedoc-Roussillon

Milch
Kuhmilch

Fermentierung
Kälberlab

Reifung
2-6 Monate

Aufbewahrung
im weniger kühlen Teil des Kühlschranks; der Käse sollte in Klarsichtfolie oder Alufolie eingewickelt werden, um ein Austrocknen der Schnittfläche zu vermeiden; am besten nur kleine Scheiben kaufen, die dann sehr schnell verzehrt werden

Er galt vielfach als minderwertiger Bruder des Roquefort – zu Unrecht, denn der AOP-Käse Bleu des Causse übertrifft diesen noch an Schmackhaftigkeit. Früher wurde er aus einer Mischung von Kuh- und Schafsmilch hergestellt, heute wird nur noch Kuhmilch verwendet. Die zylinderförmigen **Laibe** des Bleu des Causses haben 20 cm Durchmesser, sind 8-10 cm hoch und wiegen etwa 2-3 kg. Die dünne, natürliche **Rinde** ist cremefarben und kann einen Schimmelansatz aufweisen. Der **Teig** weist eine leuchtende elfenbeinerne bis strohgelbe Farbe auf; beim im Sommer erzeugten Käse, wenn sich die Rinder von frischem Gras ernähren, sind die Gelbtöne intensiver. Er ist fett und hat einen pikanten **Geschmack**. Mehrere Monate gereifter Käse nimmt einen immer kräftigeren und strengeren **Geruch** und **Geschmack** an.

Herstellung und Reifung. Die Rohmilch wird erwärmt, dann werden Lab und *Penicillium*-Sporen beigefügt. Die entstandene Gallerte wird in Stücke geschnitten, abgeseiht und beim Einfüllen in die Käseformen nochmals mit Sporen angereichert. Die Laibe werden nicht gepresst. Die Käseformen werden trocken gesalzen und mit Nadeln durchbohrt, damit sich der Edelschimmel entwickeln kann. Der Käse reift 2-6 Monate in natürlichen Höhlen, welche als *»Fleurines«* (von *»fleurir«*, dem franzöischen Wort für »blühen«) bezeichnet werden.

Bleu des Causses kann als eine süßere Version des Roquefort betrachtet werden.

Käse und Küche. Bleu des Causses schmeckt auf Kartoffel-Gnocchi und kann geschmolzen für lange und kurze Teigwaren verwendet werden. Er vervollständigt Crêpes mit Nüssen, dient als Füllung für Omeletten und, mit Öl vermischt, als Dressing für grünen Salat. In Sahne aufgelöst und zusammengekocht ergibt der Bleu de Causses eine köstliche Sauce, die zu Rindsfilets und Hamburgersteaks gereicht werden kann.

Käse und Wein. Zu dieser Käsesorte passen liebliche, warme Weine, welche das intensive Aroma des Bleu des Causses dämpfen und durch ihre Süße die besonders strengen Noten ausgleichen können. Daher wählt man am besten Sauternes-Weine, Ramandolo, Verduzzo dei Colli Orientali del Friuli, lieblichen Albana oder Vino Santo Trentino. Werden Rotweine dazu gereicht, sollten diese viel Körper aufweisen, wie Côtes du Rhone oder die italienischen Barbaresco und Rosso di Montalcino. Diese Weine können durch ihre ausgeglichene Struktur die strenge Würzigkeit der Käsesorte gut ausgleichen; außerdem reinigen die in diesen Weinen vorhandenen Tannine den Gaumen von den besonders intensiven Geschmacksnoten.

Bleu de Gex

Visitenkarte

Herstellungsgebiet
Rhône-Alpes und Franche-Comté, an der Grenze zur Schweiz

Milch
Kuhmilch

Fermentierung
Kälberlab

Reifung
etwa 1 Monat

Aufbewahrung
an einem kühlen Ort oder im weniger kühlen Teil des Kühlschranks; der Käse sollte in Klarsichtfolie eingewickelt sein, da sonst der Teig austrocknet und einen salzigen Geschmack annimmt

Das Herstellungsgebiet des Bleu de Gex (AOP) wird auch **Bleu du Haut-Jura** oder **Bleu de Septmoncel** genannt. Es wurde bereits im 12. Jh. als Weideland genutzt. Einst glaubte man, dass die Blauschimmelsporen im Gras der Bergweiden enthalten sei und über die Milch in den Käse gelangen würden. Die zylinderförmigen **Laibe** des Bleu des Gex haben 36 cm Durchmesser, sind 8 cm hoch und wiegen über 7 kg. Ihre dünne, natürliche **Rinde** ist gelblich und mit weißem Schimmel überzogen. An der Schnittfläche ist der **Teig** elfenbeinfarben bis strohgelb und von grünen Äderungen durchzogen.

Herstellung und Reifung. Die Rohmilch wird erwärmt, dann werden Lab und *Penicillium-glaucum*-Sporen beigefügt. Die Gallerte wird zerschnitten, abgeseiht und der Käsebruch in mit Salz ausgestreute Formen gefüllt. Dieses Verfahren wird mehrmals wiederholt, um der Masse mehr Konsistenz zu verleihen, ohne sie zu pressen. Die Käseformen werden dann mit Nadeln durchbohrt, damit sich der Blauschimmel entwickeln kann. Die Reifedauer beträgt mindestens einen Monat.

Käse und Küche. Bleu de Gex wird gerne für Polentaaufläufe verwendet – dafür werden Käse- und Polentascheiben in eine feuerfeste Form geschichtet und im sehr heißen Ofen gebacken. Häufig wird er mit gekochten oder in der Asche gebackenen Kartoffeln angeboten und passt auch gut zu Kartoffelpasteten, auf Rühreier und mit fleischlos gefülltem Gemüse. Man kann dazu grüne Salate, Zucchinistreifen, Walnüsse, Mandeln und Pistazien reichen. Außerdem sollte er einmal mit Trüffelhonig probiert werden.

Käse und Wein. Vorzüglich passen Weine mit Restzucker, um die besonders intensiven Noten auszugleichen. Besonders gut harmonieren viele Sauternes-Weine, toskanischer Vin Santo, Sciacchetrà, Cinque Terre, Nosiola Passita oder Recioto di Soave. Zieht man Rotweine vor, so müssen diese körperreich sein, wie Côtes du Rhône oder die italienischen Gattinara, Valtellina Superiore Inforno und Montefalco Sagrantino.

Der Schriftzug »Gex« wird in die Unterseite des Käselaibes eingeprägt.

Bleu de Termignon

Schon Karl der Große und danach Karl V. sollen diesen Bleu bereits gepriesen haben, obwohl er damals nicht sehr bekannt war. Termignon ist ein Dorf in 1300 m Seehöhe; der hier erzeugte Bleu stammt aus einer Almsennerei, wo das frische Gras und die Bergkräuter der Milch und somit auch dem Käse besondere Aromen und Geschmack verleihen. Die zylinderförmigen **Laibe** des Bleu de Termignon haben 28 cm Durchmesser, sind 10 cm hoch und wiegen über 7 kg. Ihre weißliche und hellbraune **Rinde** ist sehr hart – die Oberfläche erinnert an einen Stein; der **Teig** ist fest, brüchig, strohgelb mit unregelmäßigen Blauschimmelzonen. Der **Geruch** ist von einem charakteristischen Pilzaroma geprägt, zu dem sich Noten von Waldkräutern und Gras gesellen. Der **Geschmack** ist voll und intensiv, aber auch süß und fruchtig.

Herstellung und Reifung. Der auf 32-35 °C erwärmten Kuhmilch wird Lab, aber kein *Penicillium* beigemengt. Die Gallerte schneidet man in kleine Stücke, seiht die Molke ab und gibt die Masse in Käseformen. Der Edelschimmel entwickelt sich sehr langsam von selbst im Laufe der Alterung, während bei den meisten anderen Blauschimmelkäsen bereits die Milch mit Sporen geimpft wird. Die Reifezeit beträgt 5-6 Monate.

Käse und Küche. Bleu de Termignon passt gut zu warmen stärkehaltigen Gerichten, wie Kartoffelpürree, Polenta oder auch Reis. Auch zu gekochtem Gemüse oder in der Pfanne gebratene Topinambur, Artischocken, Spargel, Mangold und zu allen großen gemischten Salaten wird er gereicht. In wenig Sahne aufgelöst und zusammengekocht ist er eine ideale Beigabe zu in der Pfanne gebratenem Filet. Mit Landbrot und zartem Honig bereichert er jede Käseplatte.

Käse und Wein. Am besten wählt man zuckerreiche Weißweine, welche gut mit der Würzigkeit des Bleu harmonieren, wie Caluso Passito, Colli Orientali del Friuli Picolit, Albana Amabile und Orivieto Amabile.

Visitenkarte

Herstellungsgebiet
Termignon, in den Rhône-Alpes

Milch
Kuhmilch

Fermentierung
Kälberlab

Reifung
5–6 Monate

Aufbewahrung
im weniger kühlen Teil des Kühlschranks; der Käse sollte in Klarsichtfolie oder Alufolie eingewickelt werden, um ein Austrocknen der Schnittfläche zu vermeiden; am besten kauft man nur kleine Mengen, die sehr bald verzehrt werden

Das Herstellungsgebiet des Bleu de Termignon liegt im Nationalpark Vanoise in den französischen Alpen.

Brebiou

Visitenkarte

Herstellungsgebiet
Midi-Pyrénées

Milch
Schafsmilch

Fermentierung
Kälberlab oder Lammlab

Reifung
wenige Wochen

Aufbewahrung
im Kühlschrank, in einer Käsedose oder im Keller

Aufgrund seines süßen, zarten Geschmacks ist Brebiou auf französischen Tafeln sehr beliebt.

Brebiou wird aus der Milch von Weißkopfschafen aus dem Béarner Gebiet hergestellt. Die traditionelle Form ist jene einer Halbkugel, aber es gibt auch kleinere, flache zylindrische **Laibe**. Der Durchmesser beträgt 12-15 cm oder etwas mehr, die Höhe variiert von 3-8 cm. Die Formen wiegen mindestens 180 g. Die **Rinde** ist weiß, und zumindest bei den traditionellen Produkten von Linien durchzogen, welche von den auch heute noch zum Abseihen verwendeten Leinentüchern stammen. Der elfenbeinfarbene **Teig** lässt zur Rinde hin cremefarbene Schattierungen erkennen, ist fest und weist keine Lochung auf. Brebiou weist den typischen **Geruch** von frischer Schafsmilch und einen süßen, zarten **Geschmack** mit Aromen von Almkräutern auf.

Herstellung und Reifung. Diese Käsesorte wird aus Schafsmilch hergestellt, welche erwärmt und durch geringe Labbeigaben zum Gerinnen gebracht wird. Die Masse wird zerschnitten und in Formen gefüllt; dann wird die geformte Masse gepresst, um das Abrinnen der Molke zu beschleunigen. Schließlich werden die Käselaibe trocken gesalzen oder in Salzlake gelegt; die Reifedauer beträgt mindestens zehn Tage, aber oft bis zu vier Monaten.

Käse und Küche. Brebiou kann ganz ohne Beigaben gegessen werden, aber auch mit gekochten grünen Bohnen, gedämpften Spargelspitzen, sowie Salat aus Pilzen, rohem Sellerie, Walnüssen und frischen Bohnen. Gereifter Brebiou passt gut zu Teigwaren, welche mit Butter, mit Knoblauch und Öl, oder mit rohem, mit Salz und Öl vermengtem Tomatenfruchtfleisch zubereitet wurden. In kleine Stücke geschnitten kann er zu Salaten aus weißen Bohnen oder rohen Artischocken in einer Marinade aus Salz, Pfeffer und ganz wenig Öl gereicht werden.

Käse und Wein. Am besten serviert man zarte, aber gleichzeitig geschmeidige Weine wie Cialla Bianco dei Colli Orientali del Friuli oder einen halbtrockenen Orvieto.

Brie de Coulommiers

Brie de Coulommiers (AOP) gilt als Vater aller Bries. Er wird in runden, 1,3 kg schweren **Laiben** von 21-25 cm Durchmesser und 3 cm Höhe vermarktet. Die weiche **Rinde** ist von einem weißen Schimmelrasen überzogen; der **Teig** weist eine helle, strohgelbe Farbe auf. Der **Geruch** ist »süß« und leicht rauchig, der volle, intensive **Geschmack** erinnert an Butter, Haselnüsse und zuweilen an weich gekochte Eier. Die Konsistenz ist weich, aber kompakt, gleichmäßig und leicht schmelzend. Brie wird mit der Rinde gegessen. Überreifer Brie nimmt intensiven, strengen Ammoniak-Geruch und bitteren, scharfen Geschmack an.

Herstellung und Reifung. Rohe Vollmilch wird erwärmt und Lab beigefügt. Die entstandene Gallerte wird mit der Käseharfe in kleine Teile zerschnitten; nach dem Einfüllen in die Formen, noch vor dem Salzen, wird mit dem gefriergetrockneten weißen Schimmelpilz *Penicillium candidum* geimpft. Auf der Rinde bildet sich ein dünner weißer Schimmelrasen. Die Reifedauer beträgt ein bis zwei Monate.

Käse und Küche. Brie de Coulommiers wird mit grünem Salat und gekochtem Gemüse wie grünen Bohnen oder Saubohnen serviert. Auch für Omeletten wird er gerne verwendet oder, auf gerösteten Brotschnitten im Rohr kurz überbacken. Außerdem wird Brie häufig mit Butter vermengt zu Gnocchi oder Risottos gemischt.

Käse und Wein. Zu Brie passen Weißweine von ausgeprägtem Charakter und Geschmack wie ein junger französischer Pouilly-Fuissé oder die italienischen Terre di Franciacorta, Südtiroler Weißburgunder, Verdicchio di Matelica und Solopaca Bianco.

ÄHNLICHE KÄSESORTEN

Ähnlich ist **Brie de Montereau**, welcher in etwas kleineren **Laiben** hergestellt wird. Der weiße Schimmelrasen auf der **Rinde** ist zuweilen rot gefleckt, der Geschmack ist zart und süß.

Visitenkarte

Herstellungsgebiet
Île de France

Milch
Kuhmilch

Fermentierung
Kälberlab

Reifung
1-2 Monate

Aufbewahrung
in der Originalverpackung an einem frischen Ort; in der wärmeren Jahreszeit im weniger kühlen Teil des Kühlschranks

Die Geburtsstätte des Brie ist die gleichnamige Region im Osten von Paris, welche zur Île de France gehört. Dieses Gebiet ist reich an Weideland.

Brie de Meaux

Visitenkarte

Herstellungsgebiet
Île de France und Burgund

Milch
Kuhmilch

Fermentierung
Kälberlab

Reifung
2 Monate

Aufbewahrung
in Alufolie eingewickelt im Kühlschrank; man sollte diesen Käse nicht neben anderen Speisen aufbewahren, welche das intensive Aroma beeinträchtigen könnten

Brie de Meaux hat AOP-Status und ist ein fetter, weicher, leicht haselnussartig schmeckender Käse. Er wird in 2,5-3 kg schweren **Laiben** von etwa 36-37 cm Durchmesser und 3-3,5 cm Höhe hergestellt. Der **Teig** ist weich, kompakt und von gleichmäßig heller strohgelber Farbe. Die runzelige, dünne **Rinde** ist von einem weißen Schimmelrasen mit zarter roter Streifung überzogen. Der süße, rauchige **Geruch** erinnert an trockene Früchte und Milch. Der **Geschmack** ist fein und zart und offenbart etwas von der Süße eines weich gekochten Eis.

Herstellung und Reifung. Kuhmilch wird auf höchstens 37 °C erwärmt und Lab beigemengt. Die so gewonnene Gallerte wird grob zerschnitten, sodass die Molke abfließen kann. Der sich bereits entwickelnde Käse wird mit der so genannen *pelle à Brie* – einer löffelartigen Käseform – handgeschöpft. Vor dem Salzen wird mit gefriergetrockneten weißen Schimmelsporen des *Penicillium candidum* geimpft. Auf der Rinde bildet sich eine dünner weißer Schimmelrasen. Die Reifezeit beträgt zwei Monate.

Käse und Küche. Brie de Meaux wird gerne für Polentaaufläufe verwendet – dabei werden Käse- und Polentascheiben in eine feuerfeste Form geschichtet und im sehr heißen Ofen gebacken. Er wird mit Kartoffeln oder edlem Gemüse wie Spargel serviert, welche er, mit Stücken oder Scheiben belegt beim Gratinieren vervollständigen kann. Außerdem wird Brie de Meaux gerne Kartoffelpasteten und Rührei beigegeben. Man kann dazu frischen Salat, Zucchinistreifen, Walnüsse, Mandeln und Pistazien reichen.

Käse und Wein. Zu diesem Brie passen mehr oder weniger zarte Weißweine, angefangen vom Erbaluce di Caluso. Auch Pouilly-sur-Loire, Petit Chablis oder die italienischen Vermentino della Riviera Ligure di Ponente, Bianco dei Colli di Luni und Verdicchio di Matelica sind zu empfehlen.

Brie wird gemeinsam mit der dünnen Weißschimmelrinde verzehrt.

Brie de Melun

Brie de Melun (AOP) gilt als kleiner Bruder des Brie de Meaux, da er in kleineren Formen hergestellt wird. Er ist nicht so fein wie Brie de Meaux, sondern hat einen intensiveren, viel würzigeren Geschmack. Brie di Melun wird in runden **Laiben** von 27-28 cm Durchmesser, 3 cm Höhe und 1,3 kg Gewicht hergestellt. Die **Rinde** ist zart und weist einen weißen Schimmelrasen mit braunen und rötlichen Streifen und Flecken auf. Der **Teig** ist von gleichmäßiger Struktur und creme- bis strohfarben. Der **Geruch** ist milchig und offenbart fruchtige Aromen und Pilznoten, der säuerliche **Geschmack** jüngerer Käselaibe wird bei weiterer Reifung süßer und gleichzeitig würziger.

Herstellung und Reifung. Rohe Vollmilch wird auf 30 °C erwärmt und nicht mit Labenzymen, welche eine vollständige Milchgerinnung innerhalb von 30 Minuten bewirken würden, sondern mit Milchsäurebakterien zum Gerinnen gebracht. Das Dickwerden der Milch dauert bei diesem Prozess etwa 18 Stunden. Der Käsebruch wird in die Formen geschöpft und dort etwa 36 Stunden zum Abtropfen stehen gelassen. Danach wird der Käse trocken gesalzen und einer Reifung von 4-10 Wochen unterzogen.

Käse und Küche. Brie de Melun wird auf Brotscheiben serviert, welche eventuell auch kurz im Ofen überbacken wurden. Er passt zu gekochtem Gemüse und Karotten-, Kartoffel-, Bohnen- und Zucchinisalat. Wegen seines kräftigen Geschmacks wird er gerne für heiße Polenta, Kartoffelpüree und Pasteten verwendet. Überdies bereichert er Käse- oder Gemüsesoufflées (beispielsweise mit Spinat), salzige Kuchen, Omeletten und Nudelpasteten.

Käse und Wein. Zu Brie de Melun können körperreiche Weißweine wie Südtiroler Weißburgunder, Sauvignon del Collio, Vernaccia di San Gimignano oder Musigny gereicht werden. Wer Rotweine vorzieht, sollte junge, zarte Weine wie Marzemino del Trentino, Ormasco oder Fleurie wählen.

ÄHNLICHE KÄSESORTEN

Brie de Provins weist zarten **Geschmack** und einen eher cremigen **Teig** auf. Die Größe der Käseform ist gleich wie beim Brie de Melun, die Reifedauer beträgt 4-5 Wochen.

Visitenkarte

Herstellungsgebiet
Melun, Seine-et-Marne, Aube e Yonne

Milch
Kuhmilch

Fermentierung
Milchsäurebakterien

Reifung
4–10 Wochen

Aufbewahrung
in der Originalverpackung an einem kühlen Ort; in der wärmeren Jahreszeit im weniger kühlen Teil des Kühlschranks

Wegen seiner tortenähnlichen Form und dem zarten fruchtigen Duft wird Brie de Melun als »pâtisserie fromagère« (»Käse-Konfekt«) bezeichnet. Er schmeckt hervorragend zu Omeletten (oben).

Brocciu

Visitenkarte

Herstellungsgebiet
Korsika

Milch
Ziegenmilch oder Schafsmilch

Fermentierung
keine Verwendung von Lab

Reifung
etwa 1 Monat

Aufbewahrung
er sollte noch am Tag des Erwerbs gegessen und bis zum Verzehr im Kühlschrank aufbewahrt werden

Mindestens 15 Tage gereifter Brocciu kommt als »Passu« in den Handel.

Vermutlich stammt der Name des Brocciu (AOP) vom korsischen *»brousse«* (»schlagen«), womit Frischkäse aus Schafs- und Ziegenmilch bezeichnet wurden. Diese Käsesorte ist dem italienischen Ricotta ähnlich und wird in kleinen Plastikkörbchen auf den Markt gebracht. Die verschiedenen zylinderförmigen oder kegelstumpfartigen **Laibe** wiegen etwa 500 g bis 1 kg. Brocciu ist perlmutterfarben und lässt Rippen vom Behälter erkennen, in welchem er zum Abtropfen aufbewahrt wurde. Der **Teig** ist weich und hat einen süßen, leicht ziegigen **Geschmack**. Brocciu wird auch in gereiftem Zustand, mitunter mit Pfeffer überzogen, angeboten.

Herstellung und Reifung. Brocciu wird aus warmer Molke, also dem Restprodukt bei der Milchverarbeitung, erzeugt, welcher ein kleiner Anteil frischer Ziegen- oder Schafsmilch (meist nicht mehr als 15 %) und Salz beigefügt wird. Die Mischung wird auf 90 °C erhitzt und ständig gerührt. Dabei bilden sich weiße Flocken, welche an die Oberfläche schwimmen, mit einem Schaumlöffel abgeschöpft und in kleine Körbe zum Abtropfen gefüllt werden. Das Endprodukt sollte sehr frisch – ob bei Zimmertemperatur, kalt oder warm – gegessen werden. Im Allgemeinen sollte der fertige Frischkäse innerhalb von 48 Stunden verzehrt werden. Sobald er aber getrocknet ist, kann man ihn auch reifen lassen; der typische Charakter kommt jedoch am besten beim frischen Brocciu zum Vorschein.

Käse und Küche. Er passt gut zu Geschmortem auf Basis von Gemüse und Hülsenfrüchten, wie Karotten in Milch, geschmorten Saubohnen, Zwiebelfondue und in der Pfanne gerösteten Kräutern oder Spinatblättern. Auch mit Schokolade, gerösteten oder gekochten Kastanien, Kompott und Konfitüre wird er gerne gegessen. Im Herstellungsgebiet wird er für gefüllte Omeletten verwendet und mitunter in Branntwein eingelegt angeboten. Außerdem kann man ihn mit geriebener Schokolade und ganz wenig Orangenlikör oder Mandellikör verrühren und als Dessert servieren.

Käse und Wein. Brocciu passt ausgezeichnet zu Weißweinen mit zartem Körper wie Sancerre oder die italienischen Favorita delle Langhe, Trebbiano di Romagna, Locorotondo und Prosecco. In Alkohol eingelegt wird er mit demselben Branntwein serviert.

Camembert de Normandie

Die Bezeichnung Camembert de Normandie (AOP) ist auf mit Milch aus der Normandie und in dieser Region hergestellte Sorten beschränkt. Dieser Camembert wird aus Rohmilch in zylinderförmigen **Laiben** von 10,5-11 cm Durchmesser, 3 cm Höhe und 250 g Gewicht hergestellt. Die **Rinde** besteht aus dem typischen essbaren weißen Schimmelrasen. Der **Teig** ist einheitlich strohfarben, weich und weder topfig (oder nur leicht) noch schmelzend. In der Normandie mag man ihn gerne *moitié affiné* (halbgereift), wenn der Kern *(filet)* noch nicht cremig ist. Auf Druck reagiert die Form elastisch, hinterlässt also kaum eine Delle. Der **Geruch** ist voll und intensiv, aber nicht stechend und darf keine Ammoniak-Nuancen zeigen. Der **Geschmack** ist reich und ausgeprägt, ohne deswegen salzig zu sein. Reif und bei der richtigen Temperatur genossen kann man leicht eine Süße wie bei einem weich gekochten Ei wahrnehmen. Die Konsistenz ist weich, bei den sehr reifen Formen schmelzend und eher cremig.

Visitenkarte

Herstellungsgebiet
Normandie

Milch
Kuhmilch

Fermentierung
Kälberlab

Reifung
2–4 Wochen

Aufbewahrung
in der originalen Holzschachtel verpackt, im weniger kühlen Teil des Kühlschranks, oder noch besser an einem frischen Ort

Herstellung und Reifung. Kuhmilch wird auf nicht mehr als 37 °C erwärmt, worauf Kälberlab beigegeben wird. Die dick gewordene Masse wird mit der Käseharfe vertikal und horizontal zerteilt und mit einer durchlöcherten Kelle in Formen gefüllt, aus welchen die Molke abtropfen kann. Nach sieben Stunden werden die kleinen Käseformen gewendet und mit einer etwas weniger als 100 g schweren Metallscheibe beschwert, um das Austreten der Molke zu beschleunigen, und etwa weitere 12 Stunden stehen gelassen. Am nächsten Tag werden die Metallscheiben entfernt und die Käselaibe aus den Formen genommen. Nun werden sie mit *Penicillium candidum* besprüht und nach fünf Tagen trocken gesalzen. Dann wird nochmals mit *Pencillium candidum* besprüht. Nach einer Reifedauer von zwei Wochen, welche auch auf einen Monat ausgedehnt werden kann, wird der Camembert in der typischen Holzschachtel (sie gewährleistet die Belüftung) verpackt und in den Handel gebracht.

Käse und Küche. Die Art der Verwendbarkeit in der Küche hängt vom Reifegrad des Camemberts ab. Weniger cremige, aber auch die vom Eis des Kühlschranks »misshandelten« Sorten werden gerne mit Zutaten gereicht, welche dem Camembert wieder etwas von seinem Geschmack zurückgeben, wie Honig, Waldbeermarmelade, mit *Vinaigrette* angerichteten Salate und Kümmelbrot. Richtig gelagerter und gereifter Käse offenbart einen vollen, weichen, warmen Geschmack und kann mit Walnüssen oder anderen trockenen Früchten, Trüffeln, Kartoffelkroketten, in einem Nest von Bandnudeln mit Butter, auf Erbsenpüree oder mit warmen Fladen serviert werden. Empfehlenswert dazu sind auch Zwieback, getoastete Baguette-Scheiben, Nussbrot und Mailänder Brot.

Käse und Wein. In Frankreich werden zu Camembert Rotweine wie Saint-Émilion gereicht. Ebenso passen liebliche Rotweine wie Kalterersee, Dolcetto oder manche junge Merlot-Weine. Aber auch Weißweine stellen eine hervorragende Ergänzung dar, angefangen von Vermentino di Gallura über Terre di Franciacorta oder Südtiroler Weißburgunder.

Geschichte. Die Erschütterungen der Französischen Revolution hatten, wenn auch nur mittelbar, einen Einfluss auf die Entstehung des Camembert. So war ein Mönch aus der Brie-Region nach der Ausbreitung der egalitären (und kirchenfeindlichen) Ideen nach Norden, in die gastfreundlichere Normandie geflüchtet, wo den Katholiken mehr Sympathie entgegengebracht wurde. Er fand Zuflucht in Vimoutiers, wo er zeigte, wie man Brie herstellt. Nachdem man die in der Normandie gebräuchlichen Herstellungsverfahren und jene der Brie-Produktion verschmolz, entstanden kleine weiche Käselaibe, welche sich mit bläulichem Schimmel überzogen und einen ungewohnten Geschmack offenbarten. Daraufhin wurden, nicht weit von der Ortschaft Camembert, die damals noch namenlosen kleinen Käselaibe in großer Zahl produziert. Die Käselaibe jener Zeit unterschieden sich jedoch von den heutigen Camemberts. Erst 1910 bekam die Rinde den heutigen weißen, samtigen Schimmelrasen, indem man einen besonderen Schimmelpilz, nämlich *Penicillium candidum* auswählte. In der Normandie können die Camembert-Laibe auch 15 Tage lang in Cidre, oder ohne Rinde in Calvados eingelegt werden.

Cantal

Visitenkarte

Herstellungsgebiet
Auvergne, Midi-Pyrénées

Milch
Kuhmilch

Fermentierung
Kälberlab

Reifung
1–6 und mehr Monate

Aufbewahrung
im weniger kühlen Teil des Kühlschranks; der Käse sollte in Klarsichtfolie eingewickelt sein, da der Teig sonst austrocknet und einen salzigen Geschmack annimmt

Cantal-Laibe wiegen bis zu 45 kg, werden aber auch in kleineren Formen – von 10 kg (Cantelet) und 15-20 kg (Petit Cantal) – erzeugt.

Cantal (AOP) wird in 35-45 kg schweren, zylinderförmigen **Laiben** mit einem Durchmesser von 36-42 cm produziert. Die harte **Rinde** ist mehr oder weniger hellgelb und tendiert bei längerer Reifung zu bernsteinfarben mit rötlichen Flecken. Der **Teig** ist kompakt, halbfest und elfenbeinfarben, wird aber bei gereifteren Käselaiben gold- bis orangefarben. Der **Geschmack** ist süß, bei relativ jungen Sorten milchig und wird zunehmend würziger, kräftiger und intensiver.

Herstellung und Reifung. Die Rohmilch wird auf 32 °C erwärmt und Kälberlab beigefügt. Nach dem Dickwerden wird die Masse in 1 cm große Würfel zerteilt und vermischt, damit die Molke abtropfen kann. Dann wird der Bruch durch Pressen verfestigt, wieder geschnitten und neuerlich gepresst, um die restliche Molke zu entfernen. Nun wird ein letztes Mal in nussgroße Stücke geschnitten und gesalzen. Wenn die Masse nach einem Tag eine gewisse Festigkeit angenommen hat, wird sie zermahlen und in Metallformen gefüllt, welche mit einem Deckel verschlossen und unter eine Presse gestellt werden. Die Käseformen lässt man daraufhin mindestens 30 Tage reifen und erhält einen jungen Käse ***(Doux)***. Nach einer Reifung von 2-6 Monaten erhält man einen halbgereiften Cantal ***(Entre-deux*** oder ***Doré)***; ein länger als sechs Monate gereifter Laib gilt als ***Vieux*** (alt).

Käse und Küche. Dieser Tafelkäse bereichert, am besten in Würfel geschnitten, gemischte Salate aus Mais, Oliven, Artischockenherzen, Nüssen und Kopfsalat. Er eignet sich aber auch für die Zubereitung von Vorspeisen wie Risottos und Nudelgerichten, und zwar entweder in die Sauce gestreut oder bereits beim Kochen untergemischt. Außerdem kann man ihn für Crêpes und Omeletten verwenden.

Käse und Wein. Gut zum jungen Cantal passen duftige Weine wie Favorita delle Langhe, Erbaluce di Caluso oder Graves; zu gereifteren Sorten können Rotweine wie Enfer d'Arvier, Valle d'Aosta Torrette, Kalterersee und Fleurie gereicht werden.

ANDERE KÄSESORTEN DES GEBIETS

Aligot, auch **Tome Fraîche** genannt, ist der Frischkäse der großen Auvergner Käsesorten Cantal, Salers und Laguiole. Er kommt bereits vor den letzten Herstellungsschritten der drei letztgenannten Sorten in den Handel und wird frisch verzehrt.

Chabichou du Poitou

In keiner anderen französischen Region wird so viel Ziegenzucht betrieben wie in Poitou. Denn hier siedelten sich zu Beginn des Mittelalters arabische Völker an, welche von der Tierzucht lebten. Als sie im 8. Jh. nach der Niederlage bei Poitiers vertrieben wurden, ließen sie als Erbe die Ziegen und ihre Rezepte zur Käseherstellung zurück. Chabichou (AOP) wird in kegelstumpfartigen **Laiben** mit einem Durchmesser von 6 cm unten, 5 cm oben, und einer Höhe von 6 cm erzeugt. Er besitzt eine natürliche **Rinde** mit einem Schimmelrasen von weißer, gelber und bläulicher Farbe. Der **Teig** ist nicht gepresst, weich, zart und homogen; mit der Reifung verfestigt er sich, bis er eine harte, brüchige Konsistenz annimmt. Der **Geschmack** ist süß-säuerlich und sehr würzig.

Herstellung und Reifung. Ziegenmilch wird erwärmt, dann werden zuerst Milchsäurebakterien beigegeben, und nach 24 Stunden eine kleine Menge Lab. Die Käsemasse wird, ohne zerschnitten zu werden, in kleine, seitlich und am Boden mit Löchern versehene Formen gefüllt, wodurch die Molke abtropfen kann. Dann lässt man die Käseformen im Trockenraum ruhen. Nach etwa einer Woche ist der Chabichou zum Verzehr bereit, kann aber auch länger, auch bis zu zwei Monaten gelagert werden, wodurch ein sehr trockener Käse entsteht.

Käse und Küche. Chabichou wird gerne für Polentaaufläufe verwendet – dabei werden Käse- und Polentascheiben in eine feuerfeste Form geschichtet und im sehr heißen Ofen überbacken. Häufig wird er mit gekochten oder in heißer Asche gebackenen Kartoffeln serviert und harmoniert auch gut mit Kartoffelpasteten. In geschmolzener Form schmeckt er vorzüglich auf Risottos und Spaghetti. Zu Chabichou als Abschluss eines Mahles oder auch zum Aperitiv eignen sich Landbrot oder Vollkornbrot ausgezeichnet.

Käse und Wein. Am besten passen charaktervolle Weißweine wie die französischen Sancerre und Pouilly Fumé sowie die italienischen Terre di Franciacorta, Cirò Bianco und Cinque Terre.

Visitenkarte

Herstellungsgebiet
Poitou Charente

Milch
Ziegenmilch

Fermentierung
Milchsäurebakterien

Reifung
1 Woche bis 2 Monate

Aufbewahrung
an einem frischen Ort, am besten in Keller oder Speisekammer

Der Name Chabichou stammt vom arabischen Wort für Ziege – »chebli«.

Chaource

Visitenkarte

Herstellungsgebiet
in einigen Gebieten Burgunds und der Region Champagne-Ardenne

Milch
Kuhmilch

Fermentierung
Milchsäurebakterien

Reifung
2–4 Wochen

Aufbewahrung
an einem frischen Ort oder im weniger kühlen Teil des Kühlschranks; der Käse sollte in Klarsichtfolie eingewickelt sein, da sonst der Teig austrocknet

Chaource (AOP) wird in zylinderförmigen **Laiben** – als ***Petit*** von 9 cm Durchmesser, 6-7 cm Höhe und 250 g schwer und als ***Grande*** mit einem Durchmesser von 11 cm, 5-6 cm hoch und 500 g schwer – hergestellt. Die **Rinde** ist von einem weißen Schimmelrasen überzogen und kann bei längerer Reifung eine rötliche Streifung aufweisen. Der milchigweiße, mitunter quarkige **Teig** ist weich, zart und von schmelzender Konsistenz. Der **Geruch** erinnert an Wiesenchampignons und Sahne, der **Geschmack** ist süß mit säuerlichen Nuancen, eher mild als würzig, und erinnert an Milch.

Herstellung und Reifung. Das Dickwerden der Rohmilch wird vor allem durch Milchsäurebakterien verursacht und dauert nicht weniger als 12 Stunden. Danach wird die Gallerte zerschnitten, die Molke abgegossen und die Masse in kleine Formen gefüllt. Pressung findet keine statt. Die kleinen Käseformen werden mit dem weißen gefriergetrockneten Schimmelpilz *Penicillium candidum* geimpft und nach wenigen Tagen gesalzen. Die so gewonnenen Käselaibe lässt man zwei Wochen bis zu einem Monat reifen.

Käse und Küche. Chaource kann, mit wenig Butter vermischt, Gnocchi, kurze Teigwaren oder zarte Risottos vervollständigen. Mit Kräutern vermischt ergibt er eine vorzügliche Fülle für Cannelloni oder Omeletten. Außerdem wird Chaource gerne aufgeschnitten auf Brotschnitten gelegt, welche kurz im Ofen überbacken werden, bis der Käse zu schmelzen beginnt. Zum Kombinieren eignen sich auch Walnüsse, in Streifen geschnittene Zucchini und Pilzsalate. Pur serviert man ihn am besten mit Baguette.

Käse und Wein. Zu empfehlen sind Weißweine mit zartem oder mittlerem Körper wie die französischen Sancerre und Irancy sowie die italienischen Tocai di Lison-Pramaggiore, Pitigliano und San Severo.

Chaumes

Visitenkarte

Herstellungsgebiet
Périgord, Aquitaine

Milch
Kuhmilch

Fermentierung
Kälberlab

Reifung
4 Wochen

Aufbewahrung
an einem frischen Ort oder im weniger kühlen Teil des Kühlschranks, in Klarsichtfolie verpackt

Die **Laibe** haben die Form einer Scheibe mit abgerundeten Kanten von 20-23 cm Durchmesser, 4 cm Höhe und 2 kg Gewicht. Ihre **Rinde** ist ocker bis goldfarben, der **Teig** milchigweiß und weich. Chaumes weist einen angenehmen, milchigen **Geruch** und einen zarten, süßen, leicht würzigen **Geschmack** auf. Die Konsistenz ist weich, fast schmelzend, aber auch etwas topfig.

Herstellung und Reifung. Die Milch wird auf etwa 35 °C erwärmt, worauf Kälberlab beigefügt wird. Nach dem Gerinnen wird die Masse in kleine Teile zerschnitten, die Molke abgeseiht und der Bruch zum weiteren Abtropfen in Formen gefüllt. Später wird gesalzen und zuletzt erfolgt eine vierwöchige *Affinage*. Während dieser Zeit werden die Käselaibe regelmäßig gewaschen, um die Feuchtigkeit im Inneren auszugleichen und die Reifung zu begünstigen.

Chaumes eignet sich bestens, um ein typisches französisches Gericht, die Tartiflette, *zuzubereiten. Dies ist ein Auflauf aus Kartoffeln und Speckwürfeln mit einer Schicht Käse obenauf.*

Käse und Küche. Chaumes kann gut mit zartem Gemüse wie Frühlingssalaten, Radicchio, Ofenkartoffeln, verschieden zubereiteten Zucchini sowie Hopfensprossen kombiniert werden und damit köstliche Omeletten füllen. Außerdem kann man ihn, mit etwas Öl, zu gekochten Erbsen und Saubohnen, zu Lauch mit Butter, oder für kleine Gemüsepasteten, Quiches und würzige Torten verwenden. Er wird auch gerne ganz einfach zu Fladenbrot gegessen oder für zarte, gefüllte Teigwaren verwendet und verleiht Kartoffelpüree eine cremigere Konsistenz.

Käse und Wein. Gut passen Weißweine mit ausgeprägtem Geschmack wie der französische Petit Chablis und die italienischen Terre di Franciacorta, Valcalepio, Verdicchio di Matelica und Biancolella. Wer lieber Rotweine trinkt, wählt am besten junge, leichte Weine wie Beaujolais Village, Valpolicella oder Sangiovese di Romagna.

ÄHNLICHE KÄSESORTEN

Chaumes erinnert durch seinen feinen Geschmack an eine andere Käsesorte mit gewaschener Rinde, dem in der Franche-Conté produzierten **Mamirolle**. Der Letztgenannte hat jedoch eine festere Konsistenz, wird aus Kuhmilch erzeugt und hat eine typische, sehr flache viereckige Form.

Comté

Visitenkarte

Herstellungsgebiet
Jura und andere Départements der Franche-Comté und der Rhône-Alpes

Milch
Kuhmilch

Fermentierung
natürliche Fermente

Reifung
mindestens 4 Monate

Aufbewahrung
an einem frischen Ort oder im Gemüsefach des Kühlschranks, in Alufolie verpackt

Die Käsesorte Comté hat AOP-Status und ist auch als **Gruyère de Comté** bekannt, es besteht aber keine Verwandtschaft zum berühmten Schweizer Gruyère. Comté wird im Jura-Gebiet in den als *»fruitières«* bezeichneten lokalen Genossenschaften aus Milch der Rinderrasse Montbéliard erzeugt. Die Produzenten unterstreichen mit Stolz, dass jedes Tier über einen Hektar Weideland verfügt, um daraus die Nahrungsmenge für ein Jahr zu beziehen. Der hier erzeugte Käse wird nach einer Qualitätsskala bewertet. Vor der Vermarktung werden die Käselaibe von einer aus Experten bestehenden Jury einer organoleptischen Prüfung (Farbe, Geruch, Geschmack) unterzogen. Nur jene Laibe, welche mindestens 12 von 20 Punkten erreichen, dürfen als Comté ausgezeichnet werden. Die auf den Markt kommenden zylinderförmigen **Laibe** haben eine ebene Oberfläche, sind 9-13 cm hoch, haben 63 cm Durchmesser und wiegen etwa 42 kg. Die **Rinde** ist fest, kompakt und weist graue Punkte auf, welche auch in Gelb oder Ocker übergehen können. Die Schnittfläche zeigt einen dichten, elastischen **Teig**, welcher einheitlich creme- oder bernsteinfarben, manchmal auch gelblich ist. Mitunter ist auch eine spärliche mittelgroße **Lochung** vorhanden. Der **Geruch** lässt Noten von Walnuss und die Süße von Sommerfrüchten wie Aprikosen erkennen; der **Geschmack** ist süß, gleichzeitig salzig und erinnert an Milch, Butter sowie frisch geschnittenes Heu. Beim Verkosten schmilzt Comté auf der Zunge. Geschmack und Aroma der Käselaibe können je nach Gebiet, Käsehersteller und *Affineur* variieren.

Herstellung und Reifung. Kuhmilch wird in großen Kupferbehältern erwärmt und mit natürlichen Fermenten versehen. Nach dem Gerinnen wird die Gallerte in Körnchengröße zerteilt und 30 Minuten lang auf 54 °C erhitzt. Dann wird die Käsemasse in Formen gefüllt und gepresst, um die restliche Molke zu entfernen. Nach einigen Stunden ist die Masse weiß und weich; gesalzen wird meist trocken. Die *Affinage* der Käselaibe erfolgt in Kellern, wo sie 4-18 Monate, manchmal auch bis zu zwei Jahre reifen.

Käse und Küche. Comté passt gut zu ländlichem Mais- oder Weizenbrot und kann mit gewürzten Gemüsemischungen wie *Ratatouille* garniert werden. In Würfel geschnitten verwendet man ihn für Soufflées, Quiches, würzige Torten, Omeletten, aber auch für Nudelaufläufe und Lasagne-Gerichte. Lange gelagerter Comté kann aufgerieben werden, um Risottos mit Butter, Eierteigwaren mit Butter oder Walnussragout zu würzen; auch zum Gratinieren von Hörnchen, Penne oder anderen kurzen Teigwaren wird er verwendet. Geschmolzen passt er gut zu gekochten Kartoffeln und gerösteten Polentascheiben. Zum Kombinieren eignen sich auch Walnüsse, Aprikosen, Pilzsalate, grüne Salate und gedämpfter Spargel.

Käse und Wein. Zum nicht so lange gereiften Comté sind zarte Weine wie der französische Sancerre oder die italienischen Lugana, Ribolla dei Colli Orientali del Friuli sowie Martina Franca zu empfehlen. Zu den mehrere Monate gereiften Sorten passen hingegen Vouvray, Südtiroler Weißburgunder, Tocai del Colli oder Roséweine wie Lagrein Kretzer ausgezeichnet.

ANDERE KÄSESORTEN DES GEBIETS

Auch **Morbier** (oben) mit AOP-Status stammt aus dem Jura, er ist nach dem gleichnamigen Herstellungsort benannt. Dieser Kuhmilchkäse zeigt an der Schnittfläche einen weichen, buttrigen Teig mit kleinen Löchern und eine typische grauschwarze Linie.

Crottin de Chavignol

Er wird auch als **Chavignol** bezeichnet und hat AOP-Status. Früher wurde der Crottin in Form kleiner Laibe erzeugt, welche vor dem Verzehr einige Wochen in Keramikgefäße mit Weißwein oder Branntwein eingelegt wurden. Dieses Verfahren, welches die Reifung der Käselaibe beschleunigt, wird auch heute noch – aber nur für den Eigenverbrauch – angewendet. Die zylinderförmigen, eher rundlichen **Laibe** haben 4-5 cm Durchmesser, 3-4 cm Höhe und wiegen 60-110 g. Die **Rinde** ist dünn und leicht mit weißem und blauem Schimmel überzogen. Chavignol hat den typischen intensiven **Geruch** von Ziegenkäse. Der **Geschmack** ist in den ersten Wochen süß und zart; nach längerer Reifung wird er kräftig, streng und wirkt sehr salzig. Der **Teig** ist weich, aber kompakt, glatt und gleichförmig; die Elfenbeinfarbe geht über Strohgelb in immer intensiveres Gelb über, der Teig wird immer trockener und schließlich hart.

Herstellung und Reifung. Ziegenvollmilch wird erwärmt und ein wenig Lab beigegeben; nach dem Gerinnen schöpft man die Käsemasse ab. Dann zerschneidet man zu Käsebruch, lässt die Molke abrinnen, gibt die Masse in kleine Käseformen und lässt noch weiter abtropfen. Gesalzen wird trocken, indem die Käselaibe mit Salz eingerieben werden; schließlich kommen die Laibe ohne jegliches Impfen mit einem Pilz in den Trockenraum.

Käse und Küche. Im Herstellungsgebiet wird Crottin auf dem Grill zubereitet und mit ebenfalls gegrilltem Brot serviert. Ebenso können die frischeren Formen in Alufolie eingewickelt einige Minuten in den Ofen gegeben werden, sodass der Käse zu zerlaufen beginnt und dann gepfeffert mit gekochten Kartoffeln serviert wird. Hervorragend dazu passen auch grüner Salat und als Kontrast zur Würzigkeit gegrillte Paprikaschoten, welche dem Gericht Süße verleihen.

Käse und Wein. Eine gute Kombination bilden Crottin und harmonische Weißweine wie der französische Sancerre und die italienischen Vermentino dei Colli di Luni, Torgiano Bianco und Cirò Bianco. Zu gereifteren Sorten passen zuckerreiche Weine wie Recioto di Soave oder ein ausgeglichener Rotwein wie Montepulciano.

Visitenkarte

Herstellungsgebiet
Loire-Tal, Cher, Loiret, Nièvre

Milch
Ziegenmilch

Fermentierung
Ziegenlab

Reifung
10 Tage bis 5 Monate

Aufbewahrung
an einem kühlen Ort oder im weniger kühlen Teil des Kühlschranks; der Käse sollte in Klarsichtfolie eingewickelt sein, da sonst der Teig austrocknet und einen salzigen Geschmack annimmt

Emmental Français Grand Cru

Visitenkarte

Herstellungsgebiet
Belfort, Vosges, Haute Marne, Haute Saône, Côte d'Or, Doubs, Jura, Saône-et-Loire, Haute Savoie, Ain, Rhône Savoie, Isère

Milch
Kuhmilch

Fermentierung
Kälberlab

Reifung
10 Wochen

Aufbewahrung
an einem kühlen, dunklen, luftigen Ort; wenn er im Kühlschrank aufbewahrt wird, soll er etwa eine halbe Stunde vor dem Verzehr auf Zimmertemperatur gebracht werden

Die Milch für französischen Emmentaler wird in Behältern von mehr als 1000 l Fassungsvermögen verarbeitet.

Die Bezeichnung Emmental Grand Cru ist nur für Käse aus nicht pasteurisierter Milch, welche im Osten Frankreichs fertiggestellt wurden, erlaubt. Sie werden einer Qualitätsprüfung unterzogen und müssen mindestens 16 von 20 Punkten erreichen. Emmental Français Grand Cru hat AOP-Status. Die für diesen Emmentaler verwendete Milch stammt von Rindern, welche nach genauen Vorschriften gezüchtet werden. So sind eine fast ausschließliche Ernährung auf Basis von Gras und Heu vorgeschrieben und jegliche Fermente (im Silofutter) bei der Fütterung verboten. Durch die strengen Produktionsvorschriften und die Sorgfalt bei der *Affinage* kann der Käse ein hohes qualitatives Niveau erreichen. Die riesigen Käselaibe können mehr als 100 kg schwer sein und sehr lange gelagert werden. Für einen Laib von 70 kg braucht man 800-900 l Milch. Der **Emmental Français** non Grand Cru ist ähnlich, wird aber aus pasteurisierter Milch hergestellt. Die zylinderförmigen **Laibe** haben einen runden Rücken, 70-100 cm Durchmesser, 13-25 cm Höhe und wiegen zwischen 60 und 130 kg. Die natürliche **Rinde** ist glatt, hart und trocken. Beim Grand Cru ist sie von goldgelber Farbe, beim französischen Emmentaler aus pasteurisierter Milch ocker bis hellbraun. Der **Teig** ist fest, aber elastisch und elfenbeinfarben bis hellgelb. Die **Lochung** ist deutlich ausgeprägt und weist verschiedene Größen auf. Der **Geschmack** erinnert an Butter, jedoch mit pikanter Note, der intensive **Geruch** an frische Walnüsse.

Herstellung und Reifung. Emmental Grand Cru wird aus teilweise entrahmter Rohmilch hergestellt, welche auf 32 °C erwärmt und mit Kälberlab versehen wird. Nach dem Gerinnen wird die Masse in Würfel von 5-8 mm zerteilt, damit die Molke abrinnen kann. Dann wird der Käsebruch auf 54 °C erhitzt (Brennen) und schließlich in Käseformen gefüllt und gepresst. 20 Stunden lang lässt man speziell ausgesuchte Milchsäurebakterien auf die Masse einwirken. Dann werden die Laibe 24-48 Stunden in Salzlake gelegt. Schließlich lässt man sie 10 Wochen reifen.

Käse und Küche. Am besten kommt der Grundgeschmack zum Ausdruck, wenn man den Käse pur mit Walnüssen serviert. Geschmolzener Emmental Français eignet sich hervorragend zum Verfeinern von Salzkartoffeln oder gerösteten Polentaschnitten. Aufgerieben und gratiniert gibt er Zwiebelsuppen und oft auch Gemüse und Teigwaren den letzten Schliff. Man kann ihn mit gut gewürzten Gemüsemischungen wie Ratatouille kombinieren oder mit rustikalem Maisbrot oder Weizenbrot servieren.

Käse und Wein. Dazu passen charaktervolle Weißweine wie Vouvray, Südtiroler Müller Thurgau, Chardonnay del Collio oder auch Roséweine wie Alezio.

ÄHNLICHE KÄSESORTEN

Emmental de Savoie hat eine harte, kompakte, glatte **Rinde** von gelbbrauner Farbe, sein **Teig** ist elastisch, fett und elfenbein-gelb bis strohgelb oder orangegelb und weist eine ausgeprägte **Lochung** auf.

Epoisses de Bourgogne

Epoisses hat AOP-Status, ist weich und wird aus roher Vollmilch erzeugt. Er wird in zylindrischer Form und verschiedenen Größen vermarktet: in sehr kleinen **Laiben** von 3-4 cm Höhe, 9,5-11,5 cm Durchmesser und 250-350 g Gewicht, oder in größeren Formen von 3-4,5 cm Höhe, 16,5-19 cm Durchmesser und 700-1100 g Gewicht. Die gewaschene **Rinde** ist glatt und je nach Reifegrad elfenbeinfarben, orange oder rot. Die Schnittfläche ist elfenbeinfarben bis hellbeige und weist einen weichen **Teig** mit leicht schmieriger Konsistenz auf. Epoisses hat einen charakteristischen **Geruch** von Waldboden mit Noten von Branntwein und Trester. Der reiche, volle, milchige **Geschmack** kann süß sein, weist aber auch eine kräftige, pikante Note auf. Die Laibe müssen mindestens vier Wochen reifen.

Visitenkarte

Herstellungsgebiet
in der Gemeinde Epoisses in Burgund im Departement Côte d'Or und einigen Gebieten der Departements Haute-Marne und Yonne

Milch
Kuhmilch

Fermentierung
Kälberlab

Reifung
4 Wochen

Aufbewahrung
im weniger kühlen Teil des Kühlschranks, in der originalen Holzschachtel; man kann ihn auch in einem mit Weißwein und etwas Branntwein getränkten Tuch in der Speisekammer aufbewahren

Herstellung und Reifung. Für Epoisses de Bourgogne muss die frische Milch am Tag des Melkens verarbeitet werden. Nach dem Erwärmen wird der Milch Lab beigefügt; das Gerinnen erfolgt sehr langsam und dauert etwa 16 Stunden. Dann wird die Gallerte in große Stücke zerteilt und in Käseformen aus Kunststoff oder Metall gefüllt, aus welchen die Molke abtropfen kann. Danach werden die Laibe trocken gesalzen und mindestens 28 Tage reifen gelassen. Während der Affinage muss die Rinde der Epoisses-Laibe zwei- bis dreimal in der Woche gewaschen werden – anfangs mit Wasser, dann mit Weißwein und Marc de Bourgogne, dem lokalen Branntwein. Manchmal wird mit Pfeffer, Gewürznelken und Fenchel gewürzt.

Käse und Küche. Epoisses de Bourgogne wird oft mit Landbrot serviert und schmeckt am besten ungekühlt. Durch seinen akzentuierten Geschmack eignet er sich vorzüglich für im Ofen überbackene Teigwarengerichte, Kartoffelaufläufe und Polenta. Er vervollständigt Gemüsetorten, wie die Flamiche, ein in Frankreich überaus beliebtes Lauchgericht. Pur wird er mit einem Tropfen Honig serviert und passt auch gut zu Salaten mit Walnüssen, Birnen und Rapunzel.

Käse und Wein. Im Herstellungsgebiet wird er mit einem kleinen Glas Marc de Bourgogne serviert, da der Epoisses, wie bereits erwähnt, während der Affinage mit diesem Branntwein behandelt wird und dieses Aroma auch beim Verkosten erkennen lässt. Ansonsten ist sind süße Weine zu empfehlen, welche mit den pikanten Noten der Käsesorte harmonieren, zum Beispiel der französische Sauternes oder die italienischen Albana Passito, Passito di Caluso und Vino Santo Trentino.

Geschichte. Erstmals schriftlich erwähnt wird der Epoisses 1775 in einem Werk eines Abtes. Vermutlich wurde der Epoisses de Bourgogne von den Zisterziensermönchen von Citeaux im 17. Jh. erfunden, welche ihn auch in der Umgebung bekannt machten. In der ersten Hälfte des 19. Jh. wurde er bereits, in Holzschachteln verpackt, in ganz Frankreich vertrieben. Napoleon Bonaparte soll ihn ganz besonders geschätzt haben, vor allem mit einem Becher Chambertin. Der Gastronom und Schriftsteller Anthelme Brillat-Savarin bezeichnete ihn als »König der Käse«.

Fourme d'Ambert

Visitenkarte

Herstellungsgebiet
Zentralmassiv, Auvergne

Milch
Kuhmilch

Fermentierung
Kälberlab

Reifung
1–5 Monate

Aufbewahrung
im unteren Teil des Kühlschranks, zwischen 6 und 8 °C

Fourme d'Ambert (AOP) wird in zylinderförmigen, 19 cm hohen, 1,5-2 kg schweren **Laiben** mit 14 cm Durchmesser hergestellt. Die natürliche **Rinde** ist trocken und zart und von weißgrauem und rotem Schimmel überzogen. Der **Teig** ist weich, kompakt und von Blauschimmel durchzogen und weist ein spärliche **Lochung** auf; die Farbtöne reichen von Hellgelb bis Creme. Der intensive **Geruch** nach Keller erinnert an die Hallen, in welchen die Käseformen gelagert wurden; der **Geschmack** ist intensiv, angenehm würzig und gleichzeitig süß, mit einer leicht bitteren Note. Er gilt als der süßeste unter den Blauschimmelkäsen.

Herstellung und Reifung. Kuhmilch wird auf 32 °C erwärmt; außer Lab werden auch Milchsäurebakterien und *Penicillium roqueforti* beigefügt. Die Milch wird in etwa einer Stunde dick; die Masse wird in kleine Klümpchen zerschnitten und etwa eine Stunde gerührt, um die Molke zum Abrinnen zu bringen. Dann wird die Masse in Käseformen gefüllt und 24 Stunden ruhen gelassen. Während dieser Zeit werden die Formen mehrmals gewendet, um den Rest der Molke abfließen zu lassen. Danach werden die Käselaibe trocken gesalzen oder einige Stunden lang in Salzlake gelegt. Dann werden sie auf Holzplatten gelegt und mit Nadeln der Länge nach durchbohrt, um die Schimmelbildung zu fördern. Schließlich folgt die *Affinage*, welche noch mindestens 28 Tage dauert.

Käse und Küche. Fourme d'Ambert passt gut zu warmen Gerichten wie Kartoffelpüree, Polenta oder Kartoffelnocken. Mit Öl verrührt verfeinert er grüne Salate. Pur kann man ihn mit zartem Honig oder Marmelade aus Waldfrüchten probieren.

Käse und Wein. Empfehlenswert sind zuckerreiche Weißweine, welche gut mit der Würzigkeit des Fourme d'Ambert harmonieren, wie ein Sauternes oder die italienischen Caluso Passito, Vino Santo Trentino, Albana Amabile und Orivieto Amabile.

ÄHNLICHE KÄSESORTEN

Fourme de Montbrison wird in der gleichen Gegend hergestellt und ist dem Fourme d'Ambert – angefangen von der zylindrischen **Form**, welche höher als breit ist – sehr ähnlich, allerdings etwas weniger fett.

Der charakteristische Blauschimmel des Fourme d'Ambert stammt vom Penicillium roqueforti.

Fougerus

Visitenkarte

Herstellungsgebiet
Meaux, Île de France

Milch
Ziegenmilch, mitunter mit Schafsmilch vermischt

Fermentierung
Ziegenlab oder Lammlab

Reifung
4 Wochen

Aufbewahrung
an einem frischen Ort oder im Gemüsefach des Kühlschranks, in Alufolie verpackt; Fougerus sollte verzehrt werden, solange er frisch und weich ist

Das typische Farnblatt des Fougerus hat einen doppelten Zweck: es ist dekorativ und verleiht dem Käse sein Aroma.

Der auf traditionelle Weise hergestellte Fougerus gehört zur Brie-Familie und ist etwas größer als Brie de Coulommiers. Früher wurde er nur auf Bauernhöfen für den Eigenbedarf produziert. Erst zu Beginn des 20. Jh.s begann die industrielle Produktion des Fougerus. Das typische Farnblatt dient nicht nur zur Dekoration, sondern verleiht dem Käse auch ein gewisses Aroma, da der Duft des Farns gut mit dem Schimmelrasen der Rinde harmoniert. Die **Laibe** haben eine zylindrische Form, 16 cm Durchmesser, 4 cm Höhe und wiegen 600 g. Die **Rinde** ist weiß mit charakteristischem Schimmelrasen. Der **Teig** ist strohgelb bis hellgelb, ohne Lochung, und von weicher, fast cremiger Konsistenz. Der **Geschmack** ist süß, leicht salzig und erinnert an Milch und Sahne.

Herstellung und Reifung. Der erwärmten rohen Vollmilch wird Lab beigefügt. Nach dem Gerinnen wird der Käsebruch mit durchlöcherten Kellen in die Formen geschöpft. Hier lässt man die Masse langsam abtropfen und impft noch vor dem Salzen mit *Penicillium candidum*, einem gefriergetrockneten weißen Schimmelpilz. Auf der Rinde bildet sich ein dünner weißer Schimmelrasen. Die Reifezeit beträgt etwa vier Wochen.

Käse und Küche. Fougerus kann auf Brotscheiben serviert werden, welche man kurz im Ofen überbäckt; oft werden Walnüsse, Haselnüsse, Pistazien, grüner Salat, und Zucchinistreifen dazu gereicht. Überdies bereichert Fougerus Käse- oder Gemüsesoufflées (beispielsweise mit Spinat), Quiches und Nudelpasteten. Er wird mit Kartoffeln oder edlem Gemüse wie Spargel serviert, welchen er, in Stücken oder Scheiben und gratiniert den letzten Pfiff gibt. Außerdem wird Fougerus gerne zu Kartoffelpasteten oder Rührei hinzugefügt.

Käse und Wein. Gut passen Weißweine mit mittlerem Körper wie die französischen Pouilly-sur-Loire und Petit Chablis sowie die italienischen Nosiola del Trentino, Lugana, Bianco di Pitigliano, Bianco dei Colli di Luni oder Verdicchio di Matelica.

Fromage Corse

Visitenkarte

Herstellungsgebiet
im Süden Korsikas

Milch
Ziegenmilch, Schafsmilch

Fermentierung
Ziegenlab

Reifung
2 Monate

Aufbewahrung
im unteren Teil des Kühlschranks, zwischen 6 und 8 °C

Fromage Corse wird meist in kleinen Formen erzeugt, deren Rinde oft das Muster des Abtropfkorbes (der *Faisselle* – einst aus Binsen, heute aus Kunststoff) erkennen lässt. Die verschiedenen als Fromage Corse gehandelten Sorten werden aus Rohmilch von Ziegen und Schafen, welche von Juni bis Oktober auf die Bergweiden gebracht werden, hergestellt, mitunter auch aus einer Mischung der Milch von Ziegen und Schafen; der Geruch ist intensiv und der Geschmack oft sehr würzig. Fromage Corse wird in zylinderförmigen **Laiben** mit einem Durchmesser von 11-13 cm, 3-4 cm Höhe, flacher Ober- und Unterseite, sowie einem Gewicht von etwa 500 g angeboten. Die schimmelüberzogene **Rinde** ist grau bis orange-gelb. Der **Teig** zeigt eine leichte **Lochung**, ist elastisch mit cremefarbenem bis dunklerem strohfarbenem Ton. Der **Geschmack** ist voll und intensiv und wird bei mehrere Monate gelagertem Käse nahezu scharf.

Herstellung und Reifung. Ziegen- und Schafsmilch wird erwärmt und Ziegenlab beigefügt, welches aus dem getrockneten, in Streifen geschnittenen Magen eines Zickleins gewonnen wird. Nach dem Dickwerden wird die Masse zu Käsebruch zerschnitten und in die *Faiselle* zum Abtropfen gefüllt. Danach wird der Käse gesalzen und einer zweimonatigen Reifung unterzogen.

Unten: korsische Käsesorten auf einem Marktstand von L'Île Rousse auf Korsika.

Käse und Küche. Fromage Corse schmeckt pur oder mit Akazienhonig und Marmeladen. Sehr gut passen Schwarzbrotschnitten, man kann ihn aber auch mit gekochten grünen Bohnen, gedämpften Spargelspitzen, Walnüssen und frischen Bohnen garnieren. Lange gereifte Sorten können gut mit gekochten weißen Bohnen oder rohen Artischocken in einer Marinade aus Salz, Pfeffer und ganz wenig Öl kombiniert werden.

Käse und Wein. Empfehlenswert sind süffige Weißweine wie Castelli Romani, Frascati, Bianco di Pitigliano oder Salice Salentino Bianco. Gereifterer Käse harmoniert gut mit kräftigen Weißweinen, wie einige in *Barriques* gereifte toskanische Chardonnays, mit zuckerreichen Weißweinen wie Recioto di Sovae oder mit körperreichen Rotweinen wie Cirò Rosso oder Chinon.

ÄHNLICHE KÄSESORTEN

Eine ähnliche korsische Käsesorte ist **Le Fium'Orbo**, den man ebenfalls in der *Faisselle* abtropfen lässt. Er ist kleiner als Fromage Corse, aber ebenso würzig.

Gaperon

Das Wort Gaperon könnte auf *»gape«* oder *»gaspe«* zurückgehen, im Dialekt der Auvergne die Bezeichnung für »Buttermilch«. Denn einst vermischte man die nach dem Buttern übrig gebliebene Buttermilch mit der für die Käseherstellung bestimmten Frischmilch. Die Käseformen wurden an der Küchentür in der Nähe des Kamins aufgehängt, sodass der Käse Raucharomen annahm. Gaperon wird in kleinen, halbkugelförmigen **Laiben** hergestellt, welche an einem Seil aufgehängt aufbewahrt werden. Der Basisdurchmesser und die Höhe betragen jeweils 8-9 cm, das Gewicht 250-350 g. Die **Rinde** ist hart und von natürlichem weißem Schimmel überzogen; der **Teig** ist trocken und hell cremefarben. Der **Geruch** weist auf die Gewürze hin, welche bei der Käseproduktion verwendet wurden – Knoblauch und Pfeffer.

Visitenkarte

Herstellungsgebiet
Auvergne

Milch
Kuhmilch

Fermentierung
Kälberlab

Reifung
1–2 Monate

Aufbewahrung
aufgehängt an einem frischen Ort

Herstellung und Reifung. Für die Herstellung dieses Schnittkäses wird Vollmilch oder teilentrahmte Milch auf etwa 32-33 °C erwärmt und Kälberlab hinzugefügt. Nach dem Dickwerden der Milch wird die Masse zerschnitten und in Käseformen gefüllt. Die Käse werden gesalzen, worauf man sie aufgehängt 1-2 Monate reifen lässt. Während der Herstellung werden der Masse schwarzer Pfeffer und klein geschnittener Knoblauch beigegeben.

Käse und Küche. Gaperon wird gerne mit Vollkornbrot oder Mischbrot gegessen. Man kann ihn dünn aufgeschnitten mit etwas Öl servieren, aber auch mit gebratenen Zucchini, Pilzen, Kichererbsen-Püree und allen Gerichten, welche zu Käse oder zum Knoblaucharoma passen. In kleinen Würfeln mischt man ihn unter Risottos oder zu Teigwaren mit weißer Sauce, er wird aber auch in der Pfanne geröstet oder für Käse-Pfeffer-Spaghetti verwendet.

Käse und Wein. Gaperon kann mit körperreichen, angenehm aromatischen Weißweinen wie Südtiroler Müller Thurgau oder Silvaner serviert werden. Wer Rotweine vorzieht, wählt am besten einen süffigen, aber gut strukturierten Côtes du Rhone oder Dolcetto di Ovada.

Laguiole

Visitenkarte

Herstellungsgebiet
Laguiole, auf der Hochebene Aubrac; ebenso in den Midi-Pyrénées, Auvergne, Roussillon

Milch
Kuhmilch

Fermentierung
Kälberlab

Reifung
4 Monate

Aufbewahrung
an einem frischen Ort oder im Gemüsefach des Kühlschranks, in der Originalverpackung

Auf der Hochebene Aubrac wird bereits seit der Römerzeit Käse hergestellt, wie in den Naturalis Historia *von Plinius dem Älteren nachzulesen ist.*

Laguiole (AOP) hat die zylinderförmigen **Laiben** mit ebener Oberfläche hergestellt; diese sind 30-40 cm hoch, haben etwa 40 cm Durchmesser und können bis zu 50 kg wiegen – die meisten Laibe haben ein Gewicht von 45 kg. Die natürliche **Rinde** ist dünn und weiß-orange gefleckt, wird aber während der Reifung noch dunkler. Die Schnittfläche weist einen halbfesten, gepressten, dichten, cremefarbenen **Teig** auf; die Farbe geht mit fortschreitender Reifung in einen wärmeren, gelben Farbton über. Der **Geruch** ist zart und angenehm nach frisch gemolkener Milch; der **Geschmack** ist süß, weich, zart, von frischer Milch und nimmt mit längerer Reifung intensivere Noten an.

Herstellung und Reifung. Die Rohmilch wird auf 32 °C erwärmt und Kälberlab beigefügt. Nach dem Dickwerden wird die Gallerte in Stücke zerteilt und gerührt, um die Molke zum Ablaufen zu bringen. Dann wird die Masse durch Pressen verfestigt, aufgeschnitten und neuerlich gepresst, um die restliche Molke zu entfernen. Nun wird nochmals in nussgroße Stücke geschnitten und gesalzen. Wenn sich nach etwa einem Tag die Masse verfestigt hat, wird sie fein zerschnitten und in Metallformen gefüllt, mit einem Deckel verschlossen und gepresst. Die Käselaibe müssen mindestens vier Monate reifen.

Käse und Küche. Man serviert ihn in Stücke geschnitten mit Landbrot, manchmal mit Senf, in welchen man den Käse eintaucht (vor allem beim Aperitif). Zum Aperitif wird er auch mit Mais, Oliven, Artischockenherzen und Walnüssen gereicht. Gut passt Laguiole zu einer Garnitur von würzigem, geschmortem Gemüse wie Rosenkohl mit Sahnesauce, geschmorten Artischocken, zu zartem Kopfsalat oder würzigerem Radicchio-Salat. In Würfel geschnitten, wird er für Souffleés, rustikale Pizzas, Quiches und Strudel, Omeletten und Crêpes verwendet. Er eignet sich aber auch für die Zubereitung von Risottos und Nudelgerichten, indem man ihn entweder bereits beim Kochen einrührt oder danach auf die Sauce streut.

Käse und Wein. Gut zum Laguiole passen duftige Weine wie Tocai del Piave, Favorita delle Langhe, Erbaluce di Caluso, Nosiola Trentina oder Graves-Weine; zu gereifteren Sorten können Rotweine wie Enfer d'Arvier, Torrette, Kalterersee und Fleurie gereicht werden.

Geschichte. Die Käsesorte Laguiole ist nach dem gleichnamigen Dorf der Hochebene Aubrac im Süden Frankreichs benannt, in dessen Umgebung er produziert wird. Vermutlich wurde er erstmals im 19. Jh. in einem Mönchskloster erzeugt. Die Mönche teilten den Sennern der Gegend ihr Rezept mit, welches bis heute nahezu unverändert geblieben ist. Im 19. Jh. wurde eine Gesellschaft zur Förderung dieser Käsesorte gegründet und die Gemeinde Laguiole wurde zum Produktions- und Vermarktungszentrum. Obwohl der Laguiole sehr beliebt war, wurde die Zahl der Viehhüter und damit die Produktion immer geringer. 1960 wurde eine Genossenschaft gegründet, welche es verstand, die Produktion zu rationalisieren und zu optimieren, das Image zu fördern und den Verkauf des Laguiole wieder anzukurbeln.

Livarot

Livarot (AOP) wird in vier zylindrischen Formen und verschiedenen Größen hergestellt. »Normaler« Livarot hat 12 cm Durchmesser, 5 cm Höhe und wiegt 350 g; **Trois-quarts Livarot** hat etwa 10,5 cm Durchmesser und wiegt 135 g; **Petit Livarot** hat einen Durchmesser von 9 cm und wiegt 120 g; **Quart Livarot** misst 7 cm im Durchmesser und wiegt 60 g. Bei allen Größen ist die **Rinde** gewaschen und von rötlicher Farbe, da der Käse im Zuge der *Affinage* mit Annatto, einem natürlichen Farbstoff aus dem Orleansstrauch, behandelt wird. Der **Teig** ist weich, roh, nicht gepresst, kompakt, feucht und schmilzt im Mund, wobei er ein würziges Aroma und einen intensiven, reichen und vollen **Geschmack** entfaltet.

Herstellung und Reifung. Entrahmte Milch wird auf 38 °C erwärmt, Lab beigefügt und zum Gerinnen stehen gelassen. Die Gallerte wird zerteilt und gerührt, damit die Molke besser abrinnen kann; danach wird nochmals in reisgroße Stücke zerschnitten und durch ein Tuch abgeseiht. Die Käsemasse wird in die als *»moules«* bezeichneten traditionellen Holzformen gefüllt. Dann werden die Käselaibe gesalzen und während der *Affinage* mehrmals gewaschen. Traditionell wurden die Käselaibe mit Streifen aus speziell dafür gepflanztem Schilf umwickelt, damit sie während der *Affinage* nicht auseinander fielen. Diese Streifen erinnerten an die Rangabzeichen der Soldaten, sodass der Livarot auch den Beinamen *Colonel* bekommen hat. Heute stellen diese Schilfstreifen nur noch einen ästhetischen, folkloristischen Wert dar, sodass die Käsehersteller nicht gezögert haben, sie durch Papierstreifen zu ersetzen.

Käse und Küche. Livarot wird zu gutem Bauernbrot gegessen, eventuell mit Marmelade oder mit Senf mit ganzen oder klein zerteilten Früchten. Er passt gut zu Walnüssen, Haselnüssen, aber auch zu getrockneten Feigen, gekochten Kastanien und gerösteten Maroni. Auch garniert mit gekochten, mit Salz, Pfeffer und etwas Öl abgemachten Artischockenscheiben, Karden oder Topinambur-Stücken wird er gerne gereicht. Darüber hinaus eignet er sich bestens für Risottos oder in Gemüse- oder Fleischsuppe gekochtem Reis. Schließlich kann man ihn mit Trüffelsauce und grünem Salat probieren.

Käse und Wein. Livarot kann mit süffigen Rotweinen wie dem französischen Côtes du Rhône oder den italienischen Dolcetto di Ovada, Barbera del Monferrato und Aglianico del Taburno serviert werden. Die pikanteren Sorten passen zu robusten, süßeren Weinen wie Beaumes de Venise oder den italienischen Torcolato und Cirò di Cagliari.

Geschichte. Livarot ist bereits seit dem 12. Jh. bekannt und eine der ältesten Käsesorten der Normandie. Er wurde auf den Bauernhöfen produziert und unterschied sich nicht sehr stark vom Pont-l'Evèque, der aus der gleichen Gegend stammt. Während des Mittelalters wurde er allgemein als *Angelot*, dann als *Augelot* (von Auge, dem Herkunftsgebiet) bezeichnet. Erst später nahm er den Namen der kleinen, in der Nähe von Lisieux gelegenen Stadt an, auf deren Markt viel Käse verkauft wurde. Im Laufe des 19. Jh.s war Livarot vermutlich die in der Normandie am meisten konsumierte Käsesorte, sodass er 1877 von etwa 200 *Affineuren* hergestellt wurde. Damals galt er wegen seiner großen Nahrhaftigkeit als *»viande du pauvre«* (»Fleisch der Armen«).

Visitenkarte

Herstellungsgebiet
Basse-Normandie

Milch
Kuhmilch

Fermentierung
Kälberlab

Reifung
1–2 Monate

Aufbewahrung
im unteren Teil des Kühlschranks, in der Originalverpackung und einem Kunststoff- oder Glasbehälter hermetisch verschlossen

Oben: Livarot-Laibe bei der Reifung. Die Schilfstreifen sind gut sichtbar – sie werden heute immer mehr durch Papierstreifen ersetzt.

Langres

Visitenkarte

Herstellungsgebiet
manche Gebiete in den Départements Haute-Marne, Vosges und Côte d'Or

Milch
Kuhmilch

Fermentierung
Kälberlab

Reifung
15–20 Tage

Aufbewahrung
im weniger kühlen Teil des Kühlschranks, bei 6-8 °C, in Alufolie verpackt; oder in einem mit Weißwein angefeuchteten Tuch an einem frischen Ort

Die kleine Vertiefung an der Oberseite des Langres wird als Fontaine *bezeichnet.*

Langres (AOP) hat die **Form** eines kleinen Kegelstumpfes oder Zylinders und weist an der Oberseite eine als *Fontaine* bezeichnete 5 mm tiefe Einbuchtung auf. Langres wird in zwei Packungsgrößen angeboten: der **Petit** hat 7,5-9 cm Durchmesser, 4-6 cm Höhe und wiegt mindestens 150 g; der **Grande** misst 16-20 cm im Durchmesser, ist 5-7 cm hoch und wiegt 800 g. Die dünne, glatte, feuchte und glänzende **Rinde** variiert in der Farbe von Hellgelb bis Braun. Der **Teig** ist in der Mitte am weichsten, seine Farbe ist Weiß bis Beige; er ist von kompakter, weicher Konsistenz und zergeht im Mund. Der **Geschmack** ist intensiv und kräftig, aber nie scharf.

Herstellung und Reifung. Anfangs wurde Langres auf den Bauernhöfen aus frisch gemolkener Milch hergestellt. Heute wird auch pasteurisierte Milch verwendet, welche am Tag des Melkens verarbeitet werden muss. Man verwendet nur sehr geringe Labmengen und das Dickwerden der Milch geschieht vorwiegend durch Milchsäurebakterien. Während dieses sehr langsamen Vorgangs muss die Milch auf einer Temperatur von 30-32 °C gehalten werden. Sobald die Masse dick geworden ist, wird sie zerteilt und in Formen gefüllt. Nach etwa 24 Stunden ist die Molke abgetropft. Dann wird der Käse aus den Formen genommen, trocken gesalzen und auf Gittern getrocknet. Die kleinen Käselaibe kommen mindestens 15 Tage und die größeren Formen mindestens 21 Tage für die *Affinage* in einen Keller. Die Aufenthaltsdauer kann aber auch bis zu drei Monaten betragen. Während dieser Zeit werden die Laibe regelmäßig mit leicht gesalzenem und mit Annatto – einem natürlichen, orangefarbigen Farbstoff – versehenem Wasser eingerieben. Dabei werden die Formen nie umgedreht, damit sich die typische kleine Vertiefung, welche den Langres von anderen Käseformen unterscheidet, bilden kann. Viele *Affineure* gießen am Ende der Reifung etwas Marc de Bourgogne oder Champagner in diese Vertiefung.

Käse und Küche. Der intensive Geschmack des Langres gibt ihm genug Charakter, um zu Ende eines Mahls gemeinsam mit Akazienhonig mit Trüffeln serviert zu werden. Er passt auf heiße Polentaschnitten, gekochte Kartoffeln und wird zum Komplettieren von gegrilltem Gemüse verwendet. Durch seinen kräftigen Geschmack eignet er sich gut für gekochte Teigwaren, unter welche man ihn mit Butter oder Öl verrührt mischt. In Würfel geschnitten, wird er für Soufflées, würzige Strudel und Omeletten verwendet.

Käse und Wein. Zu mit Marc de Bourgogne oder Champagner affiniertem Langres passt ein guter Cognac; ansonsten sind junge, nicht zu anspruchsvolle Rotweine zu empfehlen, wie Mercurey, Cannonau Rosé, Rossese delle Riviera Ligure di Ponente oder im Stahltank ausgebauter Cabernet Sauvignon dei Colli Bolognesi.

Geschichte. Erstmals wurde diese Käsesorte im 18. Jh. erwähnt, und zwar in einem Lied vom Prior des Klosters in der Gemeinde Langres, in welchem dieser köstliche Käse besungen wird. Langres gehörte zu den Lieblingskäsesorten des Philosophen und Schriftstellers Denis Diderot. Im Laufe des 19. Jh. konnte der Langres die Märkte in großem Maßstab erobern, erlitt jedoch dann einen Produktionsrückgang. Erst 1930 begannen einige kleine Hersteller, sich wieder dem Langres zu widmen und kurbelten Produktion und Konsum wieder an. 1981 entstand das *Syndicat Interprofessionnel du Fromage de Langres*, welches um den AOP-Status ansuchte.

Maroilles

Nach einer Legende wurde der Maroilles oder **Marolles** im Jahr 962 von Mönchen erfunden. Er gelangte schnell zu Berühmtheit und wurde einigen französischen Königen, darunter Charles V., Charles VI. und François I., sehr geschätzt. Die Käsesorte hat AOP-Status und wird in quadratischen Formen verschiedener Größen produziert: **Sorbais** ist 12-12,5 cm breit, 4 cm hoch und wiegt 550 g; **Mignon** misst in der Breite 11-11,5 cm, in der Höhe 3 cm und hat ein Gewicht von 350 g; der 180 g schwere **Quart** ist 8-8,5 cm breit und 3 cm hoch. Alle Größen weisen eine feuchte, gewaschene **Rinde** auf, die von Gelb in Orange und mattes Rot übergeht. Der **Teig** ist weich, dicht und kompakt, feucht, schmilzt im Mund und ist würzig.

Herstellung und Reifung. Kuhmilch wird auf 32 °C erwärmt und nach der Zugabe von Lab zum Gerinnen stehen gelassen. Die Masse wird in Stücke zerteilt, welche man abtropfen lässt und in quadratische Formen füllt. Während sich der Käse entwickelt, kann die überschüssige Flüssigkeit aus den Formen abtropfen. Daraufhin wird gesalzen und alle Käselaibe kommen zum Reifen in die Höhlen von Thiérarche, welche dem Maroilles seinen besonderen Geschmack und sein Aroma verleihen. Für den Quart beträgt die Reifedauer zwei Wochen, für den Sorbais vier Monate. Während dieser Zeit werden die Laibe regelmäßig gewendet und in Salzlake gewaschen.

Käse und Küche. Man reicht ihn zu wenig salzigem Weißbrot, pur oder mit grünem Mischsalat oder Nüssen garniert. Besonders gut schmeckt er im Ofen überbacken sowie geschmolzen auf Gnocchi, Polenta und gekochten Kartoffeln. In kleine Stücke geschnitten wird er zum Füllen von Omeletten, Crêpes, Gemüsekuchen und Fladenbroten verwendet.

Käse und Wein. Zu empfehlen sind körperreiche Weißweine wie Hermitage, Chardonnay del Collio, Südtiroler Müller Thurgau und Vernaccia di San Gimignano. Wer Rotweine bevorzugt, sollte einen jungen, frischen Wein wie Fleurie, Kalterersee, Grignolino del Monferrato Casalese oder Casteller wählen.

Visitenkarte

Herstellungsgebiet
Piccardie, Nord-Pas-de-Calais

Milch
Kuhmilch

Fermentierung
Kälberlab

Reifung
2 Wochen bis 4 Monate

Aufbewahrung
im unteren Teil des Kühlschranks, in geeigneter Verpackung und einem Kunststoff- oder Glasbehälter hermetisch verschlossen

Mimolette

Visitenkarte

Herstellungsgebiet
Pas de Calais

Milch
Kuhmilch

Fermentierung
Kälberlab

Reifung
6 Wochen bis zu 2 Jahren

Aufbewahrung
man schneidet ihn in vier Teile; jene, die man aufbewahren möchte, legt man in Kunststofffolie verpackt in das Gemüsefach; die älteren Sorten sind besser haltbar und können auch nach dem Aufschneiden an einem frischen Ort gelagert werden

Der Name Mimolette stammt vermutlich von »mimou« (»halb weich«), bezogen auf die Konsistenz des Teiges, der jedoch bei den gereifteren Formen so hart sein kann, dass er sich zum Aufreiben eignet.

Mimolette oder **Boule de Lille** hat die **Form** einer oben und unten abgeflachten Kugel von 20 cm Durchmesser, 12 cm Höhe und einem Gewicht von 2-4 kg. Die **Rinde** ist hart, trocken und von gelb-oranger bis dunkelbrauner Farbe. Der **Teig** ist je nach Reifegrad von Gelb bis Orange, um schließlich bei sehr lange gelagertem Käse eine rötliche Farbe anzunehmen. Der **Geschmack** ist ausgeglichen, da die salzigen Komponenten gut mit den süßen Noten des Mimolette harmonieren. Er wird als leicht bitter mit Mandelaroma empfunden, ist voll und kann auch pikante Nuancen annehmen.

Herstellung und Reifung. Pasteurisierte Kuhmilch wird leicht erwärmt und Kälberlab beigefügt. Nach dem Dickwerden wird zu feinem Käsebruch zerschnitten, in einem Tuch oder Netz abgeseiht und in Formen gefüllt. Nun wird gespresst, um den Rest der Molke zu entfernen. Daraufhin werden die Laibe in Salzlake gelegt. Die Reifung dauert von sechs Wochen bis zu drei Monaten für jungen Mimolette und bis zu zwei Jahren für die lange gereiften, sehr alten Sorten.

Käse und Küche. Wie Edamer passt der Mimolette gut zu Landbrot- oder Roggenbrotscheiben. Er kann zu Mischgemüse, rohem oder gekochtem Cichorée, rohen Pilzsalaten, Salat mit rohen Artischocken sowie gekochten Broccoli-Sprossen serviert werden. Besonders gut passen schwarze Johannisbeeren und Heidelbeerkompott; Mimolette kann auch für würzige Strudel und Gemüsekuchen verwendet werden.

Käse und Wein. Zu jungem Mimolette passen nicht allzu körperreiche Weißweine wie Bianco d'Alcamo, Tocai del Collio, Soave und Locorotondo. Zu den sehr alten Sorten sind jedoch gut strukturierte Rotweine wie Vino Nobile di Montepulciano, Aglianico del Vulture, Cannonau und Barbera d'Alba zu empfehlen.

Mont d'Or

Visitenkarte

Herstellungsgebiet
Doubs

Milch
Kuhmilch

Fermentierung
Kälberlab

Reifung
mindestens 3 Wochen

Aufbewahrung
in der Holzschachtel im weniger kühlen Teil des Kühlschranks, am besten in ein feuchtes Tuch eingewickelt

Mont d'Or ist der Name eines Bergmassivs an der französisch-schweizerischen Grenze. Die gleichnamige Käsesorte hat AOP-Status und ist auch unter dem Namen **Vacherin du Haut-Doubs** bekannt. Die **Laibe** sind zylinderförmig, ihr Durchmesser kann zwischen 15 und 30 cm betragen, die Höhe 4-5 cm und das Gewicht bei den kleinern Formen 0,4-1 kg, bei den größeren Laiben 1,8-3 kg. Die gewaschene **Rinde** ist runzelig und von gelbbraunem Schimmel überzogen. Die Schnittfläche zeigt einen leicht gepressten, weichen, cremigen, elfenbeinfarbenen **Teig**, der zum Zerfließen tendiert. Der **Geruch** ist milchig und erinnert an das Holz der Verpackung; der **Geschmack** ist süß, weich und voll.

Herstellung und Reifung. Entrahmte Milch wird auf 40 °C erwärmt, Lab zugegeben und zum Gerinnen stehen gelassen. Die gewonnene Gallerte wird in 4 cm große Würfel geschnitten. Nach 2-4 Brennvorgängen, die durch Ruheintervalle unterbrochen werden, wird die Masse in Formen von 15 cm Durchmesser und 30 cm Höhe gefüllt und abtropfen gelassen. Dann werden die Laibe aus den Formen genommen und auf Scheiben gelegt, welche von einem Fichtenholzring umspannt werden. Schließlich werden die Käselaibe gepresst und gesalzen – trocken oder in Salzlake – und mindestens drei Wochen auf Fichtenholzbrettern gelagert. Der fertige Käse kommt in Holzschachteln auf den Markt.

Käse und Küche. Cremiger Mont d'Or kann mit dem Löffel gegessen werden. Im Herstellungsgebiet wird er gerne mit Orangenmarmelade serviert.

Käse und Wein. Zu Mont d'Or können charaktervolle Weißweine wie Petit Chablis oder die italienischen Sauvignon dei Colli Orientali del Friuli, Verdicchio di Matelica und Fiano di Avellino gereicht werden.

ÄHNLICHE KÄSESORTEN

Ähnlich ist **Vacherin des Bauges** aus den Rhône-Alpes. Er ist weich, muss mindestens zwei Wochen lagern und wird in Holzschachteln in den Handel gebracht.

Munster-Géromé

Visitenkarte

Herstellungsgebiet
Elsass, Lothringen, Franche-Conté

Milch
Kuhmilch

Fermentierung
Kälberlab

Reifung
mindestens 3 Wochen, aber auch 2-3 Monate bei einer Temperatur von 11-15 °C

Aufbewahrung
im unteren Teil des Kühlschranks oder an einem frischen, trockenen Ort, in der Originalverpackung

Munster-Géromé (AOP) wird in runden, flachen **Laiben** von einem Durchmesser zwischen 7 und 19 cm, einer Höhe zwischen 2 und 8 cm und einem Gewicht von 120-450 g hergestellt. Die **Rinde** ist glatt, etwas feucht und von gelb-oranger bis rot-oranger Farbe. Der **Teig** ist weich, goldfarben, zart, süß und schmeckt nach Milch; bei längerer Reifung wird er cremefarben und nimmt einen intensiveren, würzigeren Geschmack an. Der **Geruch** ist anfangs verhalten und wird dan kräftig und aromatisch.

Herstellung und Reifung. Leicht entrahmte Kuhmilch wird erwärmt, worauf Lab und Milchsäurebakterien beigefügt werden. Sobald sich die Gallerte gebildet hat, wird sie in kleine Teile zerschnitten, damit die Molke abrinnen kann. Nach 15 Minuten wird die Masse in runde Formen verschiedener Größe gefüllt und 24 Stunden bei Zimmertemperatur stehen gelassen. Dann werden die Laibe aus den Formen gehoben, in Salzlake gelegt oder trocken gesalzen. Munster muss mindestens drei Wochen reifen.

Käse und Küche. Man serviert ihn mit getrockneten Früchten, Johannisbeermarmelade oder Kastanienhonig. Er passt zu Kraut, geschmortem Rosenkohl, gekochten und mit Salz und Öl marinierten Rüben sowie grünem Salat. Besonders schmackhaft sind Quiches mit Munster. In kleine Würfel aufgeschnitten wird er gerne für Lasagne verwendet oder mit Eigelb vermischt auf Kartoffel-Gnocchi und Spätzle verteilt.

Käse und Wein. Gut eignen sich Weine wie Gewürztraminer Spätlese aus dem Elsass oder Breganze Torcolato, Ramandolo und Frascati Cannellino aus Italien.

Geschichte. Seine Entstehung hat er Benediktinermönchen zu verdanken. Diese siedelten sich 660 im Elsass an und gründeten ein Kloster, um welches die kleine Ortschaft Munster entstand. Sie hatte ihren Namen ebenso wie der Käse, den die Mönche zu erzeugen begannen, vom lateinischen *monasterium*. Die Mönche weiteten die Viehweiden weiter nach Westen aus, bis sie zum Lothringer Plateau und Géromé reichten.

Neufchâtel

Visitenkarte

Herstellungsgebiet
Haute-Normandie und Piccardie

Milch
Kuhmilch

Fermentierung
Kälberlab

Reifung
mindestens 10 Tage, aber auch bis zu 3 Wochen

Aufbewahrung
im weniger kühlen Teil des Kühlschranks, in Stanniolpapier verpackt

Ein Neufchâtel Grand coeur. Diese Käsesorte wird aus Milch von normannischen Kühen hergestellt.

Neufchâtel hat AOP-Status und wird in sechs **Formen** hergestellt: **Bonde**, mit einem Durchmesser von 4,5 cm und einer Höhe von 6,5 cm; **Double bonde** mit 5,8 cm Durchmesser und 8 cm Höhe; **Carré** in quadratischer Form, 6,5 cm breit und 2,4 cm hoch; **Briquette**, rechteckig, 7 cm lang, 5 cm breit und 3 cm hoch; **Coeur**, 10 cm breit, 8,5 cm lang und 3,2 cm hoch; **Grand coeur**, 14 cm breit, 10,5 cm lang und 5 cm hoch. Sie wiegen durchschnittlich 100 g, nur die größeren Formen wie Double bonde haben etwa 200 g. Die **Rinde** ist trocken, samtig und brüchig und weist einen weißen Schimmelrasen auf. Der **Teig** ist gelblich, weich, kompakt und elastisch. Der auch durch den Schimmel beeinflusste **Geschmack** ist leicht pikant und säuerlich mit pilzartigem Aroma.

Herstellung und Reifung. Kuhmilch wird auf etwa 32 °C erwärmt und mit Lab versehen. Sobald sich die Gallerte gebildet hat, wird er zerschnitten, abgeseiht und in kleine, verschieden gestaltete Käseformen gefüllt. Die Laibe werden gesalzen und müssen einige Wochen reifen.

Käse und Küche. In Neufchâtel isst man ihn mit Lindenhonig, Birnen, Feigen und meist süßem Obst, welches die säuerliche Note im Käse ausgleichen kann. Man kann ihn auch im Ofen leicht erwärmen und mit Kartoffelpüree und Polenta servieren. Überdies kann man heiße Piadine damit füllen oder Fladenbrot garnieren, bevor man es in den Ofen schiebt.

Käse und Wein. Gut passen charaktervolle Weißweine wie Terre die Franciacorta Bianco, Verdicchio di Jesi oder Ribolla dei Colli Orientali del Friuli; im Produktionsgebiet trinkt man gerne Cidre dazu.

ÄHNLICHE KÄSESORTEN

Bondard ist ein zylindrischer Käse mit Schimmelrinde und rohem, weichem Teig, welcher an Geschmack und Konsistenz dem Neufchâtel sehr ähnlich ist. Er wird zwei Wochen bis zwei Monate gelagert.

Ossau-Iraty-Brebis des Pyrénées

Visitenkarte

Herstellungsgebiet
vom Vallée d'Ossau im Béarner Gebiet bis zum Forêt d'Iraty im Baskenland

Milch
Schafsmilch

Fermentierung
Lammlab

Reifung
60–90 Tage

Aufbewahrung
im weniger kühlen Teil des Kühlschranks, in einem hermetisch verschlossenen Behälter

Ossau-Iraty-Brebis des Pyrénées ist die AOP von zwei Zonen, und zwar von Béarn und dem französischen Baskenland in den westlichen Pyrenäen. Hier hat die Herstellung von Schafskäse eine lange Tradition. Das durch regelmäßige, starke Regenfälle und nur leichte Temperaturschwankungen geprägte Klima lässt das Gras auf den Weiden üppig wachsen und begünstigt dadurch die Viehzucht. Die Form der **Laibe** ist meist rund mit geradem oder leicht gewölbtem Querschnitt. Sie werden in zwei Größen hergestellt: die kleineren haben 18 cm Durchmesser, sind 7 cm hoch und wiegen 2-3 kg; die größeren weisen einen Durchmessr von 28 cm, 15 cm Höhe und 4-7 kg Gewicht auf. Die **Rinde** ist hart und von gelborangener Farbe, der **Teig** im Inneren halbfest und weiß-gelblich. Der zarte, erlesene **Geschmack** ist aromatisch und zeigt leichte Noten von Walnüssen und Gemüse.

Herstellung und Reifung. Der auf etwa 32 °C erwärmten Milch wird Lammlab beigefügt; die Produktionsvorschriften verbieten die Verwendung von Enzymen. Nach dem Dickwerden der Milch wird die Masse zerschnitten, abgeseiht, in Formen gefüllt und gepresst, um die restliche Molke zu entfernen; schließlich wird gesalzen. Die Reifedauer beträgt 60-90 Tage.

Käse und Küche. Ossau-Iraty-Brebis des Pyrénées wird pur oder mit Himbeermarmelade serviert. Die zartesten Sorten können mit rohem Pilzsalat, Buttererbsen, Kopfsalat mit Öl und Zitrone oder gedämpftem Spargel kombiniert werden. Die reiferen Sorten passen gut zu gerösteten Kastanien, geschmorten Artischocken, aufgeblätterter Topinambur und Spiegeleiern.

Käse und Wein. Zu empfehlen sind Weißweine wie trockener Bordeaux oder Vermentino di Sardegna, oder Rotweine wie Mercurey, Cannonau di Sardegna, Rosso di Montalcino und Refosco dei Colli Orientali del Friuli.

Pélardon

Pélardon (AOP) kommt in zylinderförmigen **Laiben** mit einem Durchmesser von 6-7 cm, 2-3 cm Höhe und einem Gewicht von 60-100 g auf den Markt. Ihre **Rinde** ist beige und verschieden dick, der **Teig** ist von weißer Farbe, weich, kompakt und nicht gepresst. Er weist einen **Geschmack** nach Haselnüssen und einen **Geruch** nach aromatischen Kräutern auf.

Herstellung und Reifung. Der in Kesseln auf eine Temperatur von 30-32 °C erwärmten Milch wird pulverförmiges Lab zugegeben. Nach etwa 30 Minuten kann man erstmals die Gallerte durchschneiden, die man dann wieder rasten lässt, damit die Molke abrinnen kann. Dieser Vorgang wird mehrmals wiederholt – nochmaliges Zerteilen, Erwärmen und Stehenlassen der Masse, deren Stücke zum Schluss etwa die Größe von Maiskörnern haben. Von der Molke getrennt wird der Käsebruch in Formen gefüllt, welche nach 3-4 Stunden neuerlichen Abtropfens immer wieder gewendet werden und schließlich von Hand fünf Tage lang gesalzen werden. Die Reifedauer beträgt für die Sorten *artisanal* und *fermier* zwischen 11 Tagen und bis zu mehr als drei Wochen. Während dieser Zeit werden die Käselaibe in Räumen mit kontrollierter Temperatur und Luftfeuchtigkeit aufbewahrt.

Käse und Küche. Pélardon ist eine Käsesorte, die man heiß und geschmolzen, direkt aus dem Ofen probieren sollte. Man kann ihn pur genießen, aber auch mit Öl und Pfeffer oder mit etwas Butter verrührt für Risottos verwenden. Ganz besonders gut schmeckt er mit heißer Polenta, wozu man beispielsweise einen Karottensalat reicht.

Käse und Wein. Pélardon harmoniert gut mit gut strukturierten Weißweinen wie Chardonnay del Collio und Müller Thurgau oder mit jungen Rotweinen wie Côtes du Rhône und Dolcetto di Dogliani.

Geschichte. Diese Käsesorte war bereits in der Antike verbreitet und wurde ab und zu auf den römischen Tafeln aufgetischt, wie bei Plinius dem Älteren zu lesen ist. Im 18. Jh. bezeichnet ihn Abt Boissier de Sauvages in einer seiner Schriften (1756) als *Pélardou* und beschreibt ihn als schmackhaft, von runder Form, abgeflacht und von kleiner Dimension. Auch von Frédéric Mistral wird der Pélardon in seinem provenzalisch-französischen Wörterbuch erwähnt. Es wurden weiterhin verschiedene Bezeichnungen wie *Palardon*, *Pélardou* verwendet, und erst zu Ende des 19. Jh. konnte sich der heutige Name Pélardon durchsetzen.

Visitenkarte

Herstellungsgebiet
mehrere Départements in Südfrankreich: Cévennen-Gebiet, der Süden von Lozère, Garrigues, die Gebirgszone von Gard und Hérault, ein Teil des Montagne Noir und der Hautes Corbières im Département Aude

Milch
Ziegenmilch

Fermentierung
Ziegenlab

Reifung
mindestens 11 Tage bis zu mehr als 3 Wochen

Aufbewahrung
im unteren Teil des Kühlschranks bei einer Temperatur von 4-5 °C, in Alufolie eingewickelt, oder noch besser in einem hermetisch verschlossenen Behälter

Picodon

Visitenkarte

Herstellungsgebiet
die Départements Ardèche und Drôme, Kantone Barjac (Gard) und Valréas und das Département Vaucluse

Milch
Ziegenmilch

Fermentierung
Ziegenlab

Reifung
mindestens 14 Tage bis maximal 4 Wochen

Aufbewahrung
im Kühlschrank in einer hermetisch verschlossenen Dose oder im Gemüsefach bei einer Temperatur von höchstens 6 °C

Der Name dieser Käsesorte stammt vom okzitanischen »Picaoudou« *– es bedeutet »leicht pikant«.*

Picodon (AOP) wird in flachen, runden **Laiben** von 5-8 cm Durchmesser und 1-3 cm Höhe zum Kauf angeboten. Ihr Gewicht beträgt nur 50-100 g. Die **Rinde** ist dünn und trocken und kann von einem bläulichen, gelben oder weißen Schimmel überzogen sein. Der **Teig** ist weich und beim jungen Käse von weißer Farbe, wird dann weißlich-gelb, fest und trocken, um schließlich bei längerer Reifung noch homogener und glatter zu werden. Der süße **Geschmack** der jungen Käselaibchen wird im Laufe der Reifung salziger, etwas würzig und nimmt wie viele andere Ziegenkäsesorten ein scharfes, leicht pikantes Haselnussaroma an.

Herstellung und Reifung. Ziegenrohmilch wird mit Lab versehen und so zum Gerinnen gebracht. Der entstandene Käsebruch wird in runde, mit Löchern versehene Körbchen gefüllt, sodass die Molke abtropfen kann. Nach dem Ausformen werden die Käselaibe trocken gesalzen und auf Gitter gelegt. Hier verweilen sie 24 Stunden, wo sie zum besseren Trockenen mehrmals gewendet werden. Die *Affinage* dauert acht Tage bei einer Temperatur von 12-18 °C – die klassische Methode zur Herstellung eines Picodon mit weißer oder blauer Schimmelrinde. Etwas länger gereifte Formen kommen als Dieulefit auf den Markt. Sie reifen mindestens 14 Tage bis höchstens vier Wochen. Während dieser Zeit wird die Oberfläche befeuchtet und die Laibe bei 10-12 °C in verschlossenen Tonbehältern gelagert.

Käse und Küche. Im Herstellungsgebiet wird er mit Weißwein und Öl mariniert verzehrt. Er kann auf dem Grill oder in Alufolie eingewickelt in Asche oder auch im Ofen gebacken werden. Als Käse mit intensivem Geschmack eignet er sich gut für Salatsaucen, um Fenchel, Artischocken, Sellerie und Radieschen abzumachen. Man isst ihn mit gekochten Kartoffeln und würzt ihn mit etwas Öl und frisch gemahlenem Pfeffer.

Käse und Wein. Zu jungen Sorten kann ein Weißwein mit gutem Körper wie Vernaccia di San Gimignano oder Vermentino di Gallura gereicht werden. Länger gereifter, würziger Picodon wird am besten mit Rotweinen wie Côtes du Rhône, Valcalepio oder Refosco dal Peduncolo Rosso genossen.

Geschichte. Erstmals wurde er im 14. Jh. schriftlich erwähnt, und im 16. Jh. schreibt Pierre Ronsard von dieser Käsesorte. Wirklich berühmt wurde er aber erst im 19. Jh., als das Produktionsverfahren und die geschmackliche Qualität beschrieben wurden. Auguste Boissier veröffentlichte 1873 das *Glossaire du Patois de Die*, in welchem der Picodon zitiert wurde.

Pont-l'Evêque

Pont-l'Evêque (AOP) wird meist in quadratischen, flachen **Formen** hergestellt. Er kommt in vier Dimensionen auf den Markt: **Pont l'Evêque** mit einer Seitenlänge von 10-11,5 cm, 3 cm Höhe und etwa 350-400 g Gewicht; **Petit Pont l'Evêque** mit einer Seitenlänge von 8,5-9,5 cm; **Demi Pont l'Evêque** in rechteckiger Form, 10,5-11,5 cm breit und 52-57 cm lang, **Grand Pont l'Evêque** mit 19-21 cm Seitenlänge. Die **Rinde** ist dünn, weist eine goldgelbe bis orange Farbe auf, und kann glatt sein oder ein Muster des Gitterwerks, auf dem es während der Reifung gelagert war, aufweisen. Meist ist die Rinde feucht, mitunter aber auch trocken und von eher grauer Farbe. Der **Teig** ist strohgelb, von weicher Konsistenz und weder sehr trocken noch fließend. Der **Geruch** ist nahezu scharf. Der **Geschmack** des Pont l'Evêque ist intensiv und erinnert deutlich an Haselnuss.

Visitenkarte

Herstellungsgebiet
Normandie

Milch
Vollmilch vom Rind

Fermentierung
Kälberlab

Reifung
2–6 Wochen

Aufbewahrung
im weniger kühlen Teil des Kühlschranks, in der originalen Holzschachtel verpackt

Herstellung und Reifung. Pont l'Evêque wird industriell aus pasteurisierter Milch, traditionell aber aus Rohmilch hergestellt. Um 350 g Käse zu erhalten, braucht man 3,5 l lauwarme, nicht saure Milch. Der auf 40 °C erwärmten Milch wird flüssiges Kälberlab beigegeben, um das Gerinnen herbeizuführen. Nach 45 Minuten hat sich die Gallerte gebildet. Diese wird in Stücke von 1-2 cm zerschnitten und verrührt, um die Molke zu trennen. Dann wird die Masse in quadratischen Formen auf Strohmatten gelegt, welche dem fertigen Käse das typische Rindenmuster verleihen. Die Masse wird mit der Hand gepresst, um noch vorhandene Molke auszudrücken; in fünf Stunden wird zweimal gewendet. Dann müssen die Formen 36 Stunden bei 22 °C lagern. Daraufhin wird der Käse aus den Formen genommen und in einem lauwarmen Raum weitere fünf Tage gelagert, wobei jeden Tag gewendet wird. Zuletzt werden sie trocken gesalzen oder in Salzlake gelegt. Nun werden sie gewaschen und »gebürstet«. Die Reifung wird in Räumen von 11-14 °C vorgenommen und dauert zwischen zwei und sechs Wochen. Während dieser Zeit werden die Käselaibe immer wieder gewendet und, um die Rinde weich zu halten, mit Salzwasser gewaschen. Schließlich wird der Käse in Holzschachteln verpackt auf den Markt gebracht. Es empfiehlt sich, einen Pont l'Evêque spätestens zwei Monate nach der Herstellung zu verzehren.

Käse und Küche. Man isst ihn pur, mit Kastanienhonig oder mit einem leichten Weißbrot, wie etwa einer Baguette. Pont l'Evêque wird für Gemüseaufläufe, zum Garnieren von würzigen Torten und zum Füllen von Kartoffeln oder Kartoffelkroketten verwendet. Er kann auch in einem Nest von dampfenden Bandnudeln mit Butter garniert serviert werden.

Käse und Wein. In der Normandie wird er gerne, außer mit Cidre, mit körperreichen Rotweinen wie Volnay genossen. Ansonsten kann man auch Nebbiolo d'Alba, Bolgheri Rosso oder Südtiroler Blauburgunder dazu reichen. Empfehlenswert ist zudem ein warmer, körperreicher Weißwein wie Vermentino di Gallura.

Geschichte. Er wurde im 12. Jh. von Zisterziensermönchen des Klosters von Caen in der Normandie kreiert. Er war damals unter dem Namen »*angelot*«, der Bezeichnung für das lokale Zahlungsmittel, bekannt. Man zahlte tatsächlich damals den Zehent damit und der Käse wurde auch als Tauschmittel verwendet. 1225 betonte Guillaume de Lorris in seinem *Roman de la Rose*, dass beim Dessert einer herrschaftlichen Tafel *Angelot*-Käse niemals fehlen durfte. Im 15. Jh. ist der *Angelot* der berühmteste Käse des Königreichs. In einem Werk von 1558 werden die *Augelot*-Käse, also Produkte aus Auge, wie eben der heutige Pont l'Evêque gepriesen. 1662 schuf Helie le Cordier ein Gedicht, das sich als Loblied auf die erlesene Güte des Pont l'Evêque erwies, der damals je nach verwendeter Tonform unterschiedlich aussehen konnte. Im 18. Jh. war in der Gegend von Pont l'Evêque hergestellter Käse sehr beliebt und bereits in mehreren Ländern bekannt.

Pouligny Saint-Pierre

Visitenkarte

Herstellungsgebiet
Zentralfrankreich, Vallée de la Brenne

Milch
Ziegenmilch

Fermentierung
Ziegenlab

Reifung
7 Tage bis 5 Wochen

Aufbewahrung
in der Originalverpackung und in einem Holzbehälter, um die richtige Feuchtigkeit zu bewahren

Die **Form** des Pouligny Saint-Pierre (AOP) ist ungewohnt – wegen seiner Pyramidenstumpfform auf quadratischer Grundfläche wird er auch **Pyramid** genannt. Die Basisfläche ist 9 cm breit, die Höhe beträgt 12,5 cm und die obere Seitenlänge misst 3 cm. Das Gewicht beträgt 250 g. Es gibt auch eine kleinere Version mit 8-9 cm Höhe, einer Basisbreite von 6,5 cm und einer oberen Seitenlänge von ebenfalls 3 cm.
Die **Rinde** ist dünn, trocken, von einem Schimmelrasen überzogen und aufgrund mehrerer Risse oder Spalten unregelmäßig. Der elfenbeinfarbene **Teig** erweist sich als kompakt, aber weich, feucht und brüchig. Der **Geschmack** ist anfangs säuerlich, dann salzig, wird immer süßer und erinnert an Ziegenmilch.

Herstellung und Reifung. Ziegenvollmilch wird durch die Zugabe von etwas Ziegenlab zum Gerinnen gebracht. Dann wird der Käsebruch in pyramidenstumpfförmige Behälter, welche mit kleinen Löchern versehen sind, gefüllt. Dies geschieht vorsichtig mit einer durchlöcherten Kelle, damit die Masse so wenig wie möglich bricht. Nun lässt man die Formen 24-36 Stunden zum Abtropfen stehen. Danach werden die Laibe herausgenommen und trocken gesalzen. Schließlich werden sie zum Trocknen auf ein Rohrgeflecht gelegt. Die Reifedauer kann von mindestens sieben Tagen bis maximal fünf Wochen variieren.

Käse und Küche. Zu Pouligny Saint-Pierre passen Weißbrot, frisch gemahlener Pfeffer und grüne Salate. In Stücke geschnitten wird er auch gerne unter Risottos gemischt. Reifere Formen können zum Würzen von Omeletten oder zum Vervollständigen von Crêpes verwendet werden. Dazu passen auch überbackene spanische Artischocken mit Bröseln oder gekochte Kartoffeln.

Käse und Wein. Es können je nach Reifezustand mehr oder weniger körperreiche Weißweine empfohlen werden. Ebenso passen zarte Weißweine wie Favorita delle Langhe oder die strukturierteren und bukettreicheren Sancerres und Sauvignon del Collio.

Rigotte

Als Rigotte werden mehrere verwandte Käsesorten bezeichnet, welche im Gebiet Rhône-Alpes erzeugt werden. Eine davon – Rigotte de Condrieu – besitzt AOP-Status. Die Rigottes weisen verschiedene Größen auf, aber alle haben eine runde **Form** mit einem Durchmesser von 4-5 cm, einer Höhe von mindestens 1,5 cm bis höchstens 4 cm, und ein Gewicht von 50-80 g. Die **Rinde** – so vorhanden – ist von einem hellgelben Schimmel mit blauen Schattierungen überzogen. Der **Teig** ist wegen des hohen Fettgehalts schmierig, glatt, dicht und hat eine milchig weiße Farbe; manchmal ist eine leichte **Lochung** vorhanden; der **Geschmack** variiert je nach Sorte und kann säuerlich oder zart sein und ein Honigaroma aufweisen.

Visitenkarte

Herstellungsgebiet
Regionen der Rhône-Alpes (Isère, Rhône und Loire)

Milch
Ziegenmilch

Fermentierung
Ziegenlab

Reifung
mindestens 8 Tage bis 3 Wochen

Aufbewahrung
im weniger kühlen Teil des Kühlschranks, in Alufolie eingewickelt

Herstellung und Reifung. Die pasteurisierte Milch wird mit Lab und Milchsäurebakterien versehen. Nach dem Dickwerden der Milch wird die Masse zerschnitten und zum Abtropfen stehen gelassen. Dann wird sie in Käseformen gefüllt und etwa fünf Stunden lang auf 30 °C erwärmt, um die restliche Molke zu entfernen. Sobald die richtige Konsistenz erreicht ist, werden die Käselaibe 3-5 Stunden in eine Salzlake gelegt; schließlich kommen sie in Räume mit einer Temperatur von 5-10 °C, wo der Teig weich wird. Schließlich muss der Käse noch acht Tage bis drei Wochen reifen.

Käse und Küche. Zu Rigotte passt leicht süßliches Landbrot oder Roggenbrot. Er wird auch mit nicht zu bitterem Honig – also beispielsweise Akazien- oder Lindenhonig, aber nicht Kastanienhonig – und getrockneten Früchten serviert. Empfohlen werden kann, ihn vor dem Servieren zu erwärmen, mit Pfeffer zu bestreuen und ihn mit gekochtem Gemüse, wofür auch süße Sorten wie Karotton in Frage kommen, zu garnieren.

Käse und Wein. Gut passen weiche Weine wie Nosiola del Trentino, Lugana und sizilianische Inzolia-Weine. Würzigere Rigottes können mit Rotweinen wie Côtes du Rhône, Sankt Magdalener oder friulanischem Merlot serviert werden.

Reblochon

Visitenkarte

Herstellungsgebiet
Haute-Savoie, in der Region Rhône-Alpes

Milch
Kuhmilch

Fermentierung
Kälberlab

Reifung
2–4 Wochen

Aufbewahrung
im feuchteren Teil des Kühlschranks, in Pflanzenblätter eingewickelt, um die Verdunstung hintanzuhalten

Reblochon (AOP) weist eine runde Form von 14 cm Durchmesser, 3,5 cm Höhe und einem Gewicht von 450-500 g auf. Es werden auch kleinere **Laibe** erzeugt – der **Petit Reblochon** hat 9-14 cm Durchmesser, 3-3,5 cm Höhe und ein Gewicht von 240-280 g. Die **Rinde** ist dünn, samtig und von gelb-oranger, oft auch brauner Farbe und weist anfangs einen feinen weißen Schimmelrasen auf, welcher dem Käse ein zartes Aroma verleiht. Der **Teig** ist weiß, von weicher Konsistenz, elastisch, cremig, feucht und mit spärlichen, kleinen **Löchern** versehen. Der **Geschmack** ist zart, harmonisch süß, leicht aromatisch mit Kräuternote und einem angenehmen Aroma von Sellerie und Haselnuss.

Herstellung und Reifung. Die verwendete Milch stammt von drei Rinderrassen – Abondance, Tarine und Montbéliarde. Sie wird auf 30 °C erwärmt, die sich bildende Gallerte mit der Käseharfe zerkleinert, abgeseiht und in Käseformen gefüllt. Dann werden die Käsesiegel angebracht, welche je nach Reblochon-Sorte rot (in der Käserei hergestellt) oder grün (auf dem Bauernhof hergestellt) sind. Nun wird die Masse kurz mit Gewichten von 1,5 kg oder 2 kg gepresst. Der sich bildende Käse muss nun ruhen und wird alle zwei Tage gedreht und gewaschen, danach wird er trocken gesalzen oder in Salzlake gelegt. Das Trocknen dauert im Allgemeinen vier Tage bei 18-20 °C, beim Reblochon *fermier* 5-8 Tage bei einer Temperatur von 16-18 °C. Nach dem Waschen der Käselaibe werden sie einer 2-3wöchigen Reifung bei einer Temperatur von 16 °C unterzogen.

Käse und Küche. Reblochon wird mit leicht getoasteten Schnitten von rustikalem Weißbrot serviert; außerdem kann Trüffelbrot dazu gereicht werden. Er wird auch gerne, in kleine Scheiben geschnitten, auf Teigflecken verteilt im heißen Ofen überbacken, bis der Käse schmilzt. Man kann ihn auch, mit Eigelb verrührt, in sehr heiße Blätterteigpasteten füllen und, wenn vorhanden, mit einem halben Teelöffel Trüffelstreifen bestreuen. Crêpes können mit einer Scheibe Reblochon, einem halben Nusskern, etwas Trüffel oder geblätterten Pilzen und Streifen von gekochtem Schinken gefüllt und dann in den heißen Ofen oder in eine beschichtete Pfanne gegeben werden, bis der Käse schmilzt.

Käse und Wein. Am besten wählt man körperreiche Weißweine wie Château Chalon, Montrachet oder die italienischen Chardonnay del Collio, Südtiroler Müller Thurgau und Vernaccia di San Gimigniano. Wer Rotweine bevorzugt, sollte junge Weine wie Fleurie, Grinolino del Monferrato Casalese, Dolcetto oder Casteller wählen.

Geschichte. Die Entstehung des Reblochon geht auf das 16. Jh. zurück, als die Bauern einen proportionalen Anteil ihrer durch Viehzucht gewonnenen Produkte an die Eigentümer der Weiden abliefern mussten. Um den Zins zu verringern, entschlossen sich die Viehzüchter, die gemolkene Milch zu reduzieren und lieferten nur jenen Teil der Milch an die Großgrundbesitzer, der von den Steuereintreibern der Milchmenge nach festgesetzt wurde. Die reduzierte Milch war fetter und bildete die Grundlage für einen besonders cremigen Käse wie Reblochon, der bereits unter diesem Namen in einem Schriftstück aus dem Jahr 1572 erwähnt wird.

ÄHNLICHE KÄSESORTEN

Haute-Savoie ist die Wiege des **Chevrotin**, einem Ziegenkäse, der von Tal zu Tal auch – nicht nur in der Form, sondern auch bei Herstellungsverfahren und Reifungsprozess – große Unterschiede aufweisen kann. Einer der interessantesten ist der **Chevrotin des Aravis**, dessen **Teig** einen unverwechselbaren, zarten und feinen Geschmack hat, welcher ihn von anderen Ziegenkäsen unterscheidet. Aus Ziegenmilch, mitunter mit Kuhmilch vermischt, wird auch die Käsesorte **Persillé** hergestellt, von der es wie beim Chevrotin unterschiedliche Varianten gibt. Persillé ist ein Schimmelkäse, dessen **Teig** meist von blauem Schimmel durchzogen ist.

Rocamadour

Für die unter dem Namen Rocamadour (AOP) hergestellten kleinen **Laibe** wird nur Milch der Ziegenrasse *Alpine* oder *Saanen* verwendet, wobei für jedes Tier eine relativ große Weidefläche zur Verfügung stehen muss. Wie andere Käsesorten hatte der Rocamadour im Laufe der Geschichte nicht nur den Wert eines Nahrungsmittels, denn er wurde auch statt Geld zur Zahlung von Steuern verwendet. Er hat eine zylindrische Form, etwa 8 cm Durchmesser, rund 2 cm Höhe und wiegt etwa 80 g. Die **Rinde** ist hell, weich, runzelig und manchmal von einem dünnen Schimmelrasen überzogen. Der **Teig** hat eine weiße Farbe, welche in Elfenbein übergeht, ist kompakt, aber weich und weist einen charakteristischen **Geruch** (nach Ziegen) auf. Der **Geschmack** ist leicht säuerlich, weich, wird aber bei längerer Lagerung komplexer und intensiver.

Herstellung und Reifung. Ziegenmilch wird auf 32 °C erwärmt und Lab beigemengt. Die Gallerte, welche sich sehr langsam gebildet hat, wird in kleine Stücke zerteilt, nochmals erwärmt, abgeseiht und in Formen gefüllt. Dann werden die kleinen Käselaibe gesalzen und einer sechstägigen *Affinage* unterzogen. Es ist keine Reifung vorgesehen.

Käse und Küche. Rocamadour kann mit Vollkornbrot und Erdbeerbaumhonig gereicht werden. Gut passen auch getrocknete Früchte und Senffrüchte. Zum im Ofen zum Schmelzen gebrachten Käse passen Salzkartoffeln, Rösti und gekochtes Gemüse. Aufgeschnitten kann man ihn auf Gemüsesalate, beispielsweise mit Sellerie, Radieschen, Artischocken oder auch auf Radicchio-Salate streuen. Sehr zu empfehlen ist Rocamadour mit heißer Polenta.

Käse und Wein. Rocamadour kann mit körperreichen Weißweinen wie Sauvignon dell'Isonzo, Südtiroler Müller Thurgau oder sizilianischem Inzolia gereicht werden. In gereifterem Zustand sind leicht süße Weißweine wie die Sauternes-Weine oder die italienischen Ribolla Gialla und Picolit dei Colli Orientali del Friuli zu empfehlen.

Visitenkarte

Herstellungsgebiet
Midi-Pyrénées

Milch
Ziegenmilch

Fermentierung
Ziegenlab

Reifung
nicht vorgesehen

Aufbewahrung
an einem frischen und trockenen Ort, in der Originalverpackung

Rocamadour ist ein kleiner, erlesener Ziegenfrischkäse, der für viele Gerichte geeignet ist.

Rochebaron

Visitenkarte

Herstellungsgebiet
Auvergne

Milch
Kuhmilch

Fermentierung
Kälberlab

Reifung
4 Wochen

Aufbewahrung
an einem frischen Ort; oder im Gemüsefach des Kühlschranks, in einer hermetisch verschlossenen Dose oder in Kunststofffolie verpackt

Rochebaron ist eine relativ neue Käsesorte: er wird in Beauzac von der Compagnie Fromagère de la Vallée de l'Ance *hergestellt.*

Rochebaron ist ein cremiger Schimmelkäse. Er ist sehr schmackhaft, da er die schmelzige Süße der Brie- und Bergkäse mit dem lebhaften Geschmack der Blauschimmelkäse vereint. Er wird in kleinen, runden **Laiben** von etwa 18 cm Durchmesser, 3 cm Höhe und 600 g Gewicht erzeugt. Die blaugraue **Rinde** ist mit Asche bedeckt. Der **Teig** ist creme-weiß bis blass strohfarben und weist eine Schimmelbildung auf, wodurch eine spärlich blaue **Lochung** entsteht. Er ist besonders weich und hat einen cremigen, süßen, sahneartigen **Geschmack**, der durch eine leichte Würzigkeit und das typische, durch den Schimmel hervorgerufene Aroma getragen wird, aber keine pikanten Noten aufweist.

Herstellung und Reifung. Rohmilch wird auf etwa 32 °C erwärmt, dann werden Lab und *Penicillium*-Sporen beigefügt. Die so gewonnene Gallerte wird grob zerschnitten, und man lässt die Molke abtropfen. Die Masse wird in Formen gefüllt und erst danach gesalzen. Die Käselaibe werden in Pflanzenasche gewälzt und schließlich einer Reifung von vier Wochen unterzogen.

Käse und Küche. Rochebaron kann zu Landbrot aus Roggen- oder Vollkornmehl mit Akazienhonig, Birnenkompott oder Senffrüchten gereicht werden. Auch gekochtes Gemüse, geschmorter Wirsingkohl, Schnittlauch und geschmorter Lauch passen vorzüglich. Diese Käsesorte mit vollendetem Geschmack eignet sich gut, um Kartoffel-Gnocchi, Polenta-Aufläufe und Risottos zu würzen, kann aber auch mit gekochten Kartoffeln, Butter und Salz serviert werden.

Käse und Wein. Rochebaron serviert man mit komplexen, leicht fruchtigen Weißweinen wie Nosiola del Trentino oder mit lieblichen Weinen wie dem warmen, immer eleganten und harmonischen Recioto di Soave. Zu empfehlen sind auch ein zarter, fruchtiger Verduzzo dei Colli Orientali del Friuli oder ein harmonischer Sauternes.

Roquefort

Visitenkarte

Herstellungsgebiet
in der Gemeinde Roquefort-sur-Soulzon, im Département Aveyron im französischen Midi

Milch
Schafsmilch

Fermentierung
Lammlab

Reifung
4–9 Monate

Aufbewahrung
im weniger kühlen Teil des Kühlschranks; der Käse sollte in Klarsichtfolie oder Alufolie eingewickelt werden, um ein Verfärben oder Austrocknen der Schnittfläche durch Luftkontakt zu vermeiden; am besten nur kleine Mengen kaufen, die dann baldigst verzehrt werden sollten

Roquefort (AOP) hat eine zylindrische Form von 18-20 cm Durchmesser, 12-14 cm Höhe und ein Gewicht von etwa 3 kg. Die von der *Sociète des Caves* (eine sehr wichtige Verkaufsorganisation) vermarkteten **Laibe** tragen auf ihrer Metallfolie die Aufschriften Cave Abeille, Cave Des Templiers oder Cave Baragnaudes. Die drei genannten Marken stehen für einen Roquefort-Käse mit ausgeglichenem, kräftigem und würzigem Geschmack. Die gelbliche bis orange Oberfläche ist leicht schmierig. Der **Teig** ist gleichförmig, weiß, glatt, fett, weist eine **Lochung** mit grüner und blauer Äderung auf und sondert etwas Feuchtigkeit aus. Die Konsistenz ist brüchig, aber cremig, der **Geschmack** zeichnet sich dadurch aus, dass der Salzgehalt die Süße der Milch nur schwach überdeckt, der Käse auf der Zunge zergeht und einen speziellen, angenehm pikanten, scharfen, manchmal auch strengen Eindruck hinterlässt.

Herstellung und Reifung. Die Schafsmilch wird erwärmt, dann werden Lab und *Penicillium roqueforti* beigemengt. Die so entstandene Gallerte wird in kleine Stücke zerteilt und abgeseiht. Sobald die Masse in die als *»moules«* bezeichneten Käseformen gefüllt wurde, wird erneut mit Sporen geimpft. Die Käselaibe werden trocken gesalzen und kommen 4-9 Monate zur *Affinage* in natürliche, vom Menschen adaptierte Höhlen im Berg Combalou. Die Grotten entwickelten sich vor Mio. von Jahren durch einen großen Felssturz, wodurch ein riesiger Felsteil wie ein durchlöcherter Schwamm mit Höhlen, Mulden und Verzweigungen entstand, welche sich auf 2 km Länge und 300 m Breite erstrecken. Das Geheimnis des Roquefort besteht in diesen Höhlen, welche das ganze Jahr durch die zahlreichen Felsspalten belüftet werden. Einheimische nennen sie *»Fleurines«* – der Terminus kommt vom okzitanischen *»flourir«* für »blühen«. Der durch die Felsspalten eindringende Luftzug hält die Temperatur in den Höhlen auf 8 °C und die Luftfeuchtigkeit auf 95 %, wodurch der Schimmelpilz gut reifen kann.

Käse und Küche. Roquefort eignet sich bestens für Risottos oder Kartoffel-Gnocchi, zum Verfeinern von heißem Kartoffelpürree, oder ganz einfach als Aufstrich von Bauernbrot. Man kann auch geröstete Polentaschnitten damit belegen und diese im

Ofen überbacken. Er wird verwendet, um Omeletten zu füllen, Crêpes mit Nüssen zu vervollständigen und dient, mit Öl vermischt, als Dressing für grünen Salat. In Sahne aufgelöst und zusammengekocht ergibt er eine köstliche Sauce, die zu Rindsfilets und Hamburgersteaks gereicht werden kann. Er schmeckt mit etwas Kastanien- oder Erdbeerbaumhonig und eignet sich vorzüglich für Quiches.

Käse und Wein. Zu Blauschimmelkäse, besonders mit intensivem kräftigem Geschmack wie Roquefort, gehören liebliche, warme, zuweilen honigartige bukett- und körperreiche Weine, welche nicht vom intensivem Aroma der Käsesorte übertönt werden und die durch ihre Süße die strenge Note mildern. Daher eignen sich vor allem Château d'Yquem, Sauternes-Weine, oder die italienischen Colli Orientali del Friuli Picolit, Verduzzo dei Colli Orientali del Friuli, Recioto di Soave und Torcolato ausgezeichnet. Zieht man Rotweine vor, so müssen diese körperreich sein, wie etwa ein Côtes du Rhône oder die italienischen Carema und Montalcino.

Geschichte. Der Ursprung des Roquefort wird in einer Legende erzählt. Ein Hirte, der sich in den Schatten einer Felsengrotte zurückgezogen hatte, um sich zu stärken, sah in der Ferne ein wunderschönes Mädchen. Er konnte dem Wunsch nicht widerstehen, sie aus der Nähe zu sehen und eilte ihr hinterher. In der Hoffnung, sie einholen zu können, folgte er ihr lange – aber vergeblich. Nach vielen Tagen erst kehrte er zu der Grotte zurück, wo er sein bescheidenes Mahl zurückgelassen hatte. Aber das Roggenbrot war verschimmelt und der Schafskäse war von zartgrünen Äderchen durchzogen. Trotzdem wollte er den Käse kosten, und er bemerkte, dass sich der einfache Schafskäse aufgrund des besonderen Mikroklimas wie durch ein Wunder in eine Köstlichkeit verwandelt hatte.

Saint-Agur

Die zylinderförmigen **Laibe** des Saint-Agur haben 20 cm Durchmesser, 12 cm Höhe und etwa 3 kg Gewicht. Ihre **Rinde** ist cremeweiß bis strohfarben, der **Teig** homogen, cremeweiß mit eventuellen grünen Reflexen, feucht, hat eine cremige Konsistenz und kann am Anschnitt tropfen. Die Schnittfläche zeigt zahlreiche Löcher, die von dunkelgrünem und dunkelblauem Schimmel geädert sind. Der **Geschmack** ist voll, höchst schmackhaft mit süßen Noten, welche sich mit der Würzigkeit des Saint-Agur und den pikanten Schimmelnoten verbinden.

Herstellung und Reifung. Kuhmilch wird auf etwa 32 °C erwärmt, dann werden Lab und *Penicillium*-Sporen beigefügt. Nach dem Dickwerden der Milch wird die Masse zerschnitten, abgeseiht und in Käseformen gefüllt. Dann werden die Käselaibe trocken gesalzen und in Gewölbekellern mindestens zwei Monate affiniert.

Käse und Küche. Saint-Agur wird unter Risottos gemischt, zum Würzen von Kartoffel-Gnocchi verwendet oder mit heißem Kartoffelpürree serviert. Man kann auch geröstete Polentaschnitten damit bestreichen und im Ofen überbacken. Er passt zu Polenta-Aufläufen oder zum Überbacken von Karden. Saint-Agur eignet sich für große gemischte Salate; man kann ihn auch heiß mit etwas Sahne verrühren und diese Sauce zu in der Pfanne gebratenem Filet oder Hamburgersteaks reichen. Er schmeckt aber auch pur mit Landbrot und Akazienhonig ausgezeichnet.

Käse und Wein. Zu Saint-Agur passen zuckerreiche Weißweine, welche gut mit seiner Würzigkeit harmonieren, wie Caluso Passito, Ramandolo, Albana Amabile und Breganze Torcolato.

Visitenkarte

Herstellungsgebiet
Auvergne

Milch
Kuhmilch

Fermentierung
Kälberlab

Reifung
2 Monate

Aufbewahrung
im weniger kühlen Teil des Kühlschranks; der Käse sollte in Klarsichtfolie oder Alufolie eingewickelt sein, damit die Schnittfläche nicht durch den Luftkontakt gelb wird und austrocknet

Die Schimmelbildung des Saint-Agur wird durch die Sporen des Penicillium roqueforti *hervorgerufen, dem gleichen Edelschimmelpilz wie beim Roquefort.*

Sainte-Maure de Touraine

Visitenkarte

Herstellungsgebiet
Centre, Poitou-Charentes

Milch
Ziegenmilch

Fermentierung
Ziegenlab

Reifung
mindestens 10 Tage

Aufbewahrung
an einem frischen Ort; oder in der Originalverpackung im Gemüsefach des Kühlschranks

Der Sainte-Maure de Touraine (Bild rechts) hat seine größte Reife erreicht: dies kann man an der mit blauem Schimmelrasen überzogenen Rinde und dem kompakten Teig sehen.

Sainte-Maure de Touraine hat AOP-Status und ist der bekannteste Ziegenkäse des Loire-Gebiets. In der Touraine geht die Produktion von Ziegenkäse auf jene Zeit zurück, als die Araber hier eindrangen und auch ihre Tradition der Ziegenzucht einführten. Sainte-Maure wird in **Form** länglicher Rollen, durch welche ein Strohhalm verläuft, hergestellt. Die Rollen – eigentlich Kegelstümpfe, da die Seitenflächen mit 3-4 cm bzw. 4-5 cm unterschiedliche Durchmesser aufweisen – sind 14-16 cm lang und wiegen 250 g. Die **Rinde** ist von einem blauen Schimmelrasen überzogen; der **Teig** ist elfenbeinfarben und wird bei längerer Reifung strohfarben und zur Rinde hin dunkler. Der Strohhalm, welcher die Käserolle der Länge nach durchzieht, macht einerseits den Käse kompakter und lässt Luft in das Innere gelangen. Sainte-Maure hat den typischen **Geruch** von Ziegenkäse und einen zarten **Geschmack** nach Ziegenmilch, ist würzig mit deutlichen Noten von Haselnüssen und Pilzen.

Herstellung und Reifung. Diese Käsesorte wird aus Ziegenmilch hergestellt, welche erwärmt und durch geringe Labbeigaben zum Gerinnen gebracht wird. Nach 24 Stunden wird die Masse in annähernd zylindrische Formen gefüllt, wo sie abtropfen kann. Sobald die Käserollen ausgeformt sind, werden sie mit einem Strohhalm durchbohrt. Nach dem Salzen werden die Rollen mitunter in Asche gewälzt und einer mindestens zehntägigen, aber oft bis zu vierwöchigen Reifung zugeführt.

Käse und Küche. Sainte-Maure de Touraine passt mit Bauernbrot aus Roggen- oder Vollkornmehl gut zu Lindenhonig oder kann auch mit Senffrüchten gereicht werden. Man kann ihn auch mit gekochtem Gemüse, geschmortem Wirsingkohl, glasiertem Rosenkohl und geschmortem Porree zubereiten. Außerdem kann man diesen Käse zum Vervollständigen von Gemüsesuppen, Zwiebelsuppen und Butter-Bandnudeln verwenden. Als Käse mit intensivem Geschmack eignet er sich gut für Salatsaucen, um Fenchel, Artischocken, Sellerie und Radieschen abzumachen. Man isst ihn auch mit gekochten Kartoffeln und würzt ihn mit etwas Öl und frisch gemahlenem Pfeffer.

Käse und Wein. Zu jungen Sorten kann ein Weißwein mit gutem Körper wie Vernaccia di San Gimignano oder Vermentino di Gallura gereicht werden. Länger gereifter, würziger Käse wird am besten mit Rotweinen wie Côtes du Rhône, Valcalepio oder Refosco dal Peduncolo Rosso genossen.

Saint-Nectaire

Die runden **Laibe** des Saint-Nectaire (AOP) weisen einen Durchmesser von 21 cm und eine Höhe von 4-5 cm auf. Ihr Gewicht beträgt 1,5-1,7 kg. Die kleinere Variante, **Petit Saint-Nectaire**, wiegt 600 g. Die **Rinde** ist trocken, grau mit weiß-orangen Schimmelflecken. Innen ist er weich, schmierig, trotzdem widerstandsfest und hat eine strohgelbe Farbe. Am Gaumen entfaltet er einen zarten **Geschmack**, der aber gleichzeitig auch pikant und säuerlich ist und Noten von Haselnüssen und Gewürzen aufweist. Der **Geruch** erinnert an feuchte Keller, Heu und Roggenstroh.

Herstellung und Reifung. Um einen Saint-Nectaire-Laib herzustellen, werden 15 l Kuhmilch verarbeitet. Diese wird in Behältern namens *»gerle«* auf 31-33 °C erwärmt. Nach einer Stunde hat sich die Gallerte gebildet, die nun in 2 cm große Stücke zerteilt wird, damit die Molke abrinnen kann. Die Käsemasse wird in Formen gefüllt, welche übereinander gestapelt (6-8 Stück) und gepresst werden. Dann werden die Laibe herausgenommen, gesalzen, in Pressformen gefüllt und neuerlich gepresst. Für die Ruhephase werden die Käselaibe ausgeformt und 2-3 Tage bei 9-12 °C getrocknet. Dann lässt man sie an einem frischen Ort auf einem Strohbett mindestens drei Wochen reifen. Während der Reifezeit werden sie regelmäßig gewendet und mit Salzwasser gewaschen. Im Laufe dieser *Affinage* entwickelt sich ein rötlicher Schimmel.

Käse und Küche. Saint-Nectaire passt vorzüglich zu vielen Nüssen, wie etwa Walnüsssen, man sollte ihn aber auch mit frischen Früchten oder gekochten Kastanien probieren. Die frischeren Sorten, welche einen zarten Geschmack aufweisen, können gut mit Salat aus Kaiserlingen oder rohen Herrenpilzen, mit grünem oder Rapunzelsalat kombiniert werden. Die gereifteren und würzigeren Sorten harmonieren mit Artischockensalat, eignen sich zum Füllen von Kartoffeln und zum Würzen von mit Fleischsuppe zubereitetem Risotto.

Käse und Wein. Zu den frischeren Sorten ist ein körperreicher und aromatischer Weißwein wie Südtiroler Gewürztraminer zu empfehlen; einen würzigeren Saint-Nectaire kombiniert man am besten mit duftigen Rotweinen mit feiner Struktur wie Fleurie oder Kalterersee.

Visitenkarte

Herstellungsgebiet
Region Mont-Dore in der Auvergne

Milch
Kuhmilch

Fermentierung
Kälberlab

Reifung
5–8 Wochen

Aufbewahrung
im weniger kühlen Teil des Kühlschranks, in einem gut verschlossenen Behälter und weit entfernt von Tomaten und frischem Gemüse

Salers

Visitenkarte

Herstellungsgebiet
Auvergne

Milch
Kuhmilch

Fermentierung
Kälberlab

Reifung
3–6 oder mehr Monate

Aufbewahrung
an einem trockenen frischen Ort, in Alufolie verpackt

Gemeinsam mit Cantal gehört Salers zu den historischen Käsesorten der Auvergne. Er wird nur im Sommer hergestellt, wenn die Kühe auf der Weide sind und sich von frischem Gras ernähren können.

Die **Laibe** des Salers (AOP) haben einen Durchmesser von 38-48 cm und sind 30-40 cm hoch. Ihr Gewicht beträgt 35-50 kg. Die **Rinde** ist braun, häufig unregelmäßig und sieht bei längerer Reifung oft wie die Oberfläche eines Steines aus. Bei länger – etwa 18 Monate – gereiften Sorten sind an der Rinde Risse zu sehen, welche durch das Eindringen von Milben entstanden sind. Der **Teig** ist kompakt, weich, feucht und weist eine gelbe Farbe auf. Sein **Geruch** ist voll und kräftig, der **Geschmack** intensiv, süß und erinnert an Arnika- und Anemonenblüten; er kann auch scharf, leicht säuerlich, salzig und aromatisch sein.

Herstellung und Reifung. Die Milch wird auf 32 °C erwärmt und Lab beigemengt. Nach einer Stunde hat sich die Gallerte gebildet, welche in 1 cm große Würfel zerschnitten, vermischt und abgeseiht wird. Dann wird eine 80-100 kg schwere Masse in ein Tuch gewickelt und gepresst. Man erhält rechteckige Platten, welche als »*tomes*« bezeichnet werden. Diese werden nun wiederum zerkleinert und unter die Käsepresse gelegt, damit die Molke abfließt. Während einer Ruhephase von acht Stunden werden die *tomes* bei 12-15 °C gelagert, dann gesalzen, geknetet und in Käseformen gefüllt. Alles zusammen wird mit einem Tuch und einem Deckel bedeckt und drei- bis viermal gepresst, wobei jedesmal das Tuch gewechselt wird. Die Reifung erfolgt bei 10 °C in dunklen und leicht gelüfteten Räumen. Die Reifedauer beträgt etwa 3-6 Monate. Salers wird nur von März bis Oktober hergestellt.

Käse und Küche. Salers ist ein Käse von vollendetem Geschmack, den man mit Bauernbrot, Vollkornbrot und eventuell auch Akazienhonig reichen kann. Ebenso kann man ihn mit einem Salat von rohen Artischocken, Topinambur-Stücken oder mit Ofenkartoffeln probieren. Vermischt wird er als fleischlose Fülle für im Ofen gebackenes Gemüse verwendet und dient auch zum Würzen von Nudelaufläufen.

Käse und Wein. Dazu trinkt man gut strukturierte Weißweine wie Chardonnay del Collio, fruchtige Roséweine wie Alezio oder junge, liebliche Weine wie Beaujolais oder Kalterersee.

Selles-sur-Cher

Man nimmt an, dass die Tradition, den Selles-sur-Cher (AOP) mit Pflanzenasche einzureiben, auf das 8. Jh. zurückgeht. Trotz des großen kommerziellen Erfolgs behielt man die alten, traditionellen Produktionstechniken bei, sodass der Selles-sur-Cher zu den ersten Käsesorten Frankreichs gehörte, welche 1970 AOC-Status erhielten. Die runden, 150 g schweren **Laibe** haben einen Durchmesser von 9,5 cm und sind 2,5 cm hoch. Ihre **Rinde** ist trocken und besitzt einen bläulichen Schimmelrasen über der Ascheschicht, welche die Käselaibe umgibt. Der **Teig** ist weich, topfig, nicht gepresst, von weißer Farbe und einer anfangs etwas festeren Konsistenz, löst sich aber dann langsam im Mund auf. Am Gaumen ist er süß, nimmt aber bei längerer Reifung einen intensiveren **Geschmack** an, der an Ziegenmilch erinnert und einen nussigen, leicht säuerlichen und salzigen Nachgeschmack zeigt.

Herstellung und Reifung. Selles-sur-Cher wird aus Ziegenvollmilch erzeugt – für einen Laib braucht man 1,3 l. Der auf etwa 32 °C erwärmten Milch werden Milchsäurebakterien und Lab beigemengt. Sobald sich der Käsebruch gebildet hat, wird er in kelgelstumpfartige Formen gefüllt. Dabei muss sorgfältig darauf geachtet werden, dass die Masse nicht zerbricht, da sie sonst nicht richtig reifen kann. Die ausgeformten Laibe werden mit Salz und Pflanzenasche eingerieben. Die Reifezeit beträgt zehn Tage bis zu vier Wochen.

Käse und Küche. Selles-sur-Cher kann mit Landbrot oder Vollkornbrot und mit Senfbirnen oder Waldfrüchte-Kompott gereicht werden. Er passt auch vorzüglich in Sommersalate mit Paprikaschoten, Gurken, Zwiebeln, Oliven, zu in der Pfanne gebratenem Gemüse, für Risottos und zum Würzen von Kartoffelpüree.

Käse und Wein. In Selles-sur-Cher trinkt man dazu duftige Weißweine, etwa einen Sancerre.

Visitenkarte

Herstellungsgebiet
westliche Sologne und Teile der Départements Cher, Indre und Loir-et-Cher

Milch
Ziegenvollmilch

Fermentierung
Ziegenlab

Reifung
mindestens 10 Tage bis mehr als 3 Wochen

Aufbewahrung
im Kühlschrank, nicht neben Lebensmitteln, auf welche er sein Aroma übertragen könnte

Die bläuliche Farbe der dünnen Rinde des Selles-sur-Cher stammt von der Pflanzenasche, mit welcher der Käse eingerieben wurde.

Tomme des Pyrénées

Visitenkarte

Herstellungsgebiet
Aquitanien

Milch
Kuhmilch

Fermentierung
Kälberlab

Reifung
20–45 Tage

Aufbewahrung
an einem frischen Ort, oder im Gemüsefach des Kühlschranks, entweder in Butterpapier oder in Alufolie verpackt

Tomme des Pyrénées (AOP) ist ein Käse mit rohem Teig und wird aus pasteurisierter Kuhmilch hergestellt. Die **Laibe** haben eine zylindrische Form, einen Durchmesser von 21-24 cm, sind 8-11 cm hoch und wiegen zwischen 3,5 und 4,5 kg. Sie können eine schwarze oder goldene **Rinde** aufweisen. Der **Teig** ist elfenbeinfarben mit einer dichten, feinen **Lochung** von einigen Millimetern Durchmesser. Der angenehme, leicht säuerliche **Geschmack** offenbart – besonders bei den Laiben mit schwarzer Rinde – auch süße, milchige Noten. Die Laibe mit goldfarbener Rinde weisen einen würzigeren und volleren Geschmack auf.

Herstellung und Reifung. Der auf etwas mehr als 30 °C erwärmten Milch wird Lab beigefügt. Sobald sich die Gallerte gebildet hat, wird diese zerteilt, gerührt und in Formen gefüllt, wo die Masse abtropfen kann. Die so erhaltenen Laibe werden gesalzen und einer *Affinage* zugeführt, welche bei Tomme des Pyrénées mit schwarzer Rinde 21 Tage und bei den Laiben mit goldener Rinde 45 Tage dauert. Die Temperatur muss konstant zwischen 8 und 12 °C gehalten werden.

Käse und Küche. Tomme des Pyrénées reicht man zu Weißbrot oder Landbrot; man kann, besonders zu Tomme mit goldener Rinde, auch Akazienhonig servieren. Kürzer gereifte Sorten passen gut zu Zucchinistreifen, in der Pfanne gebratenen Pilzen, grünem Salat, gedämpftem Spargel und Butternudeln. Gereifteren Käse serviert man mit rohem Artischockensalat, auf im Ofen zubereitetem Gemüse mit fleischloser Fülle, zu Polenta und Kartoffelpüree. Klein aufgeschntiten streut man ihn, fünf Minuten bevor man sie in den Ofen gibt, auf zu überbackende Grießklößchen. Er passt auch ausgezeichnet zum Füllen von Omeletten, Crêpes, und in kleine Würfel geschnitten für Kräuter- und Spinatpasteten.

Käse und Wein. Tomme des Pyrénées mit schwarzer Rinde harmoniert gut mit Weißweinen von zarter Struktur wie Cortese di Gavi, Trebbiano di Romagna oder die in der Gegend von Rom produzierten Locorotondo und Alcamo. Zu Tomme mit Goldrinde kann man strukturreichere Weißweine wie Terre di Franciacorta Bianco, Südtiroler Müller Thurgau oder Greco di Tufo wählen.

Tomme de Savoie

Diese Käsesorte hat AOP-Status, unter dem Terminus »Tomme de Savoie« sind jedoch eine Vielzahl von *Tommes* zu verstehen, wovon die einzelnen Varianten unter dem Namen der Landschaft oder der Gemeinde, in welcher sie hergestellt werden, auf den Markt kommen: **Tomme des Allues, des Bauges, de Boudane, de Revard** etc. Tomme de Savoie wird in zylinderförmigen, 1,2-2 kg schweren **Laiben** mit einem Durchmesser von 20 cm erzeugt, wobei die Seitenflächen gerade oder gewölbt sein können. Ihre **Rinde** ist je nach Reifezustand mehr oder weniger dicht, rau und von grauer Farbe mit rötlichen Schattierungen. Der halbfeste **Teig** ist gelb und weist eine deutliche **Lochung** auf. Der **Geschmack** ist voll, aber meist sehr delikat, wenn der Laib nicht zu lange gereift ist.

Herstellung und Reifung. Milch wird in geeigneten Behältern auf 30-35 °C erwärmt und flüssiges Lab beigemengt. Sobald die Milch dick geworden ist, wird die Masse in Körnchengröße geschnitten und in Käseformen gefüllt. Die Käselaibe werden übereinander geschichtet, sodass durch durch das Gewicht der oben liegenden die Molke aus den weiter unten liegenden Laiben herausgepresst wird. Daraufhin werden sie trocken gesalzen oder in Salzlake gelegt. Die nun folgende Reifezeit beträgt einen Monat bis zu einem Jahr.

Käse und Küche. Tomme de Savoie passt gut zu zarten Speisen. Man kann ihn zu mit Öl und Zitrone marinierten Frühlingssalaten wie Rapunzel oder Feldsalat reichen, zu Champignonsalat oder in der Pfanne gebratenen Wiesenchampignons, mit Zucchini in weißer Sauce oder zu Ofenkartoffeln. Er kann auch ganz einfach pur mit Weißbrot gegessen werden.

Käse und Wein. Zu Tomme de Savoie sind leichte, süffige Weißweine wie Favorita delle Langhe, Soave, San Severo, Bianco d'Alcamo oder Vermentino di Sardegna zu empfehlen.

Visitenkarte

Herstellungsgebiet
Départments Savoie und Haute-Savoie

Milch
Kuhmilch

Fermentierung
Kälberlab

Reifung
mindestens 6 Wochen

Aufbewahrung
an einem frischen Ort, oder im Gemüsefach des Kühlschranks, entweder in Butterpapier oder in Alufolie verpackt

Valençay

Visitenkarte

Herstellungsgebiet
Berry, in der Region Centre

Milch
Ziegenmilch

Fermentierung
Ziegenlab

Reifung
20–45 Tage

Aufbewahrung
an einem frischen Ort bei Kellertemperatur

Er hat die **Form** eines Pyramidenstumpfes mit 6-7 cm Seitenlänge an der Basis und 4 cm oben, ist 6-7 cm hoch und wiegt 200-250 g. Seine mit Pflanzenasche überzogene Oberfläche bildet eine graue **Rinde**, auf welcher sich eine weißgraue Schimmelschicht bildet. Der **Teig** ist nicht gepresst, elfenbeinfarben, feucht und von weicher Konsistenz. **Lochung** ist keine vorhanden. Der **Geschmack** ist süß und säuerlich zugleich, sowie von einer ausgeprägten Würzigkeit.

Herstellung und Reifung. Ziegenmilch wird erwärmt, dann werden zuerst Milchsäurebakterien beigegeben, und nach 24 Stunden eine kleine Menge Lab. Die Masse wird, ohne zerschnitten zu werden, in kleine pyramidenstumpfförmige Kunststoffbehälter gefüllt. Diese Formen sind seitlich und am Boden mit Löchern versehen, damit die Molke abtropfen kann. Schließlich lässt man den Valençay im Trockenraum etwa drei Wochen reifen.

Käse und Küche. Valençay wird gerne auf noch warme Toastscheiben gestrichen und eventuell mit einem Tropfen Lindenhonig verzehrt. Er kann auch mit heißem Püree, mit heißen Salzkartoffeln oder in Asche gebackenen Kartoffeln garniert serviert werden. Er schmeckt vorzüglich, wenn man die bis zum Schmelzen im Ofen überbackenen Portionen mit Pfeffer bestreut serviert. Auch auf Crêpes oder Kartoffelrösti sollte man ihn probieren.

Käse und Wein. Am besten passen charaktervolle Weißweine wie die französischen Sancerre und Pouilly Fumé sowie die italienischen Terre di Franciacorta, Cirò Bianco und Cinque Terre.

Geschichte. Einst – so wird erzählt – soll der Valençay in Pyramidenform hergestellt worden sein. Aber nur bis zum wenig erfolgreichen Ägyptenfeldzug Napoleons. Denn als Kaiser Napoleon nach Frankreich zurückkehrte, soll er auf seinem Weg nach Paris in der Nähe der Burg Valençay abgestiegen sein. Als der lokale Käse in der Form ägyptischer Pyramiden zur Tafel gebracht wurde, schlug ihm Napoleon mit seinem Schwert oder Säbel die Spitze ab. Seither hat der Valençay-Käse seine neue Form behalten.

Im Gebiet Berry werden vorzügliche Käsesorten hergestellt, wie Crottin de Chavignol, Selles-sur-Cher, Pouligny-Saint-Pierre – und Valençay.

Feta

Feta hat den der g.U. entsprechenden POP-Status, ist von rechteckiger **Form** und kommt meist in 2 kg schweren Packungen in den Handel. Der rindenlose Käse besteht aus schneeweißem **Teig**, welcher eine kompakte, aber brüchige und cremige Konsistenz und mitunter eine spärliche, feine **Lochung** erkennen lässt. Feta hat einen scharfen, säuerlichen, salzigen, aber angenehmen **Geschmack**, welcher bei längerer Lagerung immer intensiver wird. Der **Geruch** ist ebenfalls etwas säuerlich und lässt das Milcharoma erkennen.

Herstellung und Reifung. Ursprünglich wurde Feta ausschließlich aus Ziegenmilch hergestellt, heute wird entweder reine Ziegenmilch oder eine Mischung aus Schafs- und Ziegenmilch verwendet. Mitunter wird sogar Kuhmilch beigemischt, wodurch eine fettere und weniger würzige Käsesorte erzielt wird, welche als »Weißkäse in Salzlake« auf den Markt kommt. Für die Herstellung des Feta wird die Milch mit Lab, meist Lammlab, versehen. Bei ländlicher Produktion wird der Milchbruch in die traditionellen Weiden- oder Binsenkörbe gefüllt. Das Typische an der Feta-Herstellung ist der besondere Umgang mit der Salzlake. Denn Reifung und Lagerung – ob in Holzfässern oder in Metallbehältern – erfolgen in dieser Lake. Erst bevor der Käse in den Verkauf kommt, wird er abgespült, wodurch die scharfen Aroma- und Geschmacksnoten gemildert werden. Manche Erzeuger ziehen es jedoch vor, den Feta nur ganz wenig abtropfen zu lassen und nicht abzuspülen.

Käse und Küche. Feta ist die wichtigste Zutat für den typischen griechischen Bauernsalat (Tomaten, Gurken, grüne Paprikaschoten, Zwiebel und Oliven) und bereichert Gemüseaufläufe sowie Käse-Kartoffelkroketten. Auch ganz einfach mit Knoblauch, Pfeffer und Extravergine-Olivenöl abgemacht wird er gerne gegessen. Sehr gut schmeckt er mit gebratenen Paprika, gegrilltem Gemüse, Salzoliven oder in Öl

Visitenkarte

Herstellungsgebiet
ganz Griechenland

Milch
reine Ziegenmilch oder Ziegen- und Schafsmilch

Fermentierung
Lammlab

Lagerung
bis zu 6 Monaten

Aufbewahrung
in einem Behälter mit Salzlake; er hält sich gut in Alufolie verpackt im weniger kühlen Teil des Kühlschranks

In Würfel geschnittener Feta ist die wichtigste Zutat für den griechischen Salat (oben).

eingelegtem Gemüse – dazu passt stark gewürztes, hausgemachtes Brot oder Kräuterbrot. Gemeinsam mit rohen Gemüsestreifen, wie Artischocken, Zucchini, Lauch mischt man ihn zu Nudel- oder Reissalaten. Wenn er etwas zarter schmecken soll, so kann man den Feta-Käse mit frischem Wasser abspülen oder ihn vor dem Servieren in Milch tauchen.

Käse und Wein. Besonders zu empfehlen sind würzige Weißweine wie Fiano d'Avellino, Greco di Tufo oder Torgiano Bianco. Als Alternative kann man auch einen Rosé wie Castel del Monte Rosato oder Rosato dei Colli Centrali dell'Etruria, wählen. Nach griechischem Brauch wird der typische Anisschnaps Ouzo zum Feta gereicht.

Geschichte. *»Ließ von der weißen Milch die Hälfte gerinnen, und setzte sie zum Trocknen hinweg in dicht geflochtenen Körben;«* (Odyssee, 9. Gesang). So beschrieb Homer die Arbeit des Zyklopen Polyphem, wie dieser Käse aus frischer Ziegenmilch bereitet. Auch heute noch wird der Feta in Griechenland von Bauern hergestellt, welche die traditionellen aus Weiden oder Binsen geflochtenen Körbe verwenden. Man kann nicht mit Sicherheit sagen, ob der heute erzeugte Feta die gleiche Käsesorte ist, die bei Homer beschrieben wird. Sicher ist jedoch, dass Verbreitung und Konsum von Käse dieser Art sehr weit in Griechenlands Vergangenheit zurückreichen und eng mit der lokalen Esskultur verbunden sind.

ANDERE KÄSESORTEN

Die Käsesorte **Formaela** (POP) hat ebenfalls eine sehr lange Tradition. Formaela wird aus Ziegen- oder Schafsmilch, oder einer Mischung von beiden hergestellt. Die **Laibe** weisen eine zylindrische Form, einen relativ kompakten **Teig**, eine leichte **Lochung** und einen zarten **Geruch** auf. Der **Geschmack** ist milchig und wird intensiver, wenn der Käse gegrillt wird. Die höchstens 1 kg schweren Laibe zeigen außen eine von den Behältern der Käseherstellung stammende Streifung. **Galotyri** (POP) wird aus Vollmilch von Schafen oder Ziegen erzeugt. Der rindenlose Käse mit weißem **Teig** hat einen säuerlichen **Geschmack** und einen intensiven **Geruch**. Galotyri ist für einige griechische Gerichte unentbehrlich, wird aber auch pur, am besten ganz frisch gegessen. Er sollte im Kühlschrank bei einer Temperatur zwischen 0 und 4 °C aufbewahrt werden. Eine weitere Käsesorte mit geschützter Ursprungsbezeichnung ist **Kefalograviera**. Er wird aus roher oder pasteurisierter Schafsmilch oder aus einer Mischung von Ziegen- und Schafsmilch produziert. Die Form der **Laibe** ist zylindrisch, die **Rinde** glatt, und der strohgelbe **Teig** fest. Es ist der ideale Käse für den Aperitif oder zu Ende eines Mahls, wird aber auch häufig als Reibkäse verwendet. Er harmoniert mit tanninreichen Weinen wie Rosso di Montalcino.

Caerphilly

Caerphilly wird in tortenförmigen Laiben erzeugt. Ursprünglich betrug der Durchmesser 18 cm, die Höhe 6 cm, aber heute werden **Laibe** verschiedenster Größen mit einem Gewicht von 400 g bis 4 kg hergestellt. Die **Rinde** ist weiß-gelb, der weiße **Teig** weich, aber körnig und weist einen charakteristischen, frischen, säuerlichen **Geschmack** mit leichter Zitronennote auf.

Herstellung und Reifung. Diese Käsesorte wird mit Hilfe eines speziellen Pressverfahrens auch heute noch auf vielen landwirtschaftlichen Gütern auf herkömmliche Weise produziert. Im Handel findet man jedoch auch in großen Käsereien industriell erzeugten Caerphilly – das Herstellungsverfahren ist grundsätzlich dasselbe. In den bäuerlichen Betrieben wird Kuhmilch langsam auf 21 °C gebracht und Kälberlab hinzugefügt. Die sich bildende Gallerte wird in 5 mm große Würfel geschnitten, 15 Minuten lang gerührt und 10-15 Minuten stehen gelassen. Danach seiht man die Molke ab, zerschneidet die trockene Käsemasse, presst sie in Kegelstumpfformen, schneidet sie wieder in Stücke und drückt sie zusammen. Nun wird der Bruchkuchen erneut zerteilt, in 2,5 cm große Würfel zerschnitten, gesalzen und in Käseformen gefüllt, wo die Masse 18 Stunden lang leicht gepresst wird. Nach einer Reifung von mindestens 24 Stunden bis zu höchstens fünf Tagen wird der Käse jung genossen.

Käse und Küche. Caerphilly wird zum Garnieren von frischen Blattsalaten oder von Rohkostsalaten auf Basis von Radieschen, Stangensellerie, Zucchini, Artischocken und Spargel verwendet.

Käse und Wein. Dieser Käse wird im Allgemeinen nicht mit Wein serviert.

Visitenkarte

Herstellungsgebiet
Stadt Caerphilly in Wales; Südwales und Südwesten Englands

Milch
Kuhmilch

Fermentierung
Kälberlab

Lagerung
höchstens 5 Tage

Aufbewahrung
er sollte sehr schnell verzehrt werden; bis dahin bewahrt man ihn im Gemüsefach des Kühlschranks, in Alufolie verpackt, auf

Cheshire

Visitenkarte

Herstellungsgebiet
Nordwesten Englands, insbesondere Cheshire, Shropshire und Staffordshire

Milch
Kuhmilch

Fermentierung
pflanzliches Lab

Lagerung
1 Monat bis 1 Jahr

Aufbewahrung
angeschnittene Stücke in Alufolie verpackt im Gemüsefach des Kühlschranks

Die zylinderförmigen **Laibe** haben einen Durchmesser von 20 cm, sind 30 cm hoch und wiegen etwa 8 kg. Ihre **Rinde** kann mit Wachs überzogen oder in ein Tuch eingebunden sein. Der **Teig** ist fest, brüchig, körnig und von rohweißer Farbe mit goldenem Schimmer, kann jedoch auch aufgrund von Farbzusätzen ein intensives Orange aufweisen. Der leicht salzige und pikante **Geschmack** ist je nach Reifegrad mehr oder weniger intensiv. Es kommen aber auch industriell hergestellte Cheshire-Käse in den Handel, welche die Form großer Quader aufweisen.

Herstellung und Reifung. Die handwerkliche Herstellung eines Cheshire dauert nur 2-3 Stunden. Zur frisch gemolkenen Morgenmilch mischt man die Abendmilch und Lab. Das Ganze wird etwa 40 Minuten lang erhitzt, die Gallerte in kleine Stücke geschnitten und die Molke abgeseiht. Der trockene Bruchkuchen wird zerteilt, gesalzen, in Käseformen gefüllt und 24-48 Stunden gepresst. Die Laibe reifen meist 1-2 Monate, können dann aber noch mehr als ein Jahr lang gelagert werden.

Käse und Küche. Traditionell wird Cheshire mit Himbeer- oder Johannisbeermarmelade serviert, sehr gut passen auch englischer Senf, frisches Obst und rohes Gemüse. In der Küche wird er gerne zum Würzen von Suppen, für Omeletten-Fülle und für würzige Saucen verwendet.

Käse und Wein. Dazu trinkt man leicht aromatische Weißweine wie Riesling Italico dell'Oltrepò Pavese, Südtiroler Rheinriesling und Müller Thurgau aus dem Trentino.

Cheddar

Cheddar (PDO) hat im Gegensatz zu vielen anderen Käsesorten keine festgesetzte **Form** oder Größe. Der cremefarbene, bei den pikanteren Sorten dunkelgelbe **Teig** ist fest, kompakt und darf auch auf Druck nicht krümeln. Orangefarbener Cheddar ist mit Annatto gefärbt. 3-6 Monate gelagerter **Light Cheddar** weist beim Verkosten einen süßen Geschmack und eine weiche Konsistenz auf. 10-12 Monate gelagerter **Sharp Cheddar** ist zwar nicht wirklich scharf, hat aber einen kräftigeren, nussigen Geschmack und eine etwas festere Konsistenz.

Herstellung und Reifung. Für die industrielle Herstellung des Cheddar wird frische Milch erwärmt und Lab beigegeben. Nach dem üblichen Bruchschneiden wird die Molke bestmöglich von der Masse getrennt. Dann drückt man die zerteilte Bruchmasse in geeigneten Behältern zu großen Bruchkuchen zusammen. Die Masse wird auf einer Temperatur von 37 °C gehalten und ständig gewendet, um die restliche Flüssigkeit zu entfernen. Die Käsemasse wird deutlich fester, aber gleichzeitig sehr brüchig. Dann wird das Ganze in kleine Stückchen zerschnitzelt, wieder in den Behälter gefüllt, gerührt, gesalzen und schließlich gepresst. Bei diesem Prozess, dem *»Cheddaring«,* wird der Bruch immer wieder übereinander geschichtet, wobei durch das eigene Gewicht eine geschmeidig-glatte Käsemasse erreicht wird. Der reife Käse muss eine feste, aber elastische Konsistenz aufweisen. Die in die Vereinigten Staaten, nach Australien und Neuseeland emigrierten Briten führten dieses Verfahren zur Käsebereitung in ihren neuen Heimatländern ein und verbreiteten so den Cheddar in der ganzen Welt.

Käse und Küche. Zu Cheddar passen Walnüsse und Haselnüsse; außerdem bereichert er, würfelig geschnitten, Gemüse mit Olivenöl-Dip-Sauce, Omeletten, Soufflees, Gemüserouladen, Kräuterravioli und kurze Teigwaren mit Butter. Man kann ihn auch mit Zwieback, Cracker oder knusprigem Weißbrot reichen, sollte aber keine weichen Brotsorten verwenden, da diese nicht zur Konsistenz passen würden.

Käse und Wein. Dazu trinkt man einen strukturierten Weißwein wie Fiano oder Chiaretto del Garda. Wer Rotweine vorzieht, kann einen leichten aromatischen Kalterersee wählen.

Geschichte. Die Geschichte der englischen Käsebereitung erlebte im Mittelalter einen entscheidenden Entwicklungssprung. Damals waren die Bauernhöfe praktisch zur Gänze Selbstversorger – sie besaßen Vieh und erzeugten Käse für den Eigenbedarf. Dieser Käse wurde aus Magermilch hergestellt – bei längerer Lagerung wurde er hart und brüchig; aber auch eine Mischung aus Magermilch von der Abendmelkung und Vollmilch vom Morgen wurde verwendet. Irgendwann wurde es üblich, den Käseteig zu färben, damit er vom Aussehen her voller und schmackhafter wirkte. Dazu nahm man Safran, welcher nicht nur zum Würzen von Speisen, sondern auch zum Färben von Textilien verwendet wurde. Auch Karottensaft fand Anwendung – die so eingefärbten Sorten erwiesen sich aber als nicht sehr lange haltbar. Im 18. Jh. fand man im öligen, orangefarbenen Extrakt der südamerikanischen Pflanze *»Bixa orellana«* (Orleansstrauch) ein im Vergleich zu Safran viel billigeres Mittel, um eine schöne, gleichmäßige Farbe zu erzielen. Die Käseherstellung in England war gesetzlich keinen bestimmten Verfahrensschritten unterworfen; es gab zahlreiche genossenschaftliche Produktionen, der Großteil der Käselaibe kam jedoch nach wie vor von Bauernhöfen. Die jeweiligen Käsesorten wurden nach eigenen Familienrezepten zubereitet, welche man streng geheim hielt. Cheddar entstand im 15. Jh. in der Nähe der gleichnamigen Gemeinde im County Somerset in Südwestengland. Mitte des 19. Jh.s nahm er seine heutigen Eigenschaften an.

Visitenkarte

Herstellungsgebiet
Somerset

Milch
Kuhmilch

Fermentierung
Kälberlab

Lagerung
3–12 Monate

Aufbewahrung
das angeschnittene Stück in Klarsichtfolie verpackt im Kühlschrank bei 1–5 °C

Double Gloucester

Visitenkarte

Herstellungsgebiet
County Gloucestershire

Milch
Kuhmilch

Fermentierung
Kälberlab

Lagerung
4–6 Monate

Aufbewahrung
an einem kühlen Ort, am besten in Alufolie verpackt; bei 4 °C kann man ihn bis zu 3 Monate aufbewahren

Double Gloucester wird in **Laiben** von zylindrischer Form und etwa 25 cm Durchmesser erzeugt; ihre Höhe kann sehr unterschiedlich sein. Die **Rinde** ist dünn und mitunter von einer Wachs- oder Gazeschicht überzogen. Der weiße oder goldgelbe bis hell-orangefarbene **Teig** ist fest, kompakt und hat keine Löcher. Er besitzt einen angenehmen, milchigen **Geruch** und einen leicht süßlichen, angenehm würzigen **Geschmack**.

Herstellung und Reifung. Der Zusatz *»Double«* im Namen rührt daher, dass zur Vollmilch vom Morgen noch die Sahne von der am vorhergehenden Abend gemolkenen Milch hinzukommt. Diese Mischung wird erwärmt und Lab sowie Milchsäurebakterien beigegeben. Sobald sich die Gallerte gebildet hat, wird sie in kleine Stücke zerschnitten. Die Bruchmasse wird auf etwa 40 °C erhitzt, von der Molke getrennt und abgekühlt. Auch hier wird das *Cheddaring* angewendet – die Masse wird mehrmals in Stücke zerteilt und gepresst, um die restliche Molke zu entfernen. Das Salz wird direkt unter die Bruchmasse gemischt.

Käse und Küche. Double Gloucester schmeckt zu Walnüssen und Haselnüssen; er wird auch, in Würfel geschnitten, zum Aperitif verzehrt, wobei er eventuell auch in Senf getaucht wird. Er findet Anwendung bei Rezepten für Omeletten, Soufflees, Gemüserouladen und würzt Kräuterravioli sowie kurze Teigwaren mit Butter. Man kann ihn auch mit Cracker, Zwieback oder knusprigem Weißbrot servieren.

Käse und Wein. Dazu passen Weißweine mit Struktur wie Greco di Tufo oder ein Lagrein Kretzer. Wer Rotweine vorzieht, kann einen leichten aromatischen Marzemino wählen.

Geschichte. In Gloucestershire wurde bereits im 8. Jh. auf Bauernhöfen Käse für den lokalen Bedarf hergestellt. Zu Beginn der Neuzeit wurde dieser Käse im ganzen Land wegen seines süßen und gleichzeitig würzigen Geschmacks berühmt. Wie andere britische Käsesorten kann auch Double Gloucester eine gelb-orange Farbe aufweisen. Diese ist auf die Zugabe des Farbstoffs Annatto zurückzuführen, welcher aus einer südamerikanischen Pflanze gewonnen wird. Ursprünglich wurden jedoch andere natürliche Farbstoffe wie Karotten oder Safran verwendet.

ÄHNLICHE KÄSESORTEN

Sehr ähnlich dem Double Gloucester ist der **Single Gloucester** (PDO), welcher auf gleiche Weise, allerdings nur aus der Milch von der Morgenmelkung, hergestellt wird und weniger fett ist. Die zylinderförmigen **Laibe** wiegen 3-5,5 kg und weisen einen festeren und brüchigeren **Teig** auf als Double Gloucester. Single Gloucester riecht nach Butter und hat einen milden, leicht säuerlichen **Geschmack** mit süßem Grundton.

ANDERE KÄSESORTEN

Red Leicester hat, wie bereits der Name andeutet, eine deutlich rote Farbe – sie stammt von der reichlichen Annatto-Zugabe. Dieser Kuhmilchkäse besitzt einen sehr kompakten **Teig** mit süßem **Geschmack**, welcher mit dem Alter kräftiger wird.

Cotherstone

Die zylinderförmigen **Laibe** haben einen Durchmesser von etwa 20 cm, eine Höhe von etwa 10 cm und ein Gewicht von etwa 2 kg. Ihre natürliche **Rinde** ist weich und cremefarben. Der gelbe **Teig** ist zart, porös, fett, aber etwas brüchig, wird bei längerer Lagerung härter und zeigt beim Verkosten eine cremige Konsistenz. Manche Sorten können grünblaue Schimmeläderungen aufweisen. Der **Geschmack** ist buttrig, leicht säuerlich, offenbart fruchtige Haselnuss- und Zitronennoten und wird beim reiferen Käse intensiver.

Herstellung und Reifung. Traditionell wurde Cotherstone von Mai bis Ende September erzeugt, heute wird er aber in vielen Käsereien das ganze Jahr über produziert. Er wird zur Gänze von Hand nach einem sehr alten Verfahren hergestellt, welches vermutlich auf das 17. Jh. zurückgeht. Man verwendet frische, nicht pasteurisierte Milch von im Bezirk Teesdale gezüchteten Rindern und fügt pflanzliches Lab hinzu. Die Laibe werden verschieden lang gelagert: nach nur 15 Tagen ist der Käse für den Verzehr bereit, er kann jedoch auch mehr als drei Monate reifen.

Käse und Küche. Cotherstone wird pur mit Weißbrot serviert und man kann ihn mit gekochten Artischocken und Walnüssen garnieren. Er eignet sich jedoch auch für warme Gerichte: für Kartoffelnocken, Polenta oder man streut den gehobelten Käse auf Zwiebelsuppen, um sie dann zu gratinieren.

Käse und Wein. Man kann – besonders zu jungem Cotherstone – Weißweine wie Erbaluce di Caluso, Soave Classico oder Arneis trinken, oder auch zarte Rotweine wie Grignolino und Dolcetto.

Visitenkarte

Herstellungsgebiet
Bezirk Teesdale, im Norden Englands

Milch
Kuhmilch

Fermentierung
pflanzliches Lab

Lagerung
2–10 Wochen

Aufbewahrung
an einem kühlen Ort oder im weniger kühlen Fach des Kühlschranks, gut in Einschlagpapier oder Alufolie verpackt

Lancashire

Visitenkarte

Herstellungsgebiet
Lancashire, im Norden Englands

Milch
Kuhmilch

Fermentierung
Kälberlab

Lagerung
2–6 Monate

Aufbewahrung
hält sich lange im Gemüsefach des Kühlschranks, in Alufolie verpackt

Lancashire (PDO) wird in zylindrischer **Form** mit abgeschrägten Kanten, einer Höhe von etwa 30 cm und einem Durchmesser von etwa 20 cm hergestellt. Die gelbe **Rinde** ist hart, glatt, ausgeprägt und von einem Tuch überzogen. Der weiße **Teig** ist weich und beim jungen Lancashire brüchig; bei länger gereiftem Käse wird er kompakter, cremiger, fast streichfähig und nimmt eine gelbe Farbe an. Der typische **Geschmack** ist süßlich und leicht fruchtig, bei frischerem Käse zart und leicht säuerlich, bei gereifterem kräftiger.

Herstellung und Reifung. Lancashire wird aus roher Kuhmilch hergestellt. Das traditionelle Herstellungsverfahren ist äußerst aufwändig: der frische Bruch muss mit jenem vom Vortag vermengt werden, welcher bereits entmolkt, gesalzen und leicht gepresst wurde. Die beiden Bruchmassen werden zerkleinert, in Formen gefüllt und 24 Stunden lang gepresst. Während dieser Zeit werden die Laibe mit Wachs oder Butter bestrichen und in Tücher eingebunden. Sie müssen mindestens zwei Monate, können aber auch bis zu sechs Monate lang reifen. Dieses Verfahren wird heute nur noch von den kleinen Herstellern angewendet. Es gibt sehr wohl auch industriell hergestellten Lancashire, welcher jedoch nicht von gleich hoher Qualität ist.

Käse und Küche. Lancashire ist der ideale Käse für Toast, Quiches und Suppen, da er leicht schmilzt und ein intensives Aroma offenbart. Zu pur genossenem Käse passen Weißbrotscheiben, frisches Obst und rohes oder gekochtes Gemüse. Man kann ihn auch unter Risottos mischen oder mit Salzkartoffeln servieren.

Käse und Wein. Zu empfehlen sind harmonische Weißweine wie Erbaluce di Caluso, Parrina Bianco und Bianco della Valdinievole.

Stilton

Die zylinderförmigen **Laibe** des Stilton oder **Blue Stilton** (PDO) haben einen Durchmesser von 15 cm, eine Höhe von 25 cm und wiegen 7-8 kg. Ihre **Rinde** ist bernsteinfarben bis braun; der cremefarbene bis mehr oder weniger strohfarbene **Teig** zeigt typische Blauschimmel-Äderungen. Der Teig kann cremig, aber auch brüchig sein, hat einen angenehmen, intensiven **Geschmack**, welcher bei zunehmendem Alter immer ausgeprägter und kräftiger wird.

Herstellung und Reifung. Frische Milch wird pasteurisiert, in einen offenen Bottich geleert und mit bestimmten Fermenten, Lab und Schimmelpilzkulturen geimpft. Nach einer Stunde hat sich die Gallerte gebildet, welche nun geschnitten und auf schräg gestellte Platten geleert wird, damit die Molke abrinnen kann. Danach wird die Bruchmasse zerteilt, gepresst, gesalzen und für eine Woche in Edelstahlzylinder gefüllt. Hier entstehen die typischen, relativ hohen Stilton-Laibe – sie wiegen etwa 11 kg, verlieren aber während der *Affinage* 3-4 kg. Die Zylinder werden auf Platten gestellt, der Käse ausgeformt und in Reifungsräume mit kontrollierter Temperatur und Luftfeuchtigkeit gebracht. Hier müssen die Käselaibe regelmäßig gewendet werden und bilden eine bernsteinfarbene Rinde. Nach sechs Wochen werden sie mit Edelstahlnadeln angestochen, damit Luft eindringen kann; so können Schimmelkulturen wachsen und im Teig Schimmeläderungen entstehen. Dann werden die Laibe in Lagerräume gebracht, wo sie noch mindestens neun Wochen verweilen.

Käse und Küche. In Scheiben geschnittener Stilton passt sehr gut auf Butterbrot, auf süß-saure Cracker und zu rohen Gemüsestreifen (Karotten, Sellerie, Zucchini). Mit wenig Öl und Senf cremig verrührt ergibt er eine vorzügliche Salatsauce für gemischte Salate. Außerdem eignet er sich zum Würzen italienischer Pasta-Gerichte wie kurzen Teigwaren und Gnocchi oder zum Füllen von gerösteten Polentastreifen. Auch mit Salzkartoffeln und gratiniertem Gemüse wird er gerne gegessen.

Käse und Wein. Blue Stilton erfordert liebliche, warme, mitunter honigartige, körperreiche Weine mit intensivem Aroma wie Colli Orientali del Friuli Picolit, Verduzzo dei Colli Orientali del Friuli, Recioto di Soave und Torcolato. Will man Rotwein dazu trinken, sollte dieser viel Körper aufweisen wie Carema und Rosso Montalcino. Diese Weine können durch ihre ausgeglichene Struktur die strenge Würzigkeit der Käsesorte gut ausgleichen; außerdem reinigen die in diesen Weinen vorhandenen Tannine den Gaumen von besonders intensiven Geschmacksnoten.

Geschichte. In der Geschichte der Käseproduktion geschah es mitunter, dass ein Herstellungsfehler zum Entstehen einer neuen Sorte führte. Beim Stilton war es eine Bauersfrau mit dem Namen Paulet – sie lebte im 17. Jh. in einem Dorf in Leicestershire –, welche auf diese Weise eine neue Käsesorte »erfand«. Der Teig dieser Kreation war von einem bläulichen Schimmel durchzogen, schmeckte aber vorzüglich. Sein Ruhm verbreitete sich dank des Schwagers der Bäuerin, welcher eine Pferdewechselstation in Stilton betrieb, sehr rasch. Der Schwager stellte den zahlreichen Reisenden, welche meist von oder nach London unterwegs waren, den Käse mit einem Löffel zum Verkosten hin. Es gibt offensichtlich kein besseres Mittel, um die Reisenden anzusprechen, denn der Stilton-Käse wurde äußerst schnell bekannt. So erwähnt bereits Daniel Defoe 1717 in seiner Reisebeschreibung von Großbritannien, *»A tour through the whole island of Great Britain«*, Stilton als »Stadt, welche für ihren Käse berühmt ist«.

Visitenkarte

Herstellungsgebiet
Derbyshire, Nottinghamshire und Leicestershire

Milch
Kuhmilch

Fermentierung
Kälberlab

Lagerung
9 Wochen

Aufbewahrung
kann tiefgekühlt werden; in einem geeigneten Beutel hält er sich im Gefrierfach bis zu drei Monaten; zum Auftauen sollte man ihn zuerst eine Nacht im Kühlschrank aufbewahren und dann einige Zeit vor dem Servieren herausnehmen, damit er Zimmertemperatur erreicht

Asiago

Visitenkarte

Herstellungsgebiet
Provinz Vicenza, einige Gemeinden der Provinzen Padua und Treviso sowie ganz Trentino-Südtirol

Milch
Kuhmilch

Fermentierung
flüssiges oder pulverförmiges Lab

Lagerung
bis zu 2 Jahren

Aufbewahrung
an einem frischen Ort oder im Gemüsefach des Kühlschranks, in der Originalverpackung

Im gleichen geschützten Herkunftsgebiet (DOP, *Denominazione d'Origine Protetta)* werden zwei Asagio-Arten, nämlich **Asiago Pressato** und **Asiago d'Allevo** hergestellt.
A. Pressato kommt in zylinderförmigen **Laiben** mit flachen Ober- und Unterseiten, einem Durchmesser von 30-40 cm und eine Höhe von 11-15 cm in den Handel. Die weiße bis leicht strohfarbene **Rinde** ist dünn und elastisch, der **Teig** weich, kompakt, mit deutlicher **Lochung**. Sein **Geruch** ist zart und angenehm nach frisch gemolkener Milch, sein **Geschmack** süß, weich, zart und milchig.
Die **Laibe** des A. d'Allevo haben eine ähnliche Form: flache Ober- und Unterseiten, 9-12 cm Höhe und 30-36 cm Durchmesser. Die **Rinde** ist glatt und regelmäßig, der hell strohfarbene **Teig** halbfest und kompakt mit kleiner **Lochung**. Nach einjähriger Lagerung zeigt der Käse einen körnigen, brüchigen, strohfarbenen **Teig,** hat einen süßen, angenehmen, relativ intensiven **Geruch** und einen typischen, pikanten, würzigen, mitunter scharfen **Geschmack**.

Herstellung und Reifung. Der vor allem im Tal hergestellte A. Pressato ist ein fetter Käse, der aus der Vollmilch zweier Melkvorgänge gewonnen wird. Die Milch wird auf 35 °C erwärmt und pulverförmiges oder flüssiges Lab beigefügt. Sobald sich die Gallerte gebildet hat, wird sie in große Stücke geschnitten. Dann wird die Masse nochmals erhitzt, herausgehoben, in Abtropfformen gefüllt und gepresst. Der Teig wird bereits während der Bearbeitung gesalzen, am Ende werden die Laibe nochmals trocken mit Salz eingerieben oder in Salzlake gelegt.
Der teurere A. d'Allevo ist ein halbfetter Käse, der vor allem auf dem Berg aus halbfetter Milch erzeugt wird, welche ebenfalls von zwei Melkungen stammt. Die Milch wird auf 35 °C erwärmt und pulverförmiges oder flüssiges Lab beigefügt. Nach dem Bruchschneiden wird die Masse auf 47 °C erhitzt, danach herausgehoben, in Holzformen gefüllt und wie der Pressato weiterverarbeitet.
A. Pressato muss 20-40 Tage reifen, A. d'Allevo wenige Monate bis zu zwei Jahre. Traditionell werden die Varianten Asiago **Mezzano** (3-5 Monate gelagert) und Asiago **Vecchio** (mehr als neun Monate gelagert) unterschieden.

Käse und Küche. Asiago passt gut zu ländlichem Mais- oder Weizenbrot und kann mit gewürzten Gemüsemischungen wie Ratatouille garniert werden. In Würfel geschnitten, wird er für Soufflées, Pizzas, Quiches, Strudel und Omeletten verwendet. Aufgerieben passt er auf Teigwaren mit

Asiago Pressato (links) zeigt an der Schnittfläche eine sehr deutliche Lochung.

Butter, Gemüsereis, blättrig geschnitten sollte man ihn einmal zum Gratinieren von Vorspeisen wie überbackenen Nudelgerichten oder von Pilzsalaten ausprobieren. Auch mit etwas Kastanienhonig oder in Dijon-Senf eingetaucht schmeckt er bestens.

Käse und Wein. Zu Asiago Pressato können zarte Weine wie Soave, Ribolla dei Colli Orientali del Friuli und Locorotondo empfohlen werden. Asiago d'Allevo Mezzano harmoniert gut mit charaktervollen Weißweinen wie Südtiroler Weißburgunder, Nosiola Trentina oder Tocai del Piave; zu älteren Sorten serviert man Pinot Nero di Breganze, Cabernet dei Colli Berici oder Teroldego Rotaliano.

Geschichte. Einst wurde diese Käsesorte auf der Hochebene von Asiago aus Schafsmilch erzeugt und war unter dem Namen *»pegorin«* bekannt. Der heutige Asiago ist ein Kuhmilchkäse und wird nicht nur auf der Hochebene von Asiago, sondern auch in anderen Provinzen und Regionen produziert und verkauft. Vermutlich wurde im 17. oder 18. Jh. der alte Name *pegorin* durch die Bezeichnung Asiago ersetzt und auch das Produktionsgebiet, welches einst nur die Hochebene umfasste, auf die heutige Größe ausgedehnt.

Bagoss

Visitenkarte

Herstellungsgebiet
ursprünglich in Bagolino, einer Gemeinde im Val Caffaro in der Provinz Brescia; er wird auch in den anderen Tälern der Provinz Brescia erzeugt (Val Camonica, Val Trompia etc.)

Milch
Kuhmilch

Fermentierung
pulverförmiges Lab

Lagerung
bis zu 2 Jahren

Aufbewahrung
mit eingeölter Schnittfläche, an einem frischen, trockenen Ort; einzelne Stücke bewahrt man, in ein feuchtes Tuch eingewickelt, im Kühlschrank auf

Bagoss di Bagoloni, auch als **Grana Bresciano** bekannt, wird in runden **Laiben** mit flachen Ober- und Unterseiten und geraden Rändern hergestellt; der Durchmesser beträgt 40 cm, die Höhe 12-14 cm und das Gewicht 12-15 kg. Die gelborange bis dunkelbraune **Rinde** ist konsistent, glatt und etwas hart. Der **Teig** ist körnig mit leichter **Lochung**, und je nach Reifezustand strohfarben bis gelb; manchmal wird auch Safran beigegeben, um dem Teig Farbe zu verleihen. Bagoss hat einen charakteristischen, intensiven, sehr würzigen, aber nicht scharfen **Geschmack**.

Herstellung und Reifung. Diese Käsesorte wird aus Kuhmilch gewonnen, welche nach dem Aufrahmen teilweise entfettet wurde. Die Milch wird erwärmt und Lab beigegeben. Nach dem Zerteilen der Gallerte, zuerst in große Scheiben, dann in kleinere Stücke, folgt das Brennen bei 45-49 °C und eine Ruhephase. Die Masse wird herausgehoben, in Käseformen gefüllt und gepresst. Nach einer weiteren Ruhephase in einem beheizten Raum werden die Laibe trocken gesalzen. Schließlich wird der Käse bei Kellertemperatur sechs Monate bis zwei Jahre gelagert. Während dieser Zeit werden die Käselaibe regelmäßig gewendet, gereinigt und mit Leinöl eingerieben.

Käse und Küche. Bagoss wird pur wie Grana-Käse grob aufgehobelt serviert. Er passt zu grünen Salaten, wird in Streifen geschnitten mit Balsamessig mariniert oder auch mit Birnen und Walnüssen gereicht. Auch für Füllen von Nudeltaschen mit Ricotta und Kräutern, von Gemüsekuchen und auch von Zucchini findet er Anwendung. Länger gereifter Bagoss wird zum Würzen von Spaghetti und Risottos und zum Gratinieren von Gemüse verwendet.

Käse und Wein. Gut passen würzige Weißweine wie Valcalepio, Vernaccia di San Gimignano und Vermentino di Gallura. Zu länger gelagerten Sorten sind mittellang ausgebaute Rotweine wie Barbera d'Asti, Gutturnio, Rosso di Montepulciano und Cerasuolo di Vittoria zu empfehlen.

Gereifte Bagoss-Laibe: typisch ist die Behandlung der Rinde mit Leinöl.

Bettelmatt

Visitenkarte

Herstellungsgebiet
rund um die Bettelmatt-Alm, im hinteren Formazza-Tal, in der Provinz Verbano-Cusio-Ossola

Milch
Kuhmilch

Fermentierung
Kälberlab

Lagerung
bis zu 1 Jahr

Aufbewahrung
in Alufolie verpackt und in einem verschlossenen Glas- oder Kunststoffbehälter an einem kühlen Ort

Die runden **Laibe** sind 9 cm hoch, haben einen Durchmesser von 45-55 cm und ein Gewicht von 5-7 kg. Die **Rinde** ist rau und hat eine rotbraune bis dunkelbraune Farbe. Der strohgelbe bis goldfarbene **Teig** ist kompakt und zeigt eine mehr oder weniger leichte **Lochung**. Die Konsistenz ist anfangs weich und wird im Laufe der Alterung immer fester. Beim Verkosten erweist sich der Bettelmatt als schmelzend und schmierig; der **Geschmack** zeigt eine Harmonie der milchig-süßen und der durch die Lagerung entstandenen intensiven Noten und Kräuteraromen. Wie andere Käsesorten des Gebietes riecht auch der Bettelmatt etwas nach Mottolina, einer für dieses Herstellungsgebiet typischen Grasart.

Herstellung und Reifung. Dieser Kuhmilchkäse wird nur im Sommer erzeugt, wenn die Tiere zum Grasen auf die etwa 2000 m hoch liegenden Almweiden gebracht werden. Für die Käseherstellung wird rohe Vollmilch oder teilweise entrahmte Milch auf etwa 32-35 °C erwärmt und Kälberlab beigemengt. Nach dem Bruchschneiden erfolgt das Brennen der Bruchmasse, welche anschließend in Käseformen gefüllt und leicht gepresst wird. Danach lässt man die Laibe zuweilen kurz bei 22 °C ruhen, um die Lochbildung zu begünstigen. Gesalzen wird trocken oder im Salzbad. Schließlich werden die Laibe an einem frischen Ort zwei Monate bis zu einem Jahr gelagert.

Käse und Küche. Außer den Bettelmatt auf traditionelle Weise pur zu genießen, kann er auch mit Walnüssen, Apfeljoghurt, gratiniertem Fenchel, grünen Bohnen mit Essig und Öl sowie Granatapfel garniert werden. Er wird gerne für würzige Fondues verwendet, auf geröstetem Brot verzehrt oder dient zum Würzen von Buchweizen-Bandnudeln, Eierteignudeln und Risottos. Er findet auch als Fülle für Nudeltaschen Anwendung oder verfeinert verschiedene Polentagerichte.

Nach der Bearbeitung (oben: trockenes Einsalzen) lässt man die Bettelmatt-Laibe an einem kühlen Ort reifen.

Käse und Wein. Als Begleiter können gut strukturierte Weißweine wie Colli Novaresi Bianco, ein körperreicher Verdicchio di Jesi oder Chardonnay del Collio empfohlen werden.

Bitto

Visitenkarte

Herstellungsgebiet
Provinz Sondrio und einige angrenzende Gemeinden des oberen Brembana-Tals; in der Provinz Bergamo: Averara, Carona, Cusio, Foppolo, Mezzoldo, Piazzatorre, Santa Brigida und Valleve

Milch
Kuhmilch mit eventuellem Ziegenmilch-Anteil (maximal 10 %)

Fermentierung
Kälberlab

Lagerung
bis zu mehr als 1 Jahr

Aufbewahrung
er besitzt eine bemerkenswerte Lagerfähigkeit und sollte im weniger kühlen Teil des Kühlschranks, in der Originalverpackung, in Alufolie oder in einem feuchten Tuch aufbewahrt werden

Bitto (DOP) wird in **Laiben** von regelmäßiger kreisrunder Form, mit ebenen Ober- und Unterseiten, nach innen gewölbtem Rand und ausgeprägten Kanten angeboten; der Durchmesser beträgt 30-50 cm, die Höhe 8-10 cm. Er besitzt eine strohgelbe, feste, etwa 2-4 mm dicke **Rinde**, einen festen **Teig**, der je nach Reifegrad eine weiße bis strohgelbe Farbe und eine spärliche **Lochung** aufweist. Der **Geschmack** ist süß und zart, wird im Laufe der Zeit zunehmend dichter, der Käse schmilzt auf der Zunge und nimmt ein starkes Aroma an; ein eventueller Ziegenmilchanteil macht sich durch intensiveren Geruch bemerkbar.

Herstellung und Reifung. Bitto wird im Hochgebirge nach bäuerlicher Tradition hergestellt. Charakteristisch für diese Gebirgsgegend sind fensterlose Almhütten oder kleine steinerne Einfriedungen, die so genannten *»calécc«*, welche die Hirten mit Tüchern überspannen, solange sie bewohnt werden. In diesen rudimentären Gebäuden wird der Bitto-Käse hergestellt. Die Milch wird nicht transportiert, sondern sofort verarbeitet. Die hier erzeugten Käselaibe werden in die im Zentrum der Almweiden gelegenen Almsennereien zum Reifen gebracht. Diese Art des Käsemachens wurde bisher nicht durch ein industrielles Herstellungsverfahren ersetzt, und daher ist der Bitto eine sehr seltene und teure Käsesorte. Frisch gemolkene Vollmilch, eventuell mit einem Ziegenmilchanteil von höchstens 10 %, wird durch Zugabe von Kälberlab zum Gerinnen gebracht. Das Brennen des Käsebruchs dauert etwa 30 Minuten, danach wird die Masse in reiskorngroße Stücke zerteilt und in Käseformen gepresst, wodurch die Laibe ihre charakteristische Form mit nach innen gewölbtem Rand erhalten. Dann wird trocken oder im Salzbad gesalzen; dadurch nimmt der Käse mehr Geschmack an und es bildet sich eine Rinde. Die Lagerzeit beträgt mindestens 70 Tage bei 12-15 °C, kann aber auch mehr als ein Jahr ausmachen.

Käse und Küche. Bitto wird traditionell für die Zubereitung von Buchweizen-Bandnudeln oder schwarzer Polenta verwendet, bereichert aber auch zahlreiche weitere Gerichte wie Käserisottos oder überbackene Röhrennudeln. Er kann mit Nüssen und Trockenfrüchten oder mit Artischockensalat serviert werden, gerne wird er auch mit ganz wenig Balsamico-Essig abgemacht.

Käse und Wein. Dieser Käse verdient einen guten Rotwein wie den aus dem gleichen Gebiet stammenden Valtellina Superiore oder auch Nebbiolo d'Alba, Merlot dei Colli Orientali del Friuli, Rosso Conero und Nero d'Avola.

Branzi

Die **Laibe** haben eine runde Form mit geraden, leicht nach innen gewölbten Rändern und einen Durchmesser von 40-45 cm, sind 10 cm hoch und wiegen 12-15 kg. Sie besitzen eine gelbliche, glatte, dünne, elastische **Rinde** und einen weichen, strohfarbenen **Teig** mit feiner **Lochung**. Der **Geschmack** ist süß, zart, milchig und wird bei längerer Lagerung würziger und intensiver. Je nach Herkunft kann der Käse auch verschiedene organoleptische Eigenschaften (Farbe, Geruch, Geschmack) aufweisen.

Herstellung und Reifung. Diese Käsesorte wird aus Vollmilch oder nach dem Aufrahmen teilweise entfetteter Kuhmilch gewonnen. Die Milch wird auf etwa 34-36 °C erwärmt, flüssiges Lab beigemengt, um die Gerinnung einzuleiten, und nach 30 Minuten kann die Gallerte in Stücke zerteilt werden. Nun erfolgt das Brennen bei 43-46 °C, nach dem Setzen der Bruchmasse gießt man die Molke ab, hebt die Masse heraus und füllt sie in Formen. Nach dem Pressen erfolgt das Salzen – entweder trocken (in den Sennereien) oder im Salzbad. Die Käselaibe werden zwei bis sieben Monate gelagert.

Käse und Küche. Branzi passt zu Salaten aus roh abgemachtem wildem Chicorée, Pilzen oder Sellerie, zu gekochten Kastanien, gekochten Artischocken mit Öl und Petersilie, Zucchinistreifen, blanchierten grünen Bohnen und frischen Walnüssen. Man verwendet ihn für die Zubereitung von Käse-Gnocchi, für die Fülle von Ricotta-Nudeltaschen und Gemüse- oder Kräuterlasagne.

Käse und Wein. Man kann zarte Weißweine oder Weine mit mittlerem Körper wie Valcalepio Bianco, Terre di Franciacorta Bianco, Capriano del Colle Trebbiano, Soave oder Bianco di Pitigliano dazu reichen.

Visitenkarte

Herstellungsgebiet
Gemeinde Branzi und angrenzende Gebiete im Brembana-Tal in der Provinz Bergamo

Milch
Kuhmilch

Fermentierung
flüssiges Lab

Lagerung
bis zu 7 Monate

Aufbewahrung
sowohl die ganzen Laibe, und ganz besonders bereits angeschnittene Stücke bei etwa 4 °C; einzelne Schnitten sollten in einer Kunststoffdose verpackt sein, um die größtmögliche Frische zu erhalten

Bra

Visitenkarte

Herstellungsgebiet
die ganze Provinz Cuneo und die angrenzende Gemeinde Villafranca Piemonte in der Provinz Turin

Milch
Kuhmilch, mitunter mit einem kleinen Anteil von Ziegen- oder Schafsmilch

Fermentierung
Kälberlab

Lagerung
Bra Tenero mindestens 45 Tage; Bra Duro und Bra d'Alpeggio von 6 Monaten bis zu 1 Jahr

Aufbewahrung
im weniger kühlen Teil des Kühlschranks, am besten in Einschlagpapier, um Frische und Geschmack zu erhalten

Das bekannte piemontesische Zentrum als Lager- und Umschlagplatz von Käse, Bra, teilt seinen Namen mit zwei Käsesorten: **Bra Duro** und **Bra Tenero** – beide haben DOP-Status. Dazu kommt noch der **Bra d'Alpeggio**, ebenfalls mit DOP-Status; er wird nur im Sommer produziert, wenn sich die Herden auf den Almweiden befinden.
Bra Duro kommt in runden **Laiben** mit flachen Ober- und Unterseiten in den Handel; ihre Höhe beträgt 7-9 cm, der Durchmesser 30-40 cm, das Gewicht 6-8 kg. Die **Rinde** ist glatt, eher dick, fest und von beiger oder dunkelgrauer Farbe. Der dunkle, matte ockergelbe, gleichmäßige **Teig** lässt eine spärliche kleine **Lochung** erkennen. Der **Geschmack** ist scharf und ausgesprochen würzig.
Bra Tenero hat eine ähnliche Form mit ebenen Ober- und Unterseiten; der Durchmesser beträgt 30-40 cm, die leicht gewölbten Ränder sind 7-9 cm hoch, das Gewicht variiert von 6-8 kg. Er besitzt eine hellgraue, elastische, glatte, regelmäßige **Rinde**. Der **Teig** ist weiß oder elfenbeinfarben, von weicher Konsistenz und weist eine spärliche **Lochung** auf. Der **Geschmack** ist süß, mitunter leicht pikant und würzig. Bra d'Alpeggio entfaltet im Vergleich zu den anderen beiden Käsesorten im Geschmack mehr Körper und aromatische Fülle.

Herstellung und Reifung. Bra Duro ist ein halbfetter Hartkäse aus Kuhmilch. Die teilentrahmte Milch – mitunter mit einem kleinen Anteil von Schafs- und/oder Ziegenmilch – wird erwärmt und Kälberlab beigefügt. Die gewonnene Gallerte wird zu feinem Bruch in Maiskorngröße zerschnitten. Die Masse wird in Formen gefüllt, gepresst und zuletzt trocken gesalzen. Die Laibe werden sechs Monate und auch länger gelagert.
Bra Tenero ist ein Kuhmilchkäse mit weichem oder halbfestem Teig. Vollmilch wird erwärmt und mit Kälberlab versetzt. Die entstandene Gallerte wird in zwei Phasen zerkleinert, bis ein feiner Bruch in Maiskorngröße erreicht ist. Dann wird die Masse in ein Tuch gewickelt, in die Formen gegeben und gepresst. Anschließend werden die Laibe in Salzlake gelegt und schließlich mindestens 45 Tage gelagert.
Bra d'Alpeggio wird auf urtümlichere Art als die anderen Bra-Käsesorten erzeugt, mit traditionellen Geräten und häufig auf einem Holzfeuer im Freien. Bra d'Alpeggio kann lange gelagert werden.

Käse und Küche. Bra Duro eignet sich als Tafelkäse und Reibkäse. Er wird gerne mit Nüssen oder mit Artischockensalat gereicht oder auch mit ganz wenig Balsamico-Essig abgemacht. Man verwendet ihn für die Zubereitung von Käserisottos, überbackenen Teiggerichten und Pasteten. Bra Tenero dient vor allem als Tafelkäse, zu dem Weißbrot gereicht wird. Er passt zu aufgeschnittenen Zucchini, in der Pfanne gebratenen Mischpilzen, gedämpften Artischocken, gekochtem Spargel und Walnüssen, gerne wird er auch für würzige Strudel, Gemüsekuchen und Nudelaufläufe verwendet.

Käse und Wein. Zu Bra Duro reicht man einen guten Rotwein wie den in der Gegend gekelterten Nebbiolo d'Alba, Merlot dei Colli Orientali del Friuli, Rosso Piceno oder Castel del Monte Rosso. Bra Tenero harmoniert mit Weißweinen von mittlerem Körper wie Erbaluce di Caluso, Tocai di Lison Pramaggiore, Albana di Romagna und Taburno Falanghina.

Bra-Duro- und Bra-Tenero-Laibe haben ihren jeweiligen Namen in der Rinde eingeprägt. Sie unterscheiden sich auch durch die Farbe der Rinde.

Bruss delle Langhe

Bruss (auch **Bross** genannt) ist keine Käsesorte im eigentlichen Sinn. Es handelt sich vielmehr um ein hauptsächlich von Hausfrauen hergestelltes Produkt, das aus bäuerlicher Sparsamkeit entstand – und zwar unter der Devise, nichts zu vergeuden, auch keine Käsereste. Bruss besitzt keine feste **Form**, er ist cremig und streichfähig, seine **Farbe** variiert von Elfenbeinfarben über Strohfarben bis zu Bräunlich. Der **Geruch** ist scharf, der **Geschmack** sehr intensiv und streng.

Herstellung und Reifung. Traditionell wird Bruss hergestellt, indem man die Reste von verschiedenen Käsesorten in einem Tongefäß sammelt und Tresterschnaps hinzufügt. Das Ganze wird vermischt und längere Zeit zum Vergären stehen gelassen; während dieser Zeit wird regelmäßig gerührt. Auf diese Weise erhält man eine weiche Paste mit sehr scharfem Geruch. Die heutigen Bruss-Erzeugnisse sind weniger scharf als die einstigen, außerdem wird der Tresterschnaps mitunter durch Weißwein ersetzt.

Käse und Küche. Bruss schmeckt bestens, wenn man ihn auf getoastete Brotschnitten streicht und mit Knoblauch bestreut. Außerdem passt er auf Polentascheiben, zu Kartoffelpüree sowie zum Würzen von Risottos, gekochten Teigwaren und Gnocchi.

Käse und Wein. Dazu serviert man einen starken piemontesischen Rotwein wie Barolo, Nebbiolo oder Barbera. Wegen der scharfen Note kann man auch Weine mit Restzucker wie Albana di Romagna Amabile und Erbaluce di Caluso Passito dazu reichen.

Visitenkarte

Herstellungsgebiet
Piemont, im Voralpengebiet und in der Alta Langa

Milch
Kuhmilch, Schafsmilch, Ziegenmilch, je nach verwendeten Käsesorten

Lagerung
30–40 Tage

Aufbewahrung
in einem kleinen Gefäß an einem kühlen Ort

Die »Streichfähigkeit« ist eine typische Eigenschaft des Bruss delle Langhe, einem meist auf Basis von Robiola hergestellten Käseprodukt (im Bild oben).

Burrata

Visitenkarte

Herstellungsgebiet
Region Apulien: in der Gemeinde Andria, Provinz Bari, und in der Gemeinde Martina Franca, Provinz Tarent

Milch
Kuhmilch

Fermentierung
flüssiges Lab

Lagerung
keine; wird frisch konsumiert

Aufbewahrung
im Kühlschrank, originalverpackt in der mitgelieferten Flüssigkeit

Burrata wird in **Form** einer rundlichen Birne, welche zur Spitze hin beutelartig zusammengebunden ist, erzeugt. In einer etwa 1-2 mm starken Hülle befindet sich ein dem Mozzarella ähnlicher milchig-weißer Brühkäse. Beim Aufschneiden rinnt cremige Sahne und sehr weicher **Teig** heraus und es entfaltet sich ein **Geruch** nach Sahne und Milch. Der **Geschmack** ist voll, aber sehr delikat, süß, leicht buttrig und zeigt manchmal säuerliche Noten.

Herstellung und Reifung. Burrata ist ein frischer, weicher Brühkäse aus Kuhmilch. Die Milch wird auf 35 °C erwärmt und flüssiges Lab beigemengt. Nach dem Gerinnen wird die Masse zu körnchengroßem Bruch geschnitten, geknetet, gezogen und in ein Salzbad gelegt. Nach weiteren Behandlungen des Bruchs erhält man als *»lucini«* bezeichnete 50 cm lange Stränge, welche zu Säckchen verarbeitet werden. Diese »Säckchen« werden mit 1/3 weichem Brühkäse und 2/3 sehr fetter, frischer, flüssiger Sahne gefüllt, dann von Hand über dem Feuer verschlossen und in ein Salzbad gelegt. Nach dem traditionellen Herstellungsverfahren wird der Burrata in Blätter des Liliengewächses Affodill eingewickelt. Diese Pflanze ist auf dem apulischen Murge-Plateau sehr verbreitet und verleiht dem Käse ein angenehmes und zartes Aroma. Burrata braucht nicht zu reifen, vielmehr schmeckt er innerhalb von 48 Stunden nach der Herstellung am besten.

Käse und Küche. Burrata mundet pur und ohne Beilagen vorzüglich, kann aber auch mit frischen grünen Salaten und gegrilltem oder gekochtem Gemüse garniert werden. Außerdem passt er zu gerösteten Zucchini, geblätterten Pilzen sowie Artischocken mit Knoblauch und Petersilie.

Käse und Wein. Sehr gut passen zarte Weißweine wie die apulischen Locorotondo und Martina Franca oder Bianco d'Alcamo, Favorita delle Langhe und Sovae Classico.

Geschichte. Burrata ist eine relativ neue Käsesorte. Er wurde in den 1930er-Jahren von einem kleinen Käsehersteller aus Andria kreiert, welcher *Manteche* (mit Butter gefüllte Käse) herstellte und mit dem Burrata sofort große Erfolge feiern konnte.

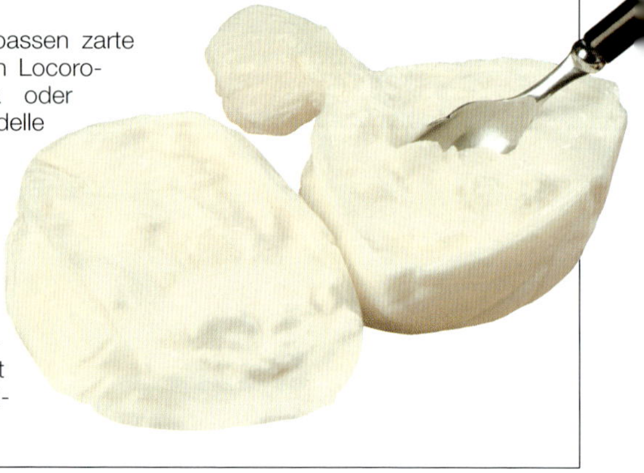

Burrino

Burrino (oder **Burro di Siero**) kommt in **Form** einer Birne oder Kugel in den Handel, wobei der obere Teil einem Bischofshut ähnlich ist. Er hat einen Durchmesser von 6-10 cm und wiegt 250-500 g. Die elfenbeinfarbene bis strohgelbe **Rinde** ist glatt, dünn und glänzend; im Inneren des **Teiges** befindet sich ähnlich wie beim Caciocavallo ein nussgroßes Stück Butter von intensiver gelber Farbe. Der Teig ist zur **Rinde** hin elastisch, weiter innen weich und buttrig. Sein **Geruch** erinnert an Milch und Butter und er offenbart einen ausgeprägten, intensiven, delikaten, süßen **Geschmack**.

Visitenkarte

Herstellungsgebiet
ganze Region Basilicata

Milch
Kuhmilch

Fermentierung
Kälberlab

Lagerung
nicht mehr als 2 Monate

Aufbewahrung
gut verpackt im Kühlschrank

Herstellung und Reifung. Die äußere Hülle dieses mit Butter gefüllten Brühkäses besteht aus Caciocavallo-Käse. Um den Butterkern herzustellen, wird Kuhmilch auf 72 °C erhitzt. Man gießt die Molke ab, gibt die Masse in ein Tuch, um beim Schleudern den Rest der Molke zu entfernen. Dann werden von Hand kleine Kugeln geformt, und zwar in sehr kaltem Wasser, sodass sich die Fettpartikel zu festen Butterkugeln zusammenklumpen, welche sofort zum Festwerden in den Kühlschrank gelegt werden. Dann werden die Butterkugeln in die Teigsäcke gelegt, indem man versucht, die dünnen Käseteigstreifen und die Butter zusammenzukleben und eventuelle Luftblasen zu entfernen. Dann werden die Säcke oben verschlossen, in 90 °C heißes Wasser eingetaucht, schließlich in ein Salzbad gelegt und zum Trocknen aufgehängt. Die Burrino-Säcke müssen sieben Tage an einem frischen Ort reifen und dürfen nicht länger als zwei Monate gelagert werden.

Sein Herz aus Butter ist das Markenzeichen des Burrino, der äußerlich einem kleinen, frischen Caciocavallo ähnlich ist.

Käse und Küche. Burrino wird mit gegrilltem Gemüse serviert oder mit süßem Mais, gekochtem Rosenkohl, hausgemachten Teigwaren, wie etwa Öhrchen, frischem grünem Salat oder Walnüssen garniert.

Käse und Wein. Burrino passt besonders gut zu zarten, milden Weißweinen wie Basilicata Bianco, Cirò, Bianchello del Metauro oder Trebbiano d'Abruzzo.

ÄHNLICHE KÄSESORTEN

In Kalabrien ist der Burrino auch als **Butirro** bekannt. In den Provinzen Cosenza und Catanzaro wird die Sorte **Piticella** hergestellt, deren Herz aus Butter mit Mozzarella- oder Caciocavallo-Teig umwickelt ist.

Caciocavallo Silano

Visitenkarte

Herstellungsgebiet
südlicher Apenninrücken, in den Regionen Basilicata, Kampanien, Molise, Apulien, aber ganz besonders im kalabrischen Sila-Gebirge

Milch
Kuhmilch

Fermentierung
Kälberlab oder Ziegenlab

Lagerung
bis zu 1 Jahr

Aufbewahrung
die ganze Form an einem kühlen, frischen Ort, wie etwa im Keller; einzelne Schnitten im Kühlschrank, in Einschlagpapier oder Alufolie verpackt

Caciocavallo Silano (DOP) besitzt die **Form** einer Kugel, eines Tropfens oder eines ovalen Beutels, je nach Herstellungsort mit oder ohne »Köpfchen«. Die dünne, glatte **Rinde** wird mit zunehmendem Alter alabasterfarben und im Laufe der Zeit dunkler, wobei sie sich mit weiß-grauem Schimmel überzieht. Der **Teig** ist anfangs homogen, weich und lässt mitunter eine ganz leichte **Lochung** erkennen; bei längerer Reifung wird er kompakt, fest, schuppig und nimmt zur Rinde hin eine intensivere weiße oder strohgelbe Farbe an. Der **Geschmack** ist aromatisch, angenehm, meist zart und beim jungen Käse fast süßlich, wird bei längerer Reifung, oder wenn er mit Ziegenlab hergestellt wurde, jedoch intensiver.

Herstellung und Reifung. Caciocavallo Silano ist ein Brühkäse aus frischer Kuhmilch, welche bei einer Temperatur von 36-38 °C durch Kälber- oder Ziegenlab zum Gerinnen gebracht wird. Die Gallerte wird zu Käsebruch zerkleinert und die Molke abgegossen. Nun lässt man die Masse 3-4 Tage reifen, dann wird der Käse mit heißem Wasser überbrüht, und sobald er seine charakteristische Form hat, abgekühlt und in ein Salzbad gelegt. Schließlich werden die Formen aus der Salzlake genommen, je zwei zusammengebunden und im Freien oder in temperaturkontrollierten Räumen aufgehängt. Caciocavallo kann 3-6 Monate, aber auch mehr als ein Jahr gelagert werden.

Die Rinde des Caciocavallo Silano ist beim jungen Käse hell (rechts) und nimmt im Laufe der Alterung einen alabasterfarbenen Ton an (oben).

Käse und Küche. Mit Vollkornbrot passt Caciocavallo Silano bestens zu gemischten Salaten, gebratenen Paprika, in Milch gekochten Karotten und Salzkartoffeln. Man kann ihn auch auf Pizzas, Fladenbroten und Teigwaren im Ofen überbacken oder in der Pfanne zerlassen und mit süß-sauren Gewürzgurken servieren. Länger gelagerten Caciocavallo verwendet man für Pasteten, Reisaufläufe und Cannelloni.

Käse und Wein. Zum jungen Käse reicht man am besten liebliche, aber charaktervolle Weißweine wie Soave Superiore oder Bianco della Val di Cornia, zu älterem Caciocavallo sind Weine wie Lizzano, Taurasi und Cirò Rosso vorzuziehen.

Cacioricotta Lucano

Cacioricotta Lucano wird in tortenähnlichen **Laiben** mit flachen Ober- und Unterseiten, einem Durchmesser von 13-20 cm, einer Höhe von 4-10 cm und einem Gewicht von 0,7-3 kg angeboten. Ihre harte **Rinde** wirkt gestreift, hat eine schmutzigweiße bis gelbliche Farbe, welche bei längerer Lagerung auch in Rotbraun übergehen kann. Der **Teig** ist fett, kompakt, ohne Lochung, körnig, weich und bei frischem oder halbfestem Käse elfenbeinfarben, bei älterem Cacioricotta nussbraun. Der **Geschmack** ist zart, leicht säuerlich, wird bei längerer Lagerung schärfer und offenbart aromatische Kräuternoten.

Visitenkarte

Herstellungsgebiet
ganze Region Basilicata, besonders im Val d'Agri

Milch
Ziegen- und Schafsmilch

Fermentierung
Lammlab oder Ziegenlab

Lagerung
4 Monate

Aufbewahrung
in der Originalverpackung oder in Stanniolpapier verpackt, an einem kühlen Ort oder im weniger kühlen Teil des Kühlschranks

Herstellung und Reifung. Eine Mischung aus Ziegen- und Schafsmilch wird auf 87-90 °C erhitzt. Dann lässt man sie auf 37 °C abkühlen, fügt Lamm- oder Ziegenlab hinzu – nach 30-40 Minuten hat sich die Gallerte gebildet. Diese wird zu feinem, körnchengroßem Bruch zerschnitten; dann lässt man die Masse kurz rasten und abtropfen. Anschließend wird die Käsemasse von Hand bearbeitet und in Formen gefüllt. Nach etwa 12 Stunden ist die Molke abgetropft und die Laibe werden trocken gesalzen. Schließlich müssen die Cacioricotta-Laibe 4-5 Tage in gut gelüfteten Räumen reifen und werden danach noch etwa vier Monate auf Holzregalen im Keller gelagert.

Käse und Küche. Man isst ihn als Tafelkäse zu gemischten Salaten mit Tomaten, gedämpften Artischocken und Paprika mit fleischloser Fülle. Harter Cacioricotta wird hauptsächlich in geriebener Form zu Teigwarengerichten mit frischen Tomaten und Basilikum sowie zu Suppen mit Gemüse und Hülsenfrüchten serviert.

Käse und Wein. Länger gelagerter Käse wird vor allem mit intensiven Rotweinen wie Aglianico del Vulture, Cirò Rosso, Lizzano Rosso, Nebbiolo d'Alba oder Montepulciano d'Abruzzo gereicht.

ÄHNLICHE KÄSESORTEN

Cacioricotta wird nicht nur in der Basilicata, sondern auch in anderen Regionen erzeugt. Er kann aus reiner Kuhmilch (zarter Geschmack) oder aus einer Mischung von Schafs- und Ziegenmilch (ausgeprägter Geschmack) produziert werden. Die Variante **Casieddu** wird im Val d'Agri (Basilicata) aus Ziegenmilch hergestellt, welche mit Farnblättern und Katzenminze (wirkt auch antibakteriell) aromatisiert wird. Cassieddu wird frisch und in Farnblätter eingewickelt oder auch nach zweimonatiger Lagerung angeboten.

Cacioricotta passt gut zu Teigwaren mit Tomaten.

Caciotta Romana

Visitenkarte

Herstellungsgebiet
das gesamte Agro-Romano-Gebiet in Latium

Milch
Schafsmilch

Fermentierung
Lammlab

Lagerung
3 Monate

Aufbewahrung
an einem kühlen Ort; Schnittflächen sollten mit Kunststofffolie abgedeckt werden

Caciotta Romana hat eine runde Form mit geraden oder gebauchten Rändern; die **Laibe** sind 7 cm hoch, haben 15-20 cm Durchmesser und wiegen 1 kg und mehr. Die **Rinde** ist strohfarben mit leichten grünen Reflexen und nimmt je nach Alterung intensivere Farbtöne an. Der **Teig** ist weiß mit spärlicher, aber ausgeprägter **Lochung**; er kann aber auch den typischen strohgelben Farbton der anderen Käsesorten der Campagna Romana annehmen. Der zarte **Geschmack** offenbart eine milchige Note.

Herstellung und Reifung. Caciotta wird aus pasteurisierter Schafsmilch hergestellt, welche mit Lammlab versetzt wird. Die Gallerte wird zuerst bei 36 °C in walnussgroße Stücke zerschnitten, dann wird die Temperatur erhöht und die Masse beim zweiten Bruchschneiden noch feiner zerteilt. Nun lässt man den Käsebruch in der Molke reifen; nach dem Abtropfen wird die Masse gepresst und etwas stehen gelassen. Gesalzen wird entweder im Salzbad oder trocken mit sehr grobem Salz. Caciotta reift 15 Tage und wird danach noch drei Monate an einem kühlen Ort gelagert.

Käse und Küche. Caciotta Romana wird mit mild abgemachten grünen Salaten oder Champignon-Salat serviert; man kann Kartoffelklößchen, Selleriesalat, Kroketten mit Hopfensprossen oder gekochtes Gemüse der Saison dazu reichen. Länger gelagerten Caciotta kann man aufreiben – er passt vorzüglich auf Kürbis-Gnocchi.

Käse und Wein. Zu empfehlen sind Weißweine mit mittlerem Körper wie Bianco di Pitigliano, Locorotondo oder Bianco dei Colli Lanuvini.

Canestrato Pugliese

Canestrato Pugliese (DOP) hat eine zylindrische Form mit flachen Ober- und Unterseiten und leicht gebauchtem Rand; der Durchmesser der **Laibe** variiert von 25-34 cm, die Höhe beträgt 10-14 cm und das Gewicht 7-14 kg. Sie haben eine bräunlich-gelbe, meist runzelige, harte, dicke **Rinde**. Der **Teig** ist je nach Reifegrad mehr oder weniger intensiv strohgelb, kompakt, kaum elastisch, eher brüchig, aber gleichzeitig schmelzend und lässt eine wenig ausgeprägte **Lochung** erkennen. Der **Geschmack** ist in den ersten Monaten zart, wird nach längerer Lagerung immer stärker und nimmt pikante Noten an.

Herstellung und Reifung. Für diesen aus Schafsmilch hergestellten rohen Hartkäse wird Milch auf 38-45 °C erwärmt und Lammlab beigefügt. Sobald sich die Gallerte gebildet hat, wird sie zu feinem, reiskorngroßem Bruch zerteilt. Nach einer kurzen Ruhephase wird die Masse in dafür vorgesehene Körbe gefüllt und gepresst, wodurch auch das charakteristische Rindenmuster entsteht. Dann wird trocken gesalzen. Frischer Canestrato wird 90 Tage, Reibkäse fast ein Jahr lang gelagert.

Käse und Küche. Junger Canestrato Pugliese wird mit Salaten aus jungem Gemüse und rohen Hülsenfrüchten wie grünen Bohnen oder auch mit Pinzimonio (Olivenöl-Dip-Sauce) serviert. In der Küche wird er für Fladenbrote oder als Fülle für Omeletten verwendet und er verleiht Auberginen mit Parmesan einen ganz besonderen Geschmack. Länger gelagerter Canestrato wird aufgerieben, um Teigwaren, Reis- und Gemüsegerichte zu verfeinern; in dünne Streifen geschnitten kann er mit Rohkost wie Fenchel, Sellerie und Frühlingszwiebeln oder auch mit in der Asche gebackenen Kartoffeln garniert werden.

Käse und Wein. Zu jüngerem Canestrato können süffige Weißweine wie Locorotondo, Trebbiano d'Abruzzo und Falanghina gereicht werden, zu länger gelagertem Käse sind gut strukturierte, ausgebaute Rotweine wie Lizzano Rosso, Alezio Rosso, oder Cirò Rosso zu empfehlen.

Visitenkarte

Herstellungsgebiet
gesamte Provinz Foggia und zahlreiche Gemeinden der Provinz Bari in Apulien

Milch
Schafsmilch

Fermentierung
Lammlab

Lagerung
bis zu 1 Jahr

Aufbewahrung
Teilstücke werden in ein leicht mit Weißwein befeuchtetes Baumwolltuch eingeschlagen, um Feuchtigkeit und damit auch Frische zu bewahren, und an einem kühlen und trockenen Ort gelagert

Der Name dieser Käsesorte entstand dadurch, dass die Käselaibe in Binsenkörben (»canestro« bedeutet »Korb«) geformt wurden.

Cansiglio

Visitenkarte

Herstellungsgebiet
Hochebene Cansiglio, in der Provinz Belluno, Venetien

Milch
Kuhmilch

Fermentierung
Kälberlab

Lagerung
bis zu 1 Jahr

Aufbewahrung
an einem kühlen und trockenen Ort; im weniger kühlen Teil des Kühlschranks, in einem perforierten Sack und in Alufolie verpackt

Cansiglio wird in eher flachen runden **Laiben** von 7 cm Höhe, einem Durchmesser von 30-35 cm und einem Gewicht von meist bis zu 7 kg verkauft. Er besitzt eine weiche, dünne, helle **Rinde** und einen kompakten, strohfarbenen **Teig** mit eher spärlicher, feiner **Lochung**. Der **Geschmack** ist süß, beim frischen Käse zart, nach längerer Lagerung aber würzig und leicht pikant.

Herstellung und Reifung. Für die Herstellung des Cansiglio wird Milch auf etwa 38 °C erwärmt und dann Kälberlab beigemengt. Die sich bildende Gallerte wird in reiskörnchengroße Stücke zerschnitten und 10 Minuten lang auf etwa 45 °C erhitzt. Dann lässt man die Bruchmasse etwas ruhen, hebt sie heraus und füllt sie in Käseformen. Danach werden die Laibe gepresst und in ein Salzbad gelegt. Die Käselaibe müssen einen Monat lang bei etwa 10 °C reifen und werden dann entweder wenige Wochen (**Fresco**), 4-5 Monate (**Mezzano**) oder etwa ein Jahr (**Vecchio**) gelagert. Jene Käselaibe, welche länger als sechs Monate gelagert werden, reibt man mit Leinöl ein.

Den Namen hat der Käse von der weiten, mit Weiden und Wäldern begrünten Hochebene Cansiglio.

Käse und Küche. Cansiglio passt bestens zu gedämpftem oder in Butter geschmortem Gemüse mit zartem, aber deutlichem Geschmack, wie Spargel oder Sellerie (Stangen und Knollen). Außerdem kann man geschmacksintensive Salate aus Kresse oder Rucola dazu reichen.

Käse und Wein. Zu empfehlen sind gehaltvolle Weißweine wie Chardonnay di Lison Pramaggiore, Falanghina, Torgiano Bianco oder Inzolia.

Carnia Dolce

Visitenkarte

Herstellungsgebiet
Gemeinden Comelico Superiore und Padola, in der Provinz Belluno, Venetien

Milch
Kuhmilch

Fermentierung
Kälberlab

Lagerung
bis zu 1 Jahr

Aufbewahrung
im weniger kühlen Fach des Kühlschranks; um Frische und Geschmack gut zu erhalten, sollte man ihn in Einschlagpapier oder Alufolie sowie in einem verschlossenen Kunststoff- oder Glasbehälter aufbewahren

Die **Laibe** haben eine tortenähnliche **Form**, sind 8 cm hoch, besitzen einen Durchmesser von 30 cm und ein Gewicht von 6-6,5 kg. Ihre **Rinde** ist fest und von gelblicher Farbe; der **Teig** ist weiß bis strohfarben mit dichter **Lochung**. Er hat einen süßen, angenehmen **Geruch**, welcher bei länger gelagertem Käse auch scharf sein kann.

Herstellung und Reifung. Fettarme Kuhmilch wird auf 32-33 °C erwärmt; dann gibt man pulverförmiges Kälberlab hinzu und lässt das Ganze 30-35 Minuten gerinnen. Die so gewonnene Gallerte wird in zwei Phasen zerteilt, bis man reiskorngroße Stückchen erhält. Die Masse wird erneut, etwa 10 Minuten lang, im Dampf auf 42-43 °C erhitzt. Danach wird die Bruchmasse gewaschen, man hebt sie aus dem Kessel, wickelt sie in Tücher und gibt sie für 48 Stunden in Käseformen. Schließlich werden die Laibe in ein Salzbad gelegt. Carnia Dolce muss 40 Tage reifen und kann dann bis zu einem Jahr gelagert werden.

Käse und Küche. Junger Carnia kann mit Erbsenpüree, Salaten aus rohen Artischocken oder Pilzen, Spargel mit Butter, Spinat mit Butter, Birnen oder Weintrauben gereicht werden. Länger gelagerten Käse reibt man auf, um Nudelpasteten, Pfannkuchen, Gemüseaufläufe, Zwiebelsuppen, Lauchcremesuppe und Omeletten zu verfeinern.

Käse und Wein. Jüngerer Käse wird am besten mit gehaltvollen Weinen wie Südtiroler Silvaner, Tocai di Lison Pramaggiore und Valcalepio Bianco serviert. Länger gelagerter Carnia Dolce passt zu Rotweinen wie Valpolicella, Sangiovese di Romagna oder, wenn er sich als sehr würzig erweist, zu Nebbiolo delle Langhe, Merlot dei Colli Orientali del Friuli und Rosso Piceno.

Die Karnische Region (»La Carnia«) ist eine alpine Region in Friaul. Der als »Carnia« bezeichnete Käse wird jedoch in der Landschaft Comelico (Region Venetien), an der Grenze zu Friaul-Julisch Venetien, hergestellt.

Casciotta d’Urbino

Visitenkarte

Herstellungsgebiet
Provinzen Pesaro und Urbino, in den Marken; die beliebtesten Casciotta-Käse stammen aus Urbania, Urbino, Sant'Angelo in Vado, Piobbico, Cagli und Fermignano

Milch
Kuh-, Schafs- und Ziegenmilch

Fermentierung
flüssiges und/oder pulverförmiges Lab

Lagerung
20–30 Tage

Aufbewahrung
der ganze Laib im Keller; Schnitten werden im feuchtesten und temperiertesten Fach des Kühlschranks aufbewahrt und sollten innerhalb von wenigen Tagen gegessen werden

Casciotta d’Urbino (DOP) kommt in runden **Laiben** mit niedrigem Rand und gewölbten Ober- und Unterseiten auf den Markt. Ihr Durchmesser beträgt 12-16 cm, ihre Höhe 5-7 cm, das Gewicht 0,8-1,2 kg. Die **Rinde** ist etwa 1 mm dick und von strohgelber Farbe; der **Teig** ist weiß bis strohfarben, hat eine weiche, brüchige Konsistenz, weist eine leichte **Lochung** auf und hat einen angenehm süßen **Geschmack**.

Herstellung und Reifung. Casciotta d'Urbino wird aus etwa 70-80 % Schafsvollmilch und 20-30 % Kuhvollmilch aus den beiden Melkungen eines Tages hergestellt. Die Milch wird bei einer Temperatur von 35 °C mit flüssigem und/oder pulverförmigem Lab zum Gerinnen gebracht. Die gewonnene Käsemasse wird in Formen gefüllt und von Hand gepresst. Gesalzen wird entweder trocken oder im Salzbad. Der beste Casciotta wird zwischen 20. März und 20. Mai hergestellt; denn dann wird die Milch von Schafen verwendet, welche sich von den frischen Gräsern des ausgehenden Winters und des beginnenden Frühjahrs ernähren. Diese Gräser verleihen dem Käse ein sehr angenehmes Aroma. Die Reifedauer beträgt zwischen 20 und 30 Tagen bei einer Temperatur von 10-14 °C und einer Luftfeuchtigkeit von 80-90 %.

Käse und Küche. Er wird pur oder mit leichten Gerichten wie grünem Salat, Zucchinistreifen, oder Spargelspitzen in Butter genossen. Zu Casciotta d’Urbino passen weißes Landbrot oder Nussbrot.

Käse und Wein. Dazu können harmonische, angenehme Weißweine wie Verdicchio di Jesi, Albana di Romagna, Nosiola del Trentino und Orvieto gereicht werden.

ÄHNLICHE KÄSESORTEN

Eng verwandt mit dem Casciotta d’Urbino ist der **Caciotta del Montefeltro**. Diese Käsesorte wird im Gebiet Montefeltro an der Grenze zur Emilia Romagna aus unterschiedlich zusammengesetzten Mischungen von Kuh-, Schafs- oder Ziegenmilch erzeugt. Während der Lagerung werden die Käseformen mit Gewichten beschwert. Die Laibe sind in Nussblätter eingewickelt, welche dem Käse den charakteristischen Geruch nach grünen Nussschalen verleihen.

Casolet della Valcamonica

Casolet wird in verschiedenen, etwa 2 kg schweren runden oder dreieckigen Stücken hergestellt oder kann auch die **Form** der Rosa Camuna, des Wahrzeichens der Lombardei, besitzen. Die strohgelbe bis braune **Rinde** ist unregelmäßig, runzelig und leicht mit Schimmel überzogen. Der Teig ist strohgelb, weich, kompakt und lässt eine spärliche, kleine **Lochung** erkennen. Der **Geschmack** ist zart und süß und wird bei längerer Lagerung würziger.

Herstellung und Reifung. Casolet wird aus Kuhmilch hergestellt und mittellang oder sehr lange gelagert. Vollmilch oder halbfette Milch wird auf 30-34 °C erwärmt und flüssiges Kälberlab beigefügt. Die so gewonnene Gallerte wird in Körnchengröße zerteilt und unter ständigem Rühren auf 46-47 °C erhitzt. Nun folgt eine Ruhephase, um den Bruch leichter von der Molke trennen zu können. Dann wird die Masse mittels Tüchern aus der Molke gehoben und in Formen gefüllt. Gesalzen wird trocken oder im Salzbad. Schließlich werden die Käseformen für eine Dauer von 60 Tagen bis zu etwa einem Jahr gelagert.

Käse und Küche. Zu dieser Käsesorte passen verschieden zubereitete Frühlingsgemüse und Salate, welche nicht zu bitter sein sollten. Casolet kann auch mit frischen Hülsenfrüchten wie Erbsen oder Bohnen, mit Zucchinistreifen, gebratenen Pilzen oder gekochtem Spargel garniert werden. Außerdem wird er gerne unter rohen Artischockensalat gemischt.

Käse und Wein. Dazu passen duftige, harmonische Weißweine wie Terre di Franciacorta, Terlaner, Südtiroler Weißburgunder, Bianco della Valdinievole, Marino oder Salice Salentino Bianco.

Visitenkarte

Herstellungsgebiet
Lombardei, von Sebino in der Provinz Brescia über das Val Camonica bis zum Val di Sole in der Provinz Trient

Milch
Kuhmilch

Fermentierung
Kälberlab

Lagerung
bis zu 1 Jahr

Aufbewahrung
im Kühlschrank, in einem gut verschlossenen Kunststoff- oder Glasbehälter

Castelmagno

Visitenkarte

Herstellungsgebiet
Gemeinden Pradleves, Monterosso Grana und Castelmagno, in der Provinz Cuneo, Piemont

Milch
Kuhmilch, eventuell mit einem Teil Schafsmilch

Fermentierung
Kälberlab

Lagerung
2–5 Monate

Aufbewahrung
im Keller oder im weniger kühlen Fach des Kühlschranks, in Einschlagpapier oder in Alufolie verpackt, eventuell auch in einem verschlossenen Kunststoff- oder Glasbehälter

Diese Käsesorte gehört zu den ältesten Italiens: seine Herstellung geht in etwa auf das Jahr 1000 zurück. Im 13. Jh. konnte der Pachtzins für die Weiden mit Castelmagno-Laiben bezahlt werden.

Castelmagno (DOP) kommt in **Laiben** von tortenähnlicher **Form** mit ebenen Ober- und Unterseiten, einem Durchmesser zwischen 15 und 25 cm in den Handel; sie sind 10-20 cm hoch und wiegen 2-7 kg. Die Käselaibe haben eine dünne, gelb-rote **Rinde**, welche im Laufe der Alterung dunkler und runzelig wird. Der **Teig** ist perlmuttfarben oder blassgelb und weist keine **Lochung** auf; bei längerer Lagerung nimmt er eine goldgelbe Farbe an, lässt blaue Äderungen erkennen und seine Konsistenz wird kompakt, brüchig, aber nicht quarkig. Der zarte **Geschmack** wird je nach Reifegrad intensiver und schärfer. Die Castelmagno-Käselaibe sind am vierblättrigen Etikett an der Oberseite zu erkennen, welches als Schutzmarke der Genossenschaft ein »C« mit stilisiertem Alpengipfel trägt.

Herstellung und Reifung. Dieser halbfette, gepresste Rohmilchkäse mit halbfestem, von Edelschimmel durchzogenem Teig wird aus zwei aufeinander folgenden Melkungen (vom Abend und von der Früh) erzeugt. Die verwendete Kuhmilch wird teilentrahmt und eventuell mit Schafsmilch vermischt. Man erwärmt die Milch auf 35-38 °C und fügt Kälberlab hinzu. Nach dem Bruchschneiden wird die Masse in ein trockenes Tuch eingewickelt, gepresst und dann aufgehängt. Dann kommt die Bruchmasse in Kunststoff- oder Edelstahlbehälter. Dann wird die Masse neuerlich zerteilt, gesalzen, in zylindrische Käseformen gefüllt und sowohl von Hand als auch maschinell gepresst. Schließlich werden die Laibe 2-5 Monate in kühlen, feuchten Höhlen oder in geeigneten Räumen gelagert.

Käse und Küche. Man serviert ihn mit würzigem Ölbrot oder knusprigem Brot auf Ferrara-Art und süßt ihn eventuell mit einem Tropfen Kastanien- oder Erdbeerbaumhonig. Castelmagno wird auch sehr gerne auf geröstete Polentaschnitten gelegt und im Ofen überbacken, bis der Käse zu schmelzen beginnt. Darüber hinaus dient er zum Würzen von Teigwarengerichten und Risottos.

Käse und Wein. Im Herstellungsgebiet wird er traditionell mit Barolo, Barbaresco oder Nebbiolo gereicht. Er sollte jedoch, vor allem wenn Blauschimmel vorhanden ist, auch einmal mit weichen, körperreichen und leicht süßen Weißweinen wie Recioto di Soave oder Picolit probiert werden. Zu den jüngeren Sorten sind Weine wie Regaleali Bianco zu empfehlen.

Crescenza

Crescenza-Käse hat eine **Form** mit quadratischem Grundriss, 4-6 cm Höhe und 16-20 cm Seitenlänge. **Rinde** ist keine vorhanden; die Oberfläche ist trocken, elfenbeinfarben und darf keine strohgelben Schattierungen aufweisen. An der Schnittfläche ist der **Teig** feucht, butterartig und von milchig-weißer Farbe. Der **Geruch** ist frisch und milchig, der **Geschmack** süß und ohne bittere Noten. Um die Frische des Crescenza-Käses nachprüfen zu können, muss man die Verpackung entfernen und daran riechen – wenn ein Bierhefe-Aroma festzustellen ist, ist der Käse nicht mehr frisch oder wurde nicht richtig gelagert; in diesem Fall haben sich die Hefebakterien vermehrt und man sollte auf den Genuss dieses Käses verzichten.

Herstellung und Reifung. Crescenza ist ein Frischkäse aus Vollmilch oder fettarmer Milch, welcher flüssiges Lab beigemengt wird, um die Gerinnung einzuleiten. Nach zweimaligem Verrühren des Milchbruchs wird die Masse in mit Löchern versehene Behälter gefüllt. Man lässt den Käse abtropfen und legt ihn in ein Salzbad. Er reift in 5-12 Tagen und braucht nicht gelagert zu werden.

Käse und Küche. Durch seinen zarten Geschmack passt Crescenza-Käse gut zu leichten Speisen wie grünem Salat, reifen Tomaten oder gekochtem Gemüse wie grünen Bohnen oder Salzkartoffeln. Man kann ihn auch zu Milchbrot reichen. Man verwendet ihn auch für überbackene Pfannkuchen, oder – ins Pesto gemischt – für kurze Teigwaren und Lasagne (auf ligurische Art). Im Winter hergestellter Crescenza wird zu Kastanienpüree und Mostarda di Cremona (pikant eingelegte Senffrüchte) gereicht.

Käse und Wein. Crescenza passt gut zu zarten Weißweinen mit viel Persönlichkeit, wie Lugana, oder weichen Weinen wie etwa einem halbsüßen Orvieto.

Geschichte. Die Bezeichnung *»crescenza«* scheint auf ein lateinisches Wort für »Fladenbrot« zurückzugehen, offensichtlich wegen der Eigenschaft dieser Käsesorte, bei der Gärung wie ein Brotteig aufzugehen. Crescenza gehört zu den ersten Käsesorten, welche industriell hergestellt wurden.

Visitenkarte

Herstellungsgebiet
der ursprünglich lombardische Käse wird außer in den Provinzen Mailand, Lodi, Pavia, Bergamo und Brescia auch in einigen Gebieten Venetiens und in den piemontesischen Provinzen Novara und Vercelli produziert

Milch
Kuhmilch

Fermentierung
flüssiges Lab

Lagerung
keine

Aufbewahrung
er sollte frisch, am Tag der Fertigstellung gegessen werden; für sehr kurze Zeit kann man ihn in der Originalverpackung im am meisten temperierten Teil des Kühlschranks aufbewahren

Dolce Sardo

Visitenkarte

Herstellungsgebiet
Oristano und Arborea in der Provinz Oristano, Santa Maria la Palma in der Provinz Sassari

Milch
Kuhmilch

Fermentierung
Kälberlab

Lagerung
15–20 Tage

Aufbewahrung
sollte nicht neben Lebensmitteln mit intensivem Aroma gelagert werden; im Kühlschrank sollte er immer, in Alufolie verpackt, im weniger kühlen Fach aufbewahrt werden

Diese Käsesorte wechselt ihren Namen je nach Herstellungsort: in Arborea heißt er Dolce Sardo, in Oristano **Dolce Tirso** und in Sassari **Maristella**. Die flachen zylindrischen **Laibe** haben einen Durchmesser von 15 cm, sind 7 cm hoch und wiegen etwas mehr als 1 kg. Die dünne **Rinde** ist weiß, der ebenfalls weiße **Teig** weich, butterartig und offenbart einen zarten und leicht säuerlichen **Geschmack**.

Herstellung und Reifung. Man erwärmt die Milch auf 35-36 °C und fügt Kälberlab hinzu. Die Gallerte wird zuerst grob, dann in walnussgroßen und schließlich haselnussgroßen Bruch zerteilt. Danach wird die Masse in Käseformen gefüllt, aus welchen die Molke abtropfen kann; die Absonderung der Molke wird durch hohe Raumtemperatur und oftmaliges Wenden der Formen beschleunigt. Schließlich werden die Käselaibe für etwa 40 Stunden in ein Salzbad gelegt und müssen 15-20 Tage reifen.

Käse und Küche. Dolce Sardo kann auf einem Salat mit Sellerie, Radieschen, schwarzen Oliven, Avocados, Walnüssen und Artischockenherzen serviert werden. Er wird für Saucen von Teigwarengerichten, als Zutat für Quiches, zum Überbacken von Teigwaren und zum Würzen von Ravioli, Gnocchi und weißem Reis verwendet. In Streifen geschnitten kommt er in die Fülle von Rouladen oder wird unter die Hackbratenmasse geknetet. Man kann ihn als Hauptgericht mit Erbsenpüree, grünen Bohnen mit Butter oder frischen Saubohnen als Beilage reichen. Außerdem isst man ihn gerne zum Dessert, ganz einfach mit Milchbrot oder Walnüssen.

Käse und Wein. Zu empfehlen sind leichte, frische Weißweine mit Körper wie Locorotondo, Cortese del Oltrepò Pavese und Trebbiano di Romagna, also Weine, welche durch ihren weichen Körper nicht den zarten Käsegeschmack übertönen, seine Frische aber hervorheben.

Escarun

»Escarun« ist ein Wort aus der okzitanischen Sprache, welche auch heute noch in manchen Gegenden des Piemont gesprochen wird, und bedeutet »kleine Herde«. Die **Laibe** haben eine zylindrische Form, 15-20 cm Durchmesser, eine Höhe von 12-20 cm und wiegen 2-7 kg. Sie haben eine dünne gelb-rote **Rinde**, welche im Laufe der Alterung dunkler und runzelig wird. Der **Teig** ist perlmutt- oder strohfarben, kompakt, hat eine leicht brüchige, aber niemals quarkige Konsistenz und ist mitunter von etwas Schimmel durchzogen. Der **Geruch** erinnert an Waldboden, der volle **Geschmack** ist von einem leichten, zarten Schafsmilch-Aroma begleitet; er wird je nach Alterung intensiver, schärfer und kann Trüffel- oder Haselnussnoten annehmen. Er schmilzt auf der Zunge und lässt einen sehr angenehmen leicht bitteren, trockenen Grundton erkennen.

Visitenkarte

Herstellungsgebiet
Hochalmen der Provinz Cuneo, Piemont

Milch
Ziegen- oder Schafsmich, mit einem kleinen Anteil Kuhmilch

Fermentierung
Kälberlab

Lagerung
2–5 Monate

Aufbewahrung
der ganze Laib an einem kühlen, trockenen Ort; Stücke in einem verschlossenen Glasbehälter im Kühlschrank

Herstellung und Reifung. Escarun wird aus 80 % Schafs- oder Ziegenmilch und dem restlichen Anteil Kuhmilch erzeugt. Die Milch wird auf 37-38 °C erwärmt, Kälberlab hinzugegeben und die sich bildende Gallerte zerkleinert. Die Bruchmasse wird, in ein trockenes Tuch eingeschlagen, gepresst, aufgehängt und dann in geeignete Behälter verteilt. Die Masse wird nochmals geschnitten, gesalzen, in zylindrische Formen gefüllt, von Hand und maschinell gepresst, zuletzt lässt man die Laibe reifen. Die Escarun-Laibe werden 2-5 Monate in kühlen, feuchten Höhlen oder Räumen gelagert.

Käse und Küche. Er wird mit rustikalem Landbrot serviert und passt zu rohem Gemüse wie Sellerie, Fenchel, Zucchini, Radieschen und süßen Zwiebeln. Man kann ihn zu gekochten Kastanien, gerösteten Maronen, Baumerdbeeren und Walnüssen reichen. Auch zum Würzen von gekochten Teigwaren und Risottos wird er verwendet.

Käse und Wein. Im Produktionsgebiet wird er traditionell mit Barolo, Barbaresco und Nebbiolo genossen. Man sollte ihn jedoch auch einmal, vor allem, wenn eine Schimmeläderung vorhanden ist, mit weichen, körperreichen, leicht süßen Weißweinen wie Verduzzo di Cialla oder Ramandolo probieren.

Die Kennzeichnung auf den Escarun-Laiben ist eine Garantie für die Qualität des Produkts.

Fiore Sardo

Visitenkarte

Herstellungsgebiet
ganz Sardinien

Milch
Schafsmilch

Fermentierung
Lammlab

Lagerung
bis zu 1 Jahr

Aufbewahrung
hält sich lange im Keller; nach dem Portionieren sollte man ihn an einem kühlen Ort aufbewahren; im Kühlschrank könnte er austrocknen, daher sollte man ihn in ein feuchtes Tuch einwickeln

Fiore Sardo (DOP) wird in zylinderförmigen **Laiben** mit gebauchten Rändern und abgerundeten Kanten erzeugt. Sie haben einen Durchmesser von durchschnittlich 22 cm, sind 18 cm hoch und wiegen zwischen 1,5 und 4 kg. Die dunkelgelbe Farbe der **Rinde** geht im Zuge der Alterung in Dunkelbraun über. Der **Teig** ist zuerst weiß, dann strohgelb und erweist sich als kompakt, aber brüchig und weich; der junge Käse weist eine spärliche, sehr weiße **Lochung** auf. Bei längerer Lagerung wird er fester und kompakter und wird beim Zerteilen in Keilstücke gebrochen. Der volle, reiche **Geschmack** erinnert an Nüsse und aromatische Kräuter; bei längerer Reifung wird der Fiore Sardo schärfer.

Herstellung und Reifung. Fiore Sardo ist ein roher Hartkäse aus Schafsvollmilch. Die Milch wird auf 33-35 °C in Kupferkesseln erwärmt und Lammlab beigemengt. Nach dem Bruchschneiden lässt man die Masse in den Kesseln rasten, wo sie sich wieder verbindet; dann wird nochmals geschnitten und der Käsebruch in Edelstahlformen gefüllt, welche den Laiben ihre charakteristische bauchige, abgerundete Form verleihen. Nach dem Abtropfen der Molke werden die Laibe mit heißem Wasser überbrüht, in ein Salzbad gelegt und dann einer Reifung mit leichtem Räuchern unterzogen. Diese Reifephase dauert etwa 15 Tage, danach werden die Laibe 6-12 Monate gelagert.

Käse und Küche. Zu Fiore Sardo passen weißes Landbrot oder Nussbrot. Der sehr junge Käse dient als Tafelkäse, eventuell mit frischen Bohnen garniert. Außerdem wird er gerne gebraten oder über Kartoffeln, Malloreddus (sardische Grießnudeln), auf anderen Nudelsorten oder Kartoffelnocken geschmolzen. Gereifter Käse wird gerieben und auf Teigwarengerichte mit Butter, Gemüsesaucen, Suppen und Polentas gestreut. Außerdem passt er sehr gut zu Tomaten-Zwiebel-Salaten und ist eine beliebte Zutat für Basilikum-Pesto.

Käse und Wein. Zum jungen Käse passen Weißweine mit mittlerem Körper wie Vermentino di Sardegna, Alcamo oder San Severo. Der halblang gelagerte Fiore Sardo wird am besten mit intensiven, eventuell in *Barriques* ausgebauten Weißweinen wie einigen toskanischen Chardonnays oder Verdicchio kombiniert. Sehr alte Laibe verlangen einen körperreichen Rotwein wie Cannonau di Sardegna, Cirò oder Nebbiolo delle Langhe.

Bei der Bearbeitung wird die Käsemasse in Edelstahlformen gefüllt, welche dem Fiore Sardo seine charakteristische Form eines »Eselsrückens« verleihen.

Fontina

Fontina (DOP) wird in runden **Laiben** von 7-10 cm Höhe, 30-40 cm Durchmesser und einem Gewicht von 8-18 kg hergestellt. Die **Rinde** ist beim jungen Fontina (etwa drei Monate alt) hellbraun und geht nach acht Monaten Lagerung in dunkleres Braun über. Der strohfarbene bis gelbe **Teig** ist glatt, weich und elastisch mit spärlicher **Lochung**; wenn die Tiere sich von trockenem Heu ernähren, ist der Teig eher strohfarben, wenn die Herden die frischen Gräser auf den Almwiesen weiden, erhält man einen gelben Käseteig. Der **Geruch** ist intensiv, voll und charakteristisch, der **Geschmack** süß, voll, angenehm, aber auch kräftig oder bitter.

Herstellung und Reifung. Vollmilch einer einzigen Melkung wird auf 36 °C erwärmt und mit Lab versehen. Nach dem Gerinnen wird die Masse zerteilt und auf 47-49 °C erhitzt, dann mit einem Tuch herausgehoben, in Formen gefüllt und schließlich trocken gesalzen. Die Laibe müssen mindestens drei Monate lagern.

Käse und Küche. Fontina schmeckt am besten bei Zimmertemperatur und wird pur mit Weißbrot serviert, man kann ihn aber auch mit gratinierten Karden, gekochten Artischocken und Walnüssen garnieren. Er eignet sich auch vorzüglich für die Zubereitung warmer Speisen: so gibt man ihn entweder geschmolzen – am besten mit Trüffelstreifen – auf Gnocchi oder Polenta, oder grob gerieben auf Zwiebelsuppen, bevor man sie zum Überbacken in den Ofen gibt.

Käse und Wein. Man kann dazu – besonders zum jungen Käse – Weißweine wie Blanc de Morgex et de La Salle, Erbaluce di Caluso, Soave Classico oder Arneis reichen, oder auch zarte Rotweine wie Grignolino und Dolcetto.

Visitenkarte

Herstellungsgebiet
ganzes Aostatal

Milch
Kuhmilch

Fermentierung
flüssiges Lab

Lagerung
mindestens 3 Monate

Aufbewahrung
Stücke können, in Alufolie und Wachspapier verpackt, acht Tage im Kühlschrank aufbewahrt werden; ganze Laibe einige Monate lang in einem Holzregal im Keller

Formaggio d'Alpeggio di Triora

Visitenkarte

Herstellungsgebiet
Gemeinde Triora im Valle Argentina der Provinz Imperia, Ligurien

Milch
Kuhmilch

Fermentierung
Kälberlab

Lagerung
bis zu 1 Jahr

Aufbewahrung
an einem kühlen Ort; angeschnittene Laibe im weniger kühlen Teil des Kühlschranks

Die **Laibe** haben eine flache zylindrische Form mit mehr oder weniger gebauchtem Rand, sind 4-5 cm hoch, haben 20-40 cm Durchmesser und wiegen 5-7 kg. Sie besitzen eine raue, strohgelbe **Rinde**, deren Farbe bei längerer Lagerung in Braun übergehen kann; der typisch goldgelbe **Teig** ist weich, kompakt und weist eine leichte **Lochung** auf.

Herstellung und Reifung. Für diesen Kuhmilchkäse mit gepresstem Teig wird die Milch auf etwa 37 °C erwärmt, worauf flüssiges Kälberlab beigefügt wird. Die Gallerte wird zu haselnussgroßem Käsebruch zerteilt, welchen man rasten lässt. Dann wird die Masse herausgehoben, in Formen gefüllt und gepresst. Gesalzen wird bereits, wenn der Käsebruch aus dem Kessel genommen wird. Die Laibe können drei Monate bis zu einem Jahr an einem kühlen Ort gelagert werden.

Käse und Küche. Er passt vorzüglich zu Salaten aus Kaiserlingen, rohen Artischocken, frischen Bohnen, Endivien, Zucchinistreifen oder in der Pfanne gebratener Topinambur.

Käse und Wein. Dazu reicht man Weißweine mit Persönlichkeit wie Pigato della Riviera Ligure di Ponente, Lugana oder Ribolla dei Colli Orientali del Friuli.

ANDERE KÄSESORTEN DES GEBIETS

Der Kuhmilchkäse **San Sté** wird im Val d'Aveto, zwischen den Provinzen Genua und Piacenza hergestellt. San-Sté-Laibe haben einen Durchmesser von 40 cm und eine Höhe von etwa 10 cm; ihre Rinde ist hell, dünn und wird im Laufe der Alterung hart und trocken. Der Geschmack ist duftig mit einem leicht bitteren Grundton. Nach einer Lagerung von mehr als 60 Tagen eignet sich der San Sté als Reibkäse. **Prescinsoa** (die Schreibung kann variieren – der Name stammt vom Dialektwort *»presú«* für »Lab«) ist ein Frischkäse, welcher durch Säuerung von Kuhmilch gewonnen wird. Er ist cremig mit säuerlichem Geschmack und ist wichtigste Zutat für Focaccia al formaggio di Recco (»Käsefladen aus Recco«).

Formaggio di Fossa

Formaggio di Fossa (»Grubenkäse«) wird in eher unförmigen, etwa 1 kg schweren **Laiben** erzeugt. Er besitzt eine von hellgrünem und hellgelbem Schimmel überzogene **Rinde**; der schmelzende, weiche **Teig** kann Rissbildungen aufweisen, aus welchen Fett austritt. Der **Geruch** ist reich an Waldboden-, Pilz-, manchmal auch Trüffelaromen, der **Geschmack** ist anfangs zart, später pikanter mit bitterem Grundton.

Herstellung und Reifung. Formaggio di Fossa wird aus Schafsmilch, Kuhmilch oder einer Mischung von beiden gewonnen. Die Besonderheit des Formaggio di Fossa liegt vor allem an dem ungewöhnlichen Ort seiner Lagerung: in Tuffgestein gehauene, mit Stroh ausgekleidete etwa 3 m tiefe Gruben – sie haben einen kreisförmigen Grundriss, an der Basis etwa 2 m Durchmesser und eine etwa 80 cm breite Öffnung. Von ihnen leitet sich auch der Name *»formaggio di fossa«* – »Grubenkäse« – ab. Im August werden die Käselaibe in Säcke verpackt und in diese Gruben hinabgelassen. Hier bleiben sie bis zum Katharinentag, dem 25. November, also etwa drei Monate. Erst durch diese besondere Lagerung bekommt der Käse seine Konsistenz und seinen besonderen Geschmack.

Käse und Küche. Er kann pur mit Nussbrot, Ölbrot oder Mailänder Brötchen gereicht werden. Auch als Hauptgericht wird Formaggio di Fossa serviert – mit einer Beilage aus Kartoffelpüree, gekochten Kastanien oder im Ofen geschmorten Kürbisstücken. Ansonsten wird er für Passatelli-Teig (Brotnudeln) oder der länger gelagerte Reibkäse für Teigwaren oder Gnocchi mit Butter verwendet.

Käse und Wein. Er harmoniert gut mit Weinen mit viel Restzucker wie Albana di Romagna Amabile und Recioto di Soave.

Geschichte. Die Tradition, diesen Käse in Gruben zu lagern, geht auf den Krieg zwischen Karl VIII. von Frankreich und Ferdinand von Neapel im 15. Jh. zurück. Um die Käselaibe vor den Raubzügen der Soldaten zu schützen, wurden sie von der einheimischen Bevölkerung in Gruben aufbewahrt, welche man mitten auf dem Land gegraben hatte.

ANDERE KÄSESORTEN DES GEBIETS

Im benachbarten Talamello in der Provinz Pesaro e Urbino (Marken) wird eine sehr ähnliche Käsesorte unter dem Namen **Formaggio di Talamello** produziert, deren Geschmack meist weniger bitter und weniger scharf ausfällt.

Visitenkarte

Herstellungsgebiet
Gemeinde Sogliano al Rubicone, in der Provinz Forlì-Cesena, Emilia Romagna

Milch
Schafsmilch und/oder Kuhmilch

Fermentierung
verschiedene Labsorten

Lagerung
etwa 3 Monate

Aufbewahrung
an einem kühlen, trockenen Ort oder im Kühlschrank, sorgfältig in ein Tuch oder in Alufolie eingewickelt

Die Einzigartigkeit dieser Käsesorte ergibt sich durch chemische, physikalische und biologische Veränderungen, welche die Käselaibe während der Lagerung in den Gruben erfahren.

Formai de Mut

Visitenkarte

Herstellungsgebiet
oberes Brembana-Tal in der Provinz Bergamo, Lombardei

Milch
Kuhmilch

Fermentierung
Kälberlab

Lagerung
bis zu 1 Jahr

Aufbewahrung
im weniger kühlen Teil des Kühlschranks, oder besser im Keller; der Käse muss immer gut eingewickelt und in einem Glas- oder Kunststoffbehälter verschlossen aufbewahrt werden

Formai de Mut (DOP) aus dem oberen Brembana-Tal wird in **Laiben** von kreisrunder Form, flachen Ober- und Unterseiten, geraden Rändern, einem Durchmesser von 30-40 cm, einer Höhe von 8-10 cm und einem Gewicht von 8-12 kg erzeugt. Die **Rinde** ist glatt, kompakt, dünn, strohfarben und wird bei längerer Lagerung graubraun. Der elfenbein- bis strohfarbene **Teig** ist weich, schmelzend, kompakt, elastisch und weist eine spärliche **Lochung** kleinerer und mittlerer Dimension auf. Der zarte **Geschmack** offenbart ein charakteristisches Aroma. Nach einjähriger Lagerung wird der Formai de Mut als Reibkäse verwendet.

Herstellung und Reifung. Für diesen fetten Kuhmilchkäse wird die Milch auf 35-37 °C erwärmt und Kälberlab hinzugefügt. Die sich bildende Gallerte wird in Reiskorngröße zerteilt, um einen Teil der Molke zu entfernen. Man erhitzt auf 45-47 °C und lässt die Masse abtropfen. Dann wird sie in zylindrische Käseformen gefüllt, gewendet und gepresst. Anschließend werden die Laibe entweder trocken oder in Lake gesalzen. Sie werden 40-45 Tage, aber auch bis zu einem Jahr gelagert.

Käse und Küche. Junger Formai de Mut kann mit zarten Beilagen wie gedämpftem Gemüse, Salaten, Bohnen oder rohen Artischocken garniert werden; länger gereifter Käse passt zu Spinat mit Butter, Nüssen, Trockenfrüchten und Birnen. Länger als sechs Monate gelagerte Sorten dienen als Reibkäse zum Würzen von Gnocchi mit Butter, überbackenen Nudelgerichten oder von Bechamelsauce.

Käse und Wein. Junge Sorten harmonieren gut mit zarten Weißweinen wie Lugana, Valcalepio Bianco oder Orvieto, mehr als ein Jahr alter Formai de Mut verlangt Rotweine wie Terre di Franciacorta Rosso, Schioppettino dei Colli Orientali del Friuli und Ormeasco.

»Mut« ist ein Dialektwort für »Almweide« und weist darauf hin, dass es sich bei dieser Käsesorte um einen Bergkäse handelt.

Formaio Embriago

Die **Laibe** des Formaio Embriago besitzen eine tortenähnliche Form mit flachen Ober- und Unterseiten, einen Durchmesser von 25-28 cm, sind 8 cm hoch und wiegen etwa 5 kg. Die **Rinde** ist fest und von weinroter Farbe; der **Teig** ist weiß bis strohgelb und kompakt. Im **Geruch** vermischen sich Noten von Milch, vergorenem Most und Wein, der **Geschmack** ist aromatisch, sehr charakteristisch und wird bei längerer Lagerung schärfer.

Herstellung und Reifung. Kuhmilch wird auf 33-35 °C erwärmt und flüssiges Lab beigemengt. Die Gallerte wird zu reiskorngroßem Milchbruch zerschnitten, welcher dann 15 Minuten lang auf 45-48 °C erhitzt wird. Dann lässt man die Masse abtropfen und füllt sie in Käseformen. Die so gewonnenen Laibe werden in ein Salzbad gelegt oder auf beiderlei Weise, also sowohl mittels Salzlake als auch trocken gesalzen. Schließlich kommt der Formaio für etwa zwei Tage in frischen Trester der roten Rebsorten Raboso, Cabernet und Merlot und wird dann mit frisch gekeltertem Wein abgewaschen. Die Formaio-Laibe werden jung oder nach bis zu einjähriger Lagerung verkauft.

Käse und Küche. Formaio Embriago wird mit geschmortem Gemüse serviert, wie beispielsweise Lauch mit Butter, in der Pfanne gerösteten klein geschnittenen Artischocken, mit Hülsenfrüchten wie dicker Kichererbsencreme, gekochten, gewürzten und in der Pfanne geschwenkten Bohnen oder Buttererbsen. Er schmeckt auch sehr gut zu Walnüssen, süßen, aber nicht allzu aromatischen blauen Trauben und Senffrüchten.

Käse und Wein. Am besten trinkt man dazu Rotweine aus den für die Herstellung verwendeten Trauben, wie Raboso, Cabernet und Merlot. Zu pikanterem Käse reicht man körperreiche Weißweine mit viel Restzucker wie Breganze Torcolato.

Visitenkarte

Herstellungsgebiet
Provinz Treviso, Venetien

Milch
Kuhmilch

Fermentierung
flüssiges Lab

Lagerung
bis zu 1 Jahr

Aufbewahrung
im weniger kühlen Fach des Kühlschranks, in Einschlagpapier und in verschlossenen Kunststoff- oder Glasbehältern

Furmagitt di Montevecchia

Visitenkarte

Herstellungsgebiet
Gemeinde Montevecchia in der Provinz Lecco, Lombardei, und angrenzende Gebiete

Milch
Kuhmilch

Fermentierung
Molke

Lagerung
in Öl eingelegt länger als 1 Jahr

Aufbewahrung
in Öl eingelegt

Furmagitt di Montevecchia hat eine kleine zylindrische Form von 3,5 cm Durchmesser und 5 cm Höhe, kommt aber auch in anderen kleinen **Formen** in den Handel. Frischer Furmagitt weist einen sehr weißen **Teig** streichfähiger Konsistenz, einen zarten **Geruch** und einen süßen, milchigen **Geschmack** mit leicht säuerlichem Molketon auf. Bei längerer Lagerung werden die Eigenschaften markanter – die Farbe wird dunkler, der Teig wird fester und nimmt einen kräftigeren bis leicht scharfen Geschmack an.

Herstellung und Reifung. Kuhmilch wird gesalzen, mit Molke und sehr wenig Lab vermischt und zum Gerinnen stehen gelassen. Nach etwa einem Tag hat sich die Gallerte gebildet – man lässt sie abtropfen und füllt sie in kleine Formen. Der Käse muss mindestens eine Woche reifen, kommt dann entweder frisch auf den Markt oder kann auch mehr ein Jahr in Öl eingelegt gelagert werden.

Käse und Küche. Zu Furmagitt reicht man schwach gewürztes Brot wie etwa Toskanabrot. Frischer Käse kann mit etwas Extravergine-Olivenöl und Pfeffer aus der Mühle gewürzt werden. Er passt zu frischem Gemüse wie Zucchini und Salat, länger gelagerter Käse zu Endivien, Paprika, Sellerieknollen, Pürees und heißer Polenta.

Käse und Wein. Jungen Furmagitt reicht man mit zarten Weißweinen wie Valcalepio Bianco, Lugana oder Soave. Länger gelagerten Käse kann man mit gut strukturierten Weißweinen wie Tocai del Collio, Terre di Franciacorta Bianco oder sogar mit einem leicht süßen Wein wie Recioto di Soave kombinieren.

ANDERE KÄSESORTEN DES GEBIETS

Der Name Montevecchia ist auch mit einem weiteren Produkt – **Robbiola di Montevecchia** – verbunden. Diese Käsesorte wird aus Kuhvollmilch, mitunter auch mit einem Anteil Schafsmilch, hergestellt und frisch verzehrt. Die Käselaibe werden trocken gesalzen und müssen zwei Wochen an einem frischen Ort reifen – traditionell geschah dies in natürlich entstandenen Höhlen.

Gorgonzola

Gorgonzola (DOP) ist ein Blauschimmelkäse und weist dunkelgrüne Schimmeläderungen auf. Er wird in zwei Versionen hergestellt: **Dolce** und **Piccante**. »Gorgonzola a due paste« wird heute immer seltener erzeugt – dafür wurde der Käsebruch von der Abendmilch abwechselnd mit jenem aus der Morgenmilch in Formen geschichtet.
Gorgonzola Dolce wird in zylinderförmigen, etwa 10-13 kg schweren **Laiben** hergestellt. Seine **Rinde** ist rau, hart und von rötlicher Farbe, der **Teig** weich, cremig, streichfähig, milchig-weiß und von wenig graugrünem Edelschimmel durchzogen. Der **Geschmack** erinnert an Butter und lässt auch einen leicht pikanten Ton erkennen.
Gorgonzola Piccante kommt in **Laiben** von 25-30 cm Durchmesser, 16-20 cm Höhe und 6-13 kg Gewicht in den Handel. Seine **Rinde** ist rau, feucht und von leicht rötlicher Farbe. Der **Teig** ist milchig-weiß oder strohfarben mit blaugrünen Äderungen und Flecken und hat eine weiche, aber nicht cremige Konsistenz. Er weist einen vollen, ausgeprägten, deutlichen **Geruch** und einen intensiven, mitunter leicht pikanten, kräftigen **Geschmack** auf.

Visitenkarte

Herstellungsgebiet
Provinzen Bergamo, Biella, Brescia, Como, Cremona, Cuneo, Lecco, Lodi, Mailand, Novara, Pavia, Vercelli, Varese sowie einige Gemeinden der Provinz Alessandria

Milch
Kuhmilch

Fermentierung
Kälberlab

Lagerung
G. Dolce mindestens 50 Tage, G. Piccante mindestens 80 Tage

Aufbewahrung
in Klarsichtfolie oder Alufolie verpackt im weniger kühlen Fach des Kühlschranks

Herstellung und Reifung. Für Gorgonzola Dolce nimmt man Kuhmilch und fügt außer Milchsäurebakterien auch *Penicillium*-Sporen und Kälberlab hinzu. Die Gallerte wird zuerst in Würfel, und dann in walnussgroße Stücke zerteilt, welche man abtropfen lässt. Der Bruch wird in gelochte Käseformen gefüllt, welche für etwa 24 Stunden auf geneigte Tafeln gestellt werden, damit die Molke abrinnen kann. Nach einer Ruhephase bei hoher Raumtemperatur wird der Käse gesalzen – meist trocken, aber heute mitunter auch im Salzbad. Nachdem die Laibe etwa einen Monat lang reifen konnten, werden sie mit langen Nadeln (früher aus Holz, heute aus Metall) durchbohrt, sodass die typische Schimmelbildung angeregt wird. Schließlich müssen sie noch mindestens 50 Tage gelagert werden.

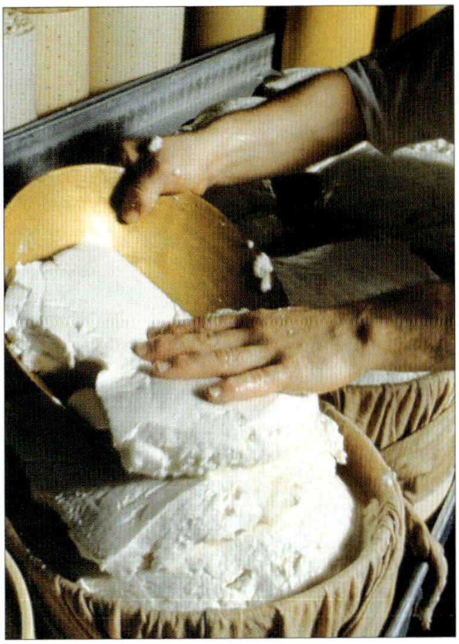

Gorgonzola Piccante wird ähnlich wie G. Dolce hergestellt, muss aber mindestens 80 Tage lagern. Die früher dafür verwendete Bezeichnung **»Gorgonzola Naturale«** bezieht sich darauf, dass die Bauern die am Abend hergestellte Bruchmasse in aufgespannten Tüchern abtropfen ließen, welche dadurch auf »natürliche« Weise von Pilzsporen befallen wurde. Der Teig hat eine trockenere, brüchigere Konsistenz als beim Dolce, die Schimmelbildung ist stärker und der Geschmack ausgeprägter. G. Piccante wird in kleineren Mengen als G. Dolce produziert.

Bilder auf dieser Seite: die beiden Versionen des Gorgonzola (DOP) Dolcc (oben) und Piccante (rechts).

Käse und Küche. Gorgonzola Dolce eignet sich vorzüglich zum Bestreichen von getoasteten Ciabattabrotschnitten. Man kann ihn mit Kopfsalat, Frühlingssalaten oder frischem, gekochtem und auf einfache Art abgemachtem Gemüse servieren. Er passt, mit Butter vermischt, zu kurzen Teigwaren und Klößchen und verleiht diesen Gerichten mehr Würzigkeit, ohne scharf zu sein. Mit Öl verrührt dient er als Marinade für zarte Salate.
Gorgonzola Piccante wird für Saucen und zum Würzen verwendet – dazu verrührt man ihn mit Butter oder Sahne und gießt die Sauce auf Gnocchi, Risottos, kurze Teigwaren oder Polenta. Aber auch pur schmeckt er bestens, mit Walnüssen oder Birnen garniert oder ganz einfach mit Landbrot oder Vollkornbrot.

Käse und Wein. Gorgonzola Dolce verlangt Weißweine mit mittlerem Körper wie Valcalepio, Tocai del Piave oder Candia dei Colli Apuani Secco.
Zu Gorgonzola Piccante serviert man traditionell kräftige, duftige, körperreiche Rotweine wie Bramaterra, Nebbiolo oder Barolo. Wenn man aber einen Ausgleich zwischen der pikanten Note des Gorgonzola und der Süße des Weines sucht, so sollte man Weine mit viel Restzucker wie Torcolato, Moscato di Scanzorosciate oder Vin Santo Trentino wählen.

Geschichte. Nach einer Legende soll der Gorgonzola durch einen unachtsamen jungen Käser entstanden sein. Angeblich hielt er sich zu lange bei einer Bäuerin auf und vergaß dabei die geronnene Abendmilch. Am nächsten Tag vermischte er sie ganz einfach mit der frischen Morgenmilch und gewann so eine neue, weiche und gleichzeitig sehr würzige Käsesorte.

Grana Padano

Die **Laibe** besitzen eine zylindrische Form mit leicht nach außen gewölbten Rändern, sind 18-25 cm hoch, haben einen Durchmesser von 35-40 cm und wiegen 35-40 kg. Sie besitzen eine harte, dicke, glatte wachsartige, dunkelgelbe **Rinde**. Der **Teig** ist weiß oder leicht strohfarben und hat eine feinkörnige, brüchige, mitunter feuchte Struktur; beim Zerteilen werden die Laibe nur angeschnitten und dann in Keile gebrochen. Grana weist einen frischen **Geruch** nach Butter und einen charakteristischen, ausgeprägten süßen, intensiven, aber nicht scharfen **Geschmack** auf.

Herstellung und Reifung. Grana Padano (DOP) wird aus der Kuhmilch von zwei Melkungen gewonnen. Die Abendmilch lässt man in geeigneten Gefäßen bis zum Morgen stehen, schöpft den Rahm ab und vermengt die teilentrahmte mit der frisch gemolkenen Milch. Diese Mischung wird auf 32-33 °C erwärmt und Kälberlab beigefügt, um die Gerinnung einzuleiten. Die entstehende Gallerte wird zu reiskorngroßem Bruch zerkleinert und zuerst auf 41-43 °C, dann für wenige Minuten sogar auf 54 °C erhitzt. Danach lässt man die Masse ruhen, hebt sie aus den Kesseln, um sie in Käseformen zu füllen und zu pressen. Schließlich werden die Laibe in Salzlake gesalzen und müssen zwischen einem und drei Jahren lagern.

Käse und Küche. Zu Grana isst man Bauernbrot oder Vollkornbrot. Man reicht ihn mit rohem Gemüse wie Artischocken, Radicchio, Selleriesalat, zu warmen Speisen wie gekochten oder in der Folie gebratenen Kartoffeln und gekochter oder gegrillter Polenta. In der Küche wird er sehr vielseitig verwendet – zum Überbacken, für Omeletten, als Raviolifülle und zum Bestreuen von Teigwarengerichten, Reis und Risottos. Überdies passt Obst, ganz besonders Birnen, sehr gut zum Grana-Käse.

Käse und Wein. Dazu werden Weine aus dem gleichen Kulturkreis gereicht, wie Barbera und Bonarda aus dem Oltrepò Pavese und den Colli Piacentini, San Colombano Rosso, Gutturnio oder Lambrusco.

Visitenkarte

Herstellungsgebiet
ursprünglich nur in den Gemeinden Lodi und Codogno, Lombardei; heute in der gesamten Poebene, in Teilen der Regionen Lombardei, Piemont, Emilia Romagna und Venetien; außerdem, unter der Marke Trentingrana als Herkunftsbezeichnung, in der gesamten Provinz Trient

Milch
Kuhmilch

Fermentierung
Kälberlab

Lagerung
1 bis 3 Jahre

Aufbewahrung
in ein feuchtes Tuch eingewickelt, im temperiertesten Fach des Kühlschranks

Grana Padano wurde im 11. Jh. von Zisterziensermönchen der Abtei Chiaravalle, in der Nähe von Mailand, kreiert. Die Mönche hatten einige Sümpfe in der Lombardei trocken gelegt, um sie landwirtschaftlich und als Weideland nutzen zu können.

Italico

Visitenkarte

Herstellungsgebiet
ursprünglich nur in der Lombardei; heute in ganz Italien

Milch
Kuhmilch

Fermentierung
Kälberlab

Lagerung
etwa 40 Tage

Aufbewahrung
einige Tage im Kühlschrank, in Kunststofffolie verpackt

Der Terminus »*Italico*« wird für Weichkäsesorten verwendet, welche aufgrund der verfahrenstechnischen als auch der warenkundlichen Eigenschaften grundsätzlich dem von Egidio Galbani zu Beginn des 20. Jh. erfundenen »Bel Paese« entsprechen. Meist haben die **Laibe** eine zylindrische Form mit 20 cm Durchmesser, sind 7 cm hoch und wiegen 2 kg. Die **Rinde** ist nahezu glatt, relativ elastisch, dünn und weist keine Risse auf. Der **Teig** ist weich, aber kompakt, hat keine Löcher, ist elastisch und von heller strohgelber Farbe. Der **Geruch** erinnert ebenso wie der **Geschmack** an Milch; auf der Zunge vereinen sich die charakteristische Süße und die schmelzende, fast buttrige Konsistenz.

Das Musterbeispiel des Italico, Bel Paese, wurde 1906 vom Unternehmer Egidio Galbani kreiert, um den in Italien konkurrenzlosen französischen Käsesorten ein eigenes Produkt entgegenstellen zu können.

Herstellung und Reifung. Pasteurisierte Milch wird gemeinsam mit Kälberlab in Kessel gegossen, die entstehende Gallerte zu haselnussgroßem Bruch zerteilt und dann stehen gelassen. Anschließend füllt man die Masse in Käseformen, lässt sie vier Stunden lang im geheizten Raum ruhen und legt sie schließlich in ein Salzbad. Die Laibe müssen 40 Tage lagern, bevor sie auf den Markt kommen.

Käse und Küche. Italico kann für alle salzigen Gerichte verwendet werden: als Vorspeise oder zum Aperitif serviert man ihn, in Würfel geschnitten, gemeinsam mit Erdnüssen und Oliven, oder mit Rohkostspießchen und kleinen, in Öl eingelegten Pilzen. Außerdem kann er auf einem Salat mit Sellerieherzen, Radieschen, schwarzen Oliven, Avocados, Walnüssen und Artischockenherzen gereicht werden. Er wird für Saucen zu Teigwarengerichten, zum Überbacken von Nudelaufläufen, Quiches, Blumenkohl, Artischocken und Teigwaren oder zum Würzen von Ravioli, Gnocchi, Reis und Röhrchennudeln verwendet. Aufgeschnitten dient er der Zubereitung von Rouladen oder Hackbraten. Man kann ihn als Hauptgericht mit Erbsenpüree, grünen Bohnen mit Butter oder frischen Saubohnen als Beilage reichen. Außerdem isst man ihn gerne als Dessert, ganz einfach mit Milchbrot oder Walnüssen.

Käse und Wein. Zu empfehlen sind frische Weißweine mit leichtem Körper wie Terre di Franciacorta, Martina Franca, Gavi und Trebbiano di Romagna; diese Weine übertönen durch ihren zarten Körper nicht den delikaten Käsegeschmack.

Latteria

Visitenkarte

Herstellungsgebiet
Provinzen Treviso und Belluno, Venetien und ganz Friaul-Julisch Venetien

Milch
Kuhmilch

Fermentierung
Kälberlab

Lagerung
15–60 Tage

Aufbewahrung
im Keller, in Alufolie verpackt und in einem verschlossenen Kunststoff- oder Glasbehälter

Die **Laibe** besitzen eine tortenähnliche Form, einen Durchmesser von 30-32 cm und sind 6-8 cm hoch. Die **Rinde** ist glatt, dünn und von weißer bis strohgelber Farbe. Der **Teig** ist ebenfalls weiß oder leicht strohfarben, besitzt eine leichte **Lochung** und ist weich. Der **Geschmack** ist angenehm süß mit milchigem Aroma; der Käse schmilzt auf der Zunge.

Herstellung und Reifung. Kuhmilch wird auf 38 °C erwärmt, Lab beigefügt und zum Gerinnen stehen gelassen. Die Gallerte wird in walnuss- oder haselnussgroße Stücke zerteilt und dann auf 42 °C erhitzt. Dann wird die Bruchmasse in Käseformen gefüllt, 30 Minuten gepresst und schließlich 24-48 Stunden lang in ein Salzbad gelegt. Die Käselaibe kommen zum Reifen für 15-60 Tage in sehr kühle Räume; während dieser Zeit werden sie immer wieder gewendet, abgerieben und gebürstet.

Käse und Küche. Dieser Käse hat einen sehr zarten Geschmack und passt daher zu ebenfalls feinen Gerichten. Man kann ihn zu mit Öl und Zitrone marinierten Frühlingssalaten wie Rapunzel oder Feldsalat reichen, zu Champignonsalat oder in der Pfanne gebratenen Wiesenchampignons, zu Zucchini in weißer Sauce oder Ofenkartoffeln. Schließlich isst man ihn auch ganz einfach pur mit Weißbrot.

Käse und Wein. Zum Latteria sind leichte, süffige Weißweine wie Favorita delle Langhe, Soave, San Severo, Bianco d'Alcamo oder Vermentino di Sardegna zu empfehlen.

Malga del Friuli

Visitenkarte

Herstellungsgebiet
Gebirgszonen der Provinzen Udine und Pordenone, Friaul-Julisch Venetien

Milch
Kuhmilch

Fermentierung
Kälberlab

Lagerung
mehrere Monate

Aufbewahrung
in der Originalverpackung im Keller oder im Gemüsefach des Kühlschranks

Seine **Laibe** haben eine zylindrische Form mit leicht gewölbten Ober- und Unterseiten und geraden Rändern, sind 6-8 cm hoch, haben einen Durchmesser von 25-30 cm und wiegen 5-8 kg. Ihre **Rinde** ist glatt, regelmäßig, elastisch und beginnt nach zwei Monaten hart zu werden. Der **Teig** ist von heller, leicht strohgelber Farbe, kompakt, fest und schmierig mit einer leichten, regelmäßig verteilten **Lochung**. Bei längerer Lagerung geht die Farbe in dunkleres Strohgelb über, der Teig wird brüchiger und die Lochung spärlicher und kleiner. Der süße **Geschmack** nimmt nach einigen Monaten zusätzliche Aromen an.

Herstellung und Reifung. Malga ist ein im Hochgebirge hergestellter Kuhmilchkäse. Die Milch wird auf etwa 31 °C erwärmt und mit flüssigem oder pulverförmigem Kälberlab vermengt. Die so gewonnene Gallerte wird zu körnchengroßem Bruch zerteilt, auf 42-44 °C erhitzt und dann aus dem Kessel genommen, damit die Molke abtropfen kann. Danach wird die auf Tüchern herausgehobene Bruchmasse in Käseformen gefüllt und gepresst. Schließlich werden die Laibe in Lake gesalzen und je nach Ermessen des Käsers einer verschieden langen Lagerung zugeführt.

Die Bezeichnung »malga« bedeutet im lokalen alpinen Dialekt soviel wie »Sennhütte«, also eine rustikale Behausung mit Stall und Wohnstätte für die Viehhirten während des Sommers.
Rechts: Zerkleinern der Gallerte zu Käsebruch.

Käse und Küche. Zu Malga del Friuli passt eine Garnitur aus würzigem Gemüse wie Ratatouille. In Würfel geschnitten, wird er für Soufflées, rustikale Pizzas, salzige Torten und Strudel verwendet. Feinblättrig aufgeschnitten verwendet man ihn zum Gratinieren von Vorspeisen wie überbackenen Teigwaren und für Pilzsalate.

Käse und Wein. Besonders gut passen charaktervolle Weißweine wie Ribolla dei Colli Orientali del Friuli, Nosiola del Trentino oder Tocai del Piave. Älterer Käse kann mit Refosco dal Peduncolo Rosso, Cabernet dei Colli Berici oder Teroldego Rotaliano gereicht werden.

Mascarpone

Mascarpone wird in cremiger, weicher, milchig-weißer **Form** verkauft. Der **Geruch** erinnert an Sahne und Milch, der **Geschmack** an cremig-süße Sahne und verfügt mitunter über einen leicht säuerlichen Ton.

Herstellung und Reifung. Für Mascarpone wird Sahne auf etwas unter 100 °C erhitzt und dann Zitronensaft oder Weißweinessig beigefügt. Durch die Säure wird die Sahne dick; die Masse wird gekühlt, bevor man sie in Becher abfüllt. Mascarpone kommt frisch auf den Markt und wird nicht gelagert.

Käse und Küche. Er wird für kalt gerührte Saucen wie Mayonnaise, für Tomatenragout, Carbonara- oder Walnusssaucen verwendet, um sie zu verfeinern und ihnen mehr Körper zu verleihen. In den Käsereien wird er mit Gorgonzola Dolce geschichtet, um einen ganz besonders delikaten Käse zu erzeugen. Mit aufgeriebenem Grana- oder Emmentaler-Käse vermischt bereichert er kurze Teigwaren und Risottos. Mascarpone eignet sich hervorragend für die Zubereitung von Desserts wie Tiramisu und schmeckt zu Zabaione (Weinschaumcreme), Biskuit und Waldfrüchten.

Käse und Wein. Zu Mascarpone trinkt man am besten weiche Weißweine wie Valcalepio Bianco, Regaleali Bianco, Orvieto Abboccato, Verduzzo di Cialla oder Malvasia delle Terre Rosse.

Visitenkarte

Herstellungsgebiet
ursprünglich in der Lombardei, vor allem in der Umgebung von Lodi, Abbiategrasso, Cremona und Mantua

Milch
Sahne aus Kuhmilch

Fermentierung
nicht vorgesehen

Lagerung
nicht vorgesehen

Aufbewahrung
originalverschlossen im Kühlschrank; die angebrauchte Packung sollte am gleichen Tag aufgebraucht werden

Montasio

Visitenkarte

Herstellungsgebiet
Provinzen Belluno und Treviso (Friaul-Julisch Venetien) sowie Teile der Provinzen Padua und Venedig (Venetien)

Milch
Kuhmilch

Fermentierung
Kälberlab

Lagerung
2 bis mehr als 10 Monate

Aufbewahrung
in ein Tuch eingeschlagen, im am wenigsten kühlen Fach des Kühlschranks

Montasio (DOP) wird in **Laiben** von zylindrischer Form, einer Höhe zwischen 6 und 15 cm, einem Durchmesser von 30-40 cm und einem Gewicht von 5-9 kg hergestellt. Die **Rinde** ist beim jungen Käse glatt und elastisch und wird im Laufe der Alterung trocken und dunkler. Die weiche, elastische Konsistenz des **Teiges** wird bei längerer Lagerung fester, brüchiger und es ist eine mehr oder weniger spärliche **Lochung** zu erkennen. Die Farbe ist anfangs Weiß, später Strohfarben und schließlich Gelb. Der **Geschmack** ist süß, weich, zart und nimmt im Laufe der Alterung mehr Würzigkeit und Aromen an.

Herstellung und Reifung. Vollmilch oder halbfette Milch wird mit Kälberlab versetzt. Nach der Gerinnung wird die Gallerte in reiskorngroße Stücke zerteilt und dann etwa 20 Minuten lang auf eine Temperatur von 44-45 °C erhitzt. Nun wird die Bruchmasse in Formen gefüllt, gepresst und dann gesalzen – entweder trocken oder zuerst in Salzlake und dann trocken. Montasio kann kurz, mittellang oder lange gelagert werden: M. **Fresco** 60 Tage bis fünf Monate, M. **Mezzano** fünf bis zehn Monate, **Stravecchio** länger als zehn Monate.

Käse und Küche. Frischer Montasio kann mit zarten Gerichten wie gekochtem Gemüse (Kartoffeln und Karotten) oder auf Salaten mit Bohnen und rohen Artischocken serviert werden. Länger gelagerter Käse passt zu Spinat mit Butter oder aufgeschnittener Topinambur. Noch häufiger wird Montasio für Hauptgerichte verwendet – Quiches, Omeletten, Nudelaufläufe, Fladenbrote und gratinierte Speisen. Auch mit Nüssen, Trockenfrüchten und Birnen schmeckt er vorzüglich. Länger gereifte Sorten dienen als Reibkäse zum Bereichern von Gnocchi mit Butter, überbackenen Nudelgerichten, Béchamelsauce oder um ein außerwöhnliches Pesto zu bereiten.

Käse und Wein. Zum jungen Käse passen zarte Weißweine wie Trebbiano di Romagna oder Orvieto, zu länger gereiftem Montasio trinkt man besser Rotweine wie Merlot dell'Isonzo oder Schioppettino dei Colli Orientali del Friuli.

Monte Veronese

Als Monte Vernonese (DOP) werden zwei verschiedene Käsesorten verkauft: **Monte Veronese a Latte Intero** – dieser Vollmilchkäse wird erst seit kurzem produziert – und **Monte Veronese d'Allevo**, ein Käse mit langer Tradition, welcher einst nur auf den Almen der Monti Lessini erzeugt wurde.
Der Vollmilchkäse wird in zylinderförmigen **Laiben** mit nahezu flachen Ober- und Unterseiten und leicht gewölbten Rändern hergestellt; sie sind 7-11 cm hoch und haben einen Durchmesser von 25-35 cm. Die **Rinde** ist dünn, elastisch und von dunkler Strohfarbe. Der **Teig** ist elfenbeinfarben oder leicht strohgelb und weist eine kleine, regelmäßig verteilte **Lochung** auf. Der **Geschmack** ist zart und süß.
Die **Laibe** des Monte Veronese d'Allevo haben eine ähnliche Form mit nahezu flachen Ober- und Unterseiten und leicht gebauchten Rändern; der Durchmesser beträgt 30 cm, die Höhe 6-10 cm. Ihre **Rinde** ist eher dunkel, hart und trocken, der **Teig** kompakt, weiß oder strohgelb mit spärlicher **Lochung**. Der Käse hat einen angenehmen, vollen, für gereiften Käse typischen **Geschmack**, welcher bei längerer Lagerung auch scharfe Noten annehmen kann.

Herstellung und Reifung. Monte Veronese a Latte Intero wird ausschließlich aus Vollmilch hergestellt, welcher mit Kälberlab zum Gerinnen gebracht wird. Nach einem groben Zerteilen der Gallerte wird diese noch weiter zu reiskorngroßem Bruch zerkleinert und dann auf 43-45 °C erhitzt. Danach lässt man die Bruchmasse im Kessel ruhen, die Molke abtropfen und schließlich wird entweder trocken oder mit Salzlake gesalzen. Schließlich werden die Laibe etwa 30 Tage gelagert.
Für Monte Veronese d'Allevo verwendet man ausschließlich Kuhmilch, schöpft nach dem Aufrahmen einen Teil des Fettes ab und gibt Kälberlab hinzu. Nach einem groben Zerteilen der Gallerte wird diese noch weiter zu reiskorngroßem Bruch zerkleinert und auf 46-48 °C erhitzt. Danach lässt man die Bruchmasse im Kessel ruhen, die Molke abtropfen und schließlich wird entweder trocken oder mit Salzlake gesalzen. Die Laibe müssen für Tafelkäse mindestens 90 Tage gelagert werden, für Reibkäse mindestens sechs Monte.

Käse und Küche. Monte Veronese a Latte Intero wird mit Ciabattabrot oder französischer Baguette als Tafelkäse gereicht und mit Walnüssen, Birnen oder Trauben garniert. Man verwendet ihn auch für Polentas, Quiches, Ragouts und geschmolzen für viele weitere Rezepte. Weniger lang gereifter Monte Veronese d'Allevo passt gut zu Weiß-, Mais- oder Nussbrot, um zu einem Weißwein-Aperitif oder Kichererbsen-Püree, zu einem Salat aus rohen Artischocken oder zu Birnen und Weintrauben gereicht zu werden. Länger gealterter Käse eignet sich zum Aufreiben und Gratinieren von Zwiebel- oder Lauchsuppen sowie von Nudel- oder Gemüseaufläufen.

Käse und Wein. Für Monte Veronese a Latte Intero können harmonische Weißweine wie Soave, Nosiola oder Bianco di Custoza empfohlen werden. Jüngere Sorten des Monte Veronese d'Allevo serviert man mit gehaltvollen Weinen wie Südtiroler Müller Thurgau, Tocai del Collio oder Chardonnay dei Colli Orientali del Friuli. Zu länger gereiftem Käse passen Rotweine wie Bardolino und Valpolicella oder, wenn er sich als würzig erweist, Valcalepio Rosso, Carema und Rosso Conero.

Visitenkarte

Herstellungsgebiet
im nördlichen Teil der Provinz Verona, am Fuß der Monti Lessini

Milch
Kuhmilch

Fermentierung
Kälberlab

Lagerung
M. V. a Latte Intero 30 Tage, M. V. d'Allevo auch mehr als 6 Monate

Aufbewahrung
im weniger kühlen Fach des Kühlschranks, in Einschlagpapier oder Alufolie verpackt, in einem verschlossenen Kunststoff- oder Glasbehälter

Mozzarella di Bufala Campana

Visitenkarte

Herstellungsgebiet
Kampanien und Latium, im ganzen Gebiet der Provinzen Caserta und Salerno sowie in Teilen der Provinzen Benevent, Neapel, Latina Frosinone und Rom

Milch
Büffelmilch

Fermentierung
Kälberlab

Lagerung
nicht vorgesehen

Aufbewahrung
im Kühlschrank, in der Salzlake

Mozzarella di Bufala (DOP) kann die **Form** einer Kugel oder auch andere Formen aufweisen. Die **Rinde** besteht aus einer sehr dünnen, glatten, elastischen, weiß bis emailfarben glänzenden Haut. Der **Teig** hat eine eher milchige Farbe, eine leicht elastische Konsistenz und präsentiert, wenn er frisch ist, vor allem zur Rinde hin eine schichtartige Struktur. Der **Geschmack** ist süß, frisch und lässt lebhafte Aromen von Milchsäure und den säuerlichen Ton der Molke deutlich hervortreten. Mozzarella wird frisch gegessen: wenn sich die Schichten unter der Rinde verbinden, bedeutet dies, dass der Käse seine Frische verloren hat oder schlecht konserviert wurde.

Herstellung und Reifung. Dieser rohe, frische Brühkäse wird ausschließlich aus Büffelmilch hergestellt. Diese wird auf die richtige Temperatur gebracht und mit flüssigem Kälberlab und Milchsäurebakterien versehen. Die Gallerte lässt man etwa fünf Stunden in der Molke reifen, schneidet sie in Streifen und legt sie in Behälter, wo sie mit 95 °C heißem Wasser überbrüht werden. Dann werden die Streifen geknetet, gezogen und in kleinere Stücke geschnitten (das italienische Wort *»mozzare«* bedeutet »glatt abschneiden« – daher der Name *»mozzarella«*); die Stücke sind typischerweise kugelförmig, können aber auch andere Formen (abgerundete kleine Würfel, Zöpfe, Kirschen, kleine Schleifen etc.) annehmen. Dann werden die Mozzarella-Stücke in kaltes Wasser getaucht, in Salzlake gelegt und verpackt. Die Lake in den verschweißten Verpackungen besteht aus einer Salzwasserlösung, welche manchmal auch mit Milchsäure oder Zitronensäure versetzt wird. Lagerung ist keine vorgesehen.

Käse und Küche. Mozzarella di Bufala wird pur oder mit Extravergine-Olivenöl und frisch gemahlenem Pfeffer genossen. Aufgeschnitten kann er mit Tomaten, Basilikum oder Oregano mit etwas Öl zubereitet oder gewürfelt auf grüne Salate gestreut werden. Wenn man ihn für warme Gerichte verwendet, sollte man ihn in einem Sieb abtropfen lassen, damit das gute Ergebnis bei der Zubereitung von Pizzas, gefüllten Teigtaschen oder von »Mozzarella in carrozza« (paniertes und in Öl frittiertes Mozzarella-Sandwich) nicht beeinträchtigt wird. Außerdem schmeckt er gegrillt oder auf Spießen und findet in vielen Rezepten für Teigwaren- und Reisgerichte Anwendung.

Käse und Wein. Dazu trinkt man am besten junge, trockene Weißweine wie Falerno del Massico oder andere Weißweine aus den Phlegräischen Feldern, Locorotondo, Verdicchio di Jesi oder Matelica und Riesling Italico aus dem Oltrepò Pavese.

Murazzano

Visitenkarte

Herstellungsgebiet
zahlreiche Gemeinden in der Alta Langa, Piemont

Milch
Schafsmilch mit eventuellem Kuhmilchanteil (maximal 40 %)

Fermentierung
Kälberlab

Lagerung
mindestens 10 Tage

Aufbewahrung
im weniger kühlen Fach des Kühlschranks, in Einschlagpapier und in verschlossenen Kunststoff- oder Glasbehältern

Die Murazzano-Rinde ist beim frischen Käse weiß und nimmt bei längerer Lagerung einen bernsteinfarbenen Ton an.

Murazzano (DOP) wird in rundlichen kleinen **Laiben** mit flachen Ober- und Unterseiten hergestellt. Ihr Durchmesser beträgt etwa 10-15 cm, die Höhe 3-4 cm, das Gewicht 300-400 g. Die **Rinde** ist, falls vorhanden, sehr dünn, weiß oder strohfarben und zeigt beim länger gelagerten Käse eventuell eine Schimmelbildung. Der **Teig** ist weich und weist mitunter eine kleine, unregelmäßige **Lochung** auf; seine Farbe ist Milchig-Weiß bis Strohfarben oder auch Gelblich, je nach Produktionsdauer oder Alterung. Der **Geschmack** ist zart, leicht aromatisch, angenehm und erinnert an Schafsmilch.

Herstellung und Reifung. Murazzano (DOP) ist ein Robiola-Käse aus Schafsmilch von zwei Melkungen, eventuell mit einem Zusatz von Kuhmilch (maximal 40 %). Die Milch wird auf 37 °C erwärmt und durch flüssiges Kälberlab dickgelegt. Die entstandene Gallerte wird in zwei Phasen zuerst grob und nach einer Ruhepause zu feinerem Bruch zerteilt. Dann wird die Molke abgeseiht und die Masse in zylindrische Käseformen gefüllt. Gesalzen wird trocken; nach etwa 10 Tagen kommt der Käse auf den Markt, es gibt aber auch Sorten, welche länger gelagert werden.

Käse und Küche. Murazzano kann mit Extravergine-Olivenöl und Pfeffer gewürzt serviert werden. Man kann ihn auch mit gehacktem oder gepresstem Knoblauch und gehackter Petersilie verkneten und erhält so einen cremigen Aufstrich für getoastete Landbrotschnitten. Außerdem wird er gerne für Salate und zum Würzen von Polenta, Kartoffelpüree oder gekochtem Reis verwendet. Sehr gut schmeckt er auch mit Butter-Spargel, gekochten Artischocken mit Öl und Petersilie und Walnüssen.

Käse und Wein. Murazzano serviert man am besten mit zarten Weißweinen wie Favorita delle Langhe, Capriano del Colle Trebbiano, Ribolla dei Colli Orientali del Friuli, Bianco d'Alcamo oder Martina Franca.

Nostrano del Casel

Visitenkarte

Herstellungsgebiet
Gebiet der Lagorai-Kette, insbesondere Fleimstal (Val di Fiemme), Cembratal, Valfloriana, Borgo Valsugana, in der Provinz Trient

Milch
Kuhmilch

Fermentierung
Rinderlab

Lagerung
bis zu 1 Jahr

Aufbewahrung
im weniger kühlen Teil des Kühlschranks, in Stanniolfolie oder in einem verschlossenen Glas- oder Kunststoffbehälter

Nostrano del Casel wird in zylinderförmigen **Laiben** mit einem Durchmesser von 30-35 cm, einer Höhe von 10-11 cm und einem Gewicht von 7-8 kg erzeugt. Ihre **Rinde** ist glatt oder leicht runzelig, dünn, aber fest und von dunkler Farbe. Der strohgelbe **Teig** ist fest und hat eine mehr oder weniger dichte mittelgroße **Lochung**. Der charakteristische **Geschmack** nimmt bei längerer Lagerung schärfere Noten an.

Herstellung und Reifung. Für Nostrano del Casel wird Kuhmilch von zwei Melkvorgängen – der erste Teil teilweise entrahmt – auf 32-35 °C erwärmt und pulverförmiges Rinderlab hinzugefügt. In 30 Minuten hat sich die Gallerte gebildet, die nun in zwei Phasen zerkleinert wird, bis man schließlich einen maiskorngroßen Bruch erhält. Nun erfolgt ein zehnminütiges Brennen der Bruchmasse bei 44-46 °C, dann lässt man die Molke abtropfen und füllt die Masse in Formen. Die so erhaltenen Laibe werden für 3-5 Tage in Salzlake gelegt oder acht Tage lang trocken mit Salz eingerieben. Nostrano del Casel reift in 3-4 Monaten bei einer Temperatur von 12-16 °C und kann dann noch bis zu einem Jahr gelagert werden.

Käse und Küche. Zu Nostrano del Casel passen Honig, Nüsse, Trockenfrüchte und Birnen. Man serviert ihn mit Kartoffelrösti, in Streifen geschnitten mit Balsamico-Essig oder aufgeblättert auf rohem Pilzsalat. Aufgerieben würzt er weiße Saucen für Pasteten, Lasagne, Spaghetti mit schwarzem Pfeffer sowie breite Bandnudeln mit Butter.

Käse und Wein. Gut passen charaktervolle Rotweine wie Sorni Rosso, Rosso di Montepulciano oder Dolcetto di Dogliani.

Paglierina di Rifreddo

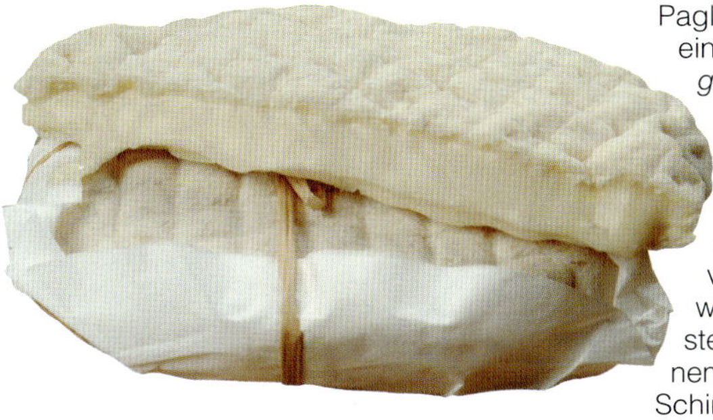

Paglierina di Rifreddo wurde einst auf Strohgestellen (»*paglia*« bedeutet »Stroh«) aufbewahrt – daher der Name »Paglierina«. Er wird in der **Form** einer runden 2 cm hohen Scheibe mit einem Durchmesser von 15 cm und einem Gewicht von 300-500 g hergestellt. Die **Rinde** ist von einem kaum wahrnehmbaren Schimmel überzogen und wird im Laufe der Zeit dicker; sie ist anfangs elfenbeinfarben und wird dann gelblich, manchmal ist auch ein Abdruck des Strohgitters zu sehen. Der **Teig** ist weiß, von weicher Konsistenz, schmilzt im Mund und hat keine Lochung. Länger gelagerter Käse weist einen festeren Teig von hellgelber Farbe auf.

Herstellung und Reifung. Paglierina di Rifreddo wurde einst aus einer Mischung von Schafs- und Ziegenmilch hergestellt. Heute nimmt man ausschließlich Kuhmilch, welche erwärmt und mit Kälberlab dickgelegt wird. Nachdem sich die Gallerte gebildet hat, wird sie zerteilt; den Bruch lässt man abtropfen und etwa sieben Stunden lang bei einer Raumtemperatur von 25 °C ruhen. Nach dem Salzen im Salzbad müssen die Laibe etwa 20 Tage bei 5 °C reifen, worauf sie sofort in den Handel kommen oder noch kurz gelagert werden können.

Käse und Küche. Man isst ihn pur mit Ciabatta-Brot, serviert ihn mit grünem Salat, gekochten oder in der Folie gebratenen Kartoffeln, Haselnüssen, mit etwas Öl abgemachtem gekochtem Borretsch, Hopfensprossen, einem Nest aus Butter-Bandnudeln oder knusprigem Reiskuchen. Außerdem wird er für Käse-Croutons verwendet oder in Würfel geschnitten auf Gnocchi oder Polenta gestreut.

Käse und Wein. Dazu passen Weine mit mittlerem Körper und voll entwickeltem Bukett wie Favorita delle Langhe, Südtiroler Weißburgunder, Verdicchio di Matelica oder Solopaca Bianco.

ÄHNLICHE KÄSESORTEN

Dem Paglierina ähnliche Käsesorten werden in der ganzen Provinz Cuneo erzeugt und unter verschiedenen Namen, beispielsweise **Paglietta**, verkauft.

Visitenkarte

Herstellungsgebiet
Gemeinde Rifreddo in der Provinz Cuneo und weitere angrenzende Gemeinden

Milch
Kuhmilch

Fermentierung
Kälberlab

Lagerung
etwa 20 Tage

Aufbewahrung
sowohl im Ganzen als auch angeschnitten an einem kühlen und trockenen Ort oder im weniger kühlen Teil des Kühlschranks; entweder in der ungeöffneten Verpackung oder bereits angeschnittener Käse mit eingeölter Schnittfläche

Pannerone Lodigiano

Visitenkarte

Herstellungsgebiet
Provinz Lodi

Milch
Kuhmilch

Fermentierung
Kälberlab

Lagerung
2 Monate

Aufbewahrung
im Keller oder im weniger kühlen Teil des Kühlschranks, in Einschlagpapier oder Alufolie, am besten auch in einem geeigneten Glasbehälter

Der Name Pannerone (oder **Panerone**) Lodigiano hat mit *»panna«*, dem italienischen Wort für »Sahne« zu tun und soll den köstlichen Geschmack der Käsesorte unterstreichen. Die Form der **Laibe** ist zylindrisch mit geraden Rändern; der Durchmesser beträgt 20-30 cm, die Höhe 20 cm, das Gewicht 10-12 kg. Die **Rinde** ist weich, dünn, glatt und ihre Farbe reicht von Gelblich bis Rosafarben. Der weiße **Teig** ist weich und schmilzt auf der Zunge; es ist eine gut ausgeprägte, auf der ganzen Schnittfläche verteilte **Lochung** zu sehen. Er hat einen unverwechselbaren, süßen, aromatischen, buttrigen, zarten **Geschmack** mit charakteristischem, leicht bitterem Ton, welcher auf die relativ hohe bei der Herstellung verwendete Labmenge zurückzuführen ist.

Herstellung und Reifung. Pannerone Lodigiano ist ein gereifter Weichkäse aus Kuhmilch. Man erwärmt die Milch auf etwa 28-32 °C und fügt Kälberlab hinzu. Die Gallerte wird in zwei Phasen zu maiskorngroßem Bruch zerteilt. Danach nimmt man die Masse aus dem Kessel, lässt sie abtropfen und verteilt sie in die Käseformen. Die Käselaibe werden nicht gesalzen und müssen noch etwa zwei Monate gelagert werden.

Käse und Küche. Der leicht bittere Geschmack des Pannerone passt vorzüglich zu süßen Speisen wie Honig, Marmelade, Senffrüchten oder besonders süßen Früchten. In der Küche findet der leicht schmelzende Käse in den verschiedensten Rezepten für Risottos, Teigwarengerichte, Kartoffelpürees, Gnocchi und Polentas Anwendung. Feinschmecker essen ihn pur mit Bauernbrot.

Käse und Wein. Empfehlenswert dazu sind weiche Weißweine wie San Colombano Bianco und Regaleali oder ein lieblicher Wein wie Verduzzo di Cialla.

Parmigiano Reggiano

Parmigiano Reggiano (DOP) wird in zylinderförmigen **Laiben** mit leicht gebauchten Seitenrändern hergestellt; die Höhe beträgt 18-24 cm, der Durchmesser 35-45 cm und das Gewicht 24-40 kg. Er besitzt eine harte, dicke, glattem, goldgelbe **Rinde**, welche im Lauf der Zeit dunkler wird. Der **Teig** ist strohfarben mit hellem bis goldenem Ton und hat eine splitternde Struktur. Daher wird der länger gelagerte Käse in dünne keilförmige, zur Mitte hin verlaufende Stücke aufgeschnitten bzw. gebrochen. Ein sehr dünn geschnittenes Stück sollte, auch beim sehr alten Käse, dennoch im Mund zergehen. Jüngerer Parmigiano hat einen süßen, duftigen, milchigen **Geschmack**; ältere Sorten schmecken würziger, intensiver, ausgeprägter, aber niemals scharf und haben eine feinkörnige Struktur. Parmigiano-Reggiano-Laibe weisen als Identitäts- und Qualitätsnachweis zahlreiche Prägungen auf. Diese folgenden Herkunftsbezeichnungen, bei welchen die Schriftzüge aus eingeprägten Punkten bestehen, werden bereits bei der Käseherstellung angebracht: »Parmigiano Reggiano«; Matrikelnummer des Käsereibetriebs, Monat und Jahr der Herstellung, »DOP« und »Consorzio di Tutela« auf dem Rand; auf der Oberseite das Markenzeichen der Käserei mit Produktionsjahr und alphanumerischem Code, mit Hilfe dessen eindeutig jeder einzelne Laib identifiziert werden kann.

Herstellung und Reifung. Parmigiano Reggiano ist ein Grana-Käse aus Kuhmilch. Für seine Herstellung wird die Milch aus zwei Melkungen verwendet – jene vom Abend lässt man in geeigneten Gefäßen stehen. Am Morgen schöpft man den Rahm ab, mischt die entrahmte mit frisch gemolkener Milch und leert sie in einen Kupferkessel, welcher die Form einer umgekehrten Glocke besitzt. Man er-

Visitenkarte

Herstellungsgebiet
Provinzen Parma, Reggio Emilia, Modena, in der Provinz Bologna die Gemeinden links des Reno-Flusses und einige Gemeinden in der Provinz Mantua

Milch
Kuhmilch

Fermentierung
Kälberlab

Lagerung
bis zu 3 Jahren

Aufbewahrung
in Folie eingeschweißt kann er sehr lange im Kühlschrank aufbewahrt werden; ansonsten sollte man ihn in ein feuchtes Tuch einschlagen und im weniger kühlen Teil des Kühlschranks aufbewahren

Parmigiano Reggiano DOP ist der einzige italienische Käse, der als »millesimato« bezeichnet wird, da der Käselaib das jeweilige Herstellungsdatum tragen muss.

wärmt das Gemisch auf 33 °C, fügt Kälberlab hinzu und lässt die Milch gerinnen. Nach dem Zerteilen in sehr feinen Bruch wird die Käsemasse langsam auf 54-55 °C erhitzt. Dabei setzen sich die festen Teile am Boden ab und bilden eine feste Masse, welche mit Hanftüchern aus dem Kessel gehoben und dann in Käseformen gefüllt wird. Nach weiteren Behandlungen wird der Käse im Salzbad gesalzen und dann zwischen einem und drei Jahre gelagert. Während dieser Zeit werden die Laibe mehrmals einer Prüfung unterzogen, wofür mehrere Werkzeuge notwendig sind: ein kleiner Hammer, ein Käsebohrer und eine Sonde. Mit dem Hämmerchen klopft der Käser auf den Laib, wodurch er auf die innere Struktur des Käseteiges schließen kann. Mit dem Käsebohrer kann er eine kleine Portion des Teiges aus dem Laib herausholen – der Widerstand beim Bohren erlaubt Rückschlüsse auf die Konsistenz, durch die Verkostung des Böhrlings kann der Reifegrad festgestellt werden. Die Sonde wird nur verwendet, wenn noch weitere Hinweise für eine Urteilsbildung notwendig sind.

Käse und Küche. Man isst ihn entweder pur, in Stücke geschnitten, mit Birnen und Walnüssen oder einem mit Balsamico-Essig abgemachten Salat, mit Rohkost aus Artischocken, Kaiserlingen, Spargel, Sellerie und Rapunzelsalat. Er dient zum Würzen von Gnocchi, zu überbackenem Gemüse (Kartoffeln, Blumenkohl), Spinatnudeln, Lasagne und Cannelloni. Außerdem gibt man ihn gerne mit Butter verrührt zu Risottos oder Bandnudeln.

Käse und Wein. Zu Parmiggiano Reggiano serviert man einen körperreichen Lambrusco wie etwa L. Castelvetro oder Rotweine wie Barbera dei Colli Piacentini, Rosso Piceno und Merlot di Aprilia.

Pecorino Abruzzese

Pecorino Abruzzese wird in zylinderförmigen **Laiben** von 4-10 cm Höhe, 14-22 cm Durchmesser und einem Gewicht von 1-3 kg hergestellt. Die nussbraune, gestreifte **Rinde** ist hart und weist einen weißlichen bis grauen Schimmelbewuchs auf. Der strohfarbene **Teig** ist kompakt und hat eine spärliche **Lochung**. Der **Geruch** ist intensiv und erinnert an Waldboden, der **Geschmack** ist je nach Reifegrad mehr oder weniger pikant.

Herstellung und Reifung. Die Milch wird auf 38 °C erwärmt und mit flüssigem Lab dickgelegt. Nach dem Gerinnen wird die Masse manuell in Körnchengröße zerteilt, worauf man sie ruhen lässt. Dann wird mit der Hand gepresst, die Masse in Käseformen gefüllt und nochmals gepresst. Schließlich taucht man die Käselaibe in die kochende Molke, lässt sie abtropfen und salzt mittels Salzbad. Die Laibe müssen 20 Tage reifen, werden dann aber noch zwischen 40 Tagen und mehr als einem Jahr gelagert.

Käse und Küche. Man serviert ihn pur, je nach Alter scheiben- oder keilförmig aufgeschnitten. Die zartesten Sorten können mit Kopfsalat, Zucchini mit Butter, Rapunzelsalat mit Öl und Zitrone oder mit gekochtem Spargel kombiniert werden. Die reiferen Sorten passen gut zu geschmorten Artischocken, aufgeblätterter Topinambur und Spiegeleiern.

Käse und Wein. Zu jungem Pecorino Abruzzese reicht man Trebbiano d'Abruzzo, Vermentino di Sardegna, Bianco della Val di Cornia – also Weißweine mit mittlerem Körper. Wer körperreichere Weine vorzieht, kann einen Rotwein wie Montepulciano d'Abruzzo wählen, zum sehr pikanten Pecorino passen am besten süßere Weine wie Recioto di Soave.

ÄHNLICHE KÄSESORTEN

Pecorino di Farindola ist nach der gleichnamigen Gemeinde am östlichen Abhang des Gran Sasso benannt. Sein charakteristischer Geschmack ist auf die Verwendung von Schweinelab zurückzuführen.

Visitenkarte

Herstellungsgebiet
ganze Region Abruzzen; sehr bekannt ist jener von Teramano

Milch
Schafsmilch

Fermentierung
flüssiges Lab

Lagerung
bis zu mehr als 1 Jahr

Aufbewahrung
im Kühlschrank, in ein feuchtes Tuch eingewickelt

Pecorino Abruzzese wird in der ganzen Abruzzen-Region erzeugt; kleine Unterschiede der lokalen Herstellungsmethoden können sich auf den Geschmack des fertigen Pecorino auswirken.

Pecorino di Moliterno

Visitenkarte

Herstellungsgebiet
Gemeinde Moliterno und der Verband Montana Alta Val d'Agri in der Provinz Potenza, Basilicata

Milch
Schafsmilch, mit Zusatz von Ziegenmilch

Fermentierung
Ziegenlab oder Lammlab

Lagerung
8 Monate

Aufbewahrung
im weniger kühlen Teil des Kühlschranks, in eine Folie eingeschlagen und in einem verschlossenen Glas- oder Kunststoffbehälter

Die Tradition der Käseherstellung in Moliterno kann auf antike Wurzeln zurückblicken. Der Name der Gemeinde stammt vom lateinischen *»mulcternum«*, was soviel bedeutet wie »Ort des Melkens«. Die **Laibe** haben eine zylindrische **Form** mit flachen Ober- und Unterseiten; sie können verschieden groß sein und zwischen 1 und 8 kg wiegen. Die harte **Rinde** hat eine gelbe bis rötliche Farbe und weist Streifen auf; der **Teig** ist weich, aber kompakt, fett und von weißer, grauer oder leicht strohgelber Farbe. Der **Geschmack** ist voll und wird im Zuge der Reifung pikanter.

Herstellung und Reifung. Pecorino di Moliterno wird aus Schafsmilch und einem Anteil von etwa 30 % Ziegenmilch gewonnen. Die Milch wird auf 35-40 °C erwärmt und mit Ziegen- oder Schafslab zum Gerinnen gebracht. In 20-40 Minuten hat sich die Gallerte gebildet, die dann zu maiskorngroßem Bruch zerteilt wird. Nach 10-15 Minuten wird die Masse herausgehoben, in Käseformen gefüllt und von Hand mindestens 30 Minuten lang gepresst. Anschließend werden die Laibe einige Minuten lang in kochende Molke getaucht und danach trocken gesalzen. Schließlich müssen sie 15 Tage an einem kühlen Ort reifen und etwa acht Monate gelagert werden. Während der Lagerung werden sie regelmäßig gewendet und mit Öl und Essig eingerieben, um einen Gewichtsverlust zu vermeiden.

Käse und Küche. Dieser Schafskäse wird pur mit schwarzen oder grünen Oliven, Mandeln, Walnüssen und Weißbrot gegessen. Würzigere Sorten reibt man gerne grob oder fein auf und streut sie auf Vorspeisen wie Teigwaren mit Rosenkohl, Spaghetti mit Auberginen oder Gnocchi mit Butter.

Käse und Wein. Zu jüngerem Pecorino di Moliterno passen gehaltvolle Weißweine wie einige Salice-Salentino-Weine, Vermentino di Gallura oder Tocai dell Isonzo. Länger gelagerter Käse wird am besten mit körperreichen Rotweinen wie Aglianico del Vulture, Lizzano Rosso oder Cirò Rosso serviert.

Während des Sommers werden die Pecorino-di-Moliterno-Laibe in heißen, trockenen Speichern aufbewahrt, sodass es zu einem Flüssigkeitsaustritt kommt (»Tränen«).

Pecorino Romano

Pecorino Romano (DOP) wird in zylindrischer **Form** mit ebenen Ober- und Unterseiten, einer Höhe von 30 cm, einem Durchmesser von 25-30 cm und einem Gewicht von 20-35 kg erzeugt. Die **Rinde** ist elfenbein- oder strohfarben und oft mit eingeprägten Schutzmarken versehen. Der weiße bis mehr oder weniger dunkle, strohgelbe **Teig** ist fest, aber nicht trocken und weist eine kompakte Struktur und eine leichte **Lochung** auf. Der volle, aromatische **Geschmack** wird im Laufe der Alterung schärfer.

Visitenkarte

Herstellungsgebiet
Latium, Sardinien und die Provinz Grosseto in der Toskana

Milch
Schafsmilch

Fermentierung
Lammlab

Lagerung
bis zu 1 Jahr

Aufbewahrung
in Einschlagpapier oder in Alufolie eingeschlagen, im Keller oder im weniger kühlen Fach des Kühlschranks

Herstellung und Reifung. Dieser Hartkäse aus Schafsmilch kann mittellang oder lang gelagert werden. Für seine Herstellung wird Vollmilch von sardischen Schafen roh verarbeitet oder 15 Sekunden lang auf 68 °C erhitzt. Dann wird mit ausgesuchten Milchsäurebakterien geimpft und mittels Kälberlab die Milch bei 38-40 °C zum Gerinnen gebracht. Nach dem Zerkleinern der Gallerte zu reiskorngroßem Käsebruch wird dieser erhitzt, gepresst und in Käseformen gefüllt. In den folgenden 70 Tagen wird der Käse trocken oder mittels Lake gesalzen. Schließlich werden die Laibe für Tafelkäse etwa fünf Monate gelagert, für Reibkäse mindestens acht Monate.

Käse und Küche. Frischer Pecorino Romano schmeckt am besten pur, aber auch mit gekochten grünen Bohnen oder mit einem Salat aus Pilzen, rohem Sellerie, Walnüssen und frischen Bohnen. Als Reibkäse passt er auf verschiedene Teigwarengerichte – mit Butter, Knoblauch und Öl, Carbonara-Sauce, Amatriciana-Sauce (mit Speck und Tomaten) oder mit Pfeffer. Lange gelagerten Pecorino kann man auch in kleine Stücke geschnitten auf weißen Bohnensalat oder rohen Artischockensalat streuen.

Käse und Wein. Den frischen Schafskäse serviert man mit süffigen Weißweinen wie Castelli Romani, Frascati oder Bianco di Pitigliano. Mittellang gelagerter Käse passt gut zu kräftigen Weißweinen wie einige toskanische, in *Barriques* ausgebaute Chardonnay-Weine; zu Pecorino Romano, welcher älter als ein Jahr ist, passen süßliche Weißweine wie Recioto di Soave oder körperreiche Rotweine wie Torgiano.

Bereits vor 2000 Jahren war der Pecorino Romano auf den Tafeln des Sabiner-Volkes zugegen. Oben: das Salzen der Käselaibe.

Pecorino Sardo

Visitenkarte

Herstellungsgebiet
ganz Sardinien

Milch
Schafsmilch

Fermentierung
Kälberlab

Lagerung
P. S. Dolce bis zu 60 Tage; P. S. Maturo auch mehr als 1 Jahr

Aufbewahrung
am besten im Keller; Keilstücke in ein feuchtes Tuch eingewickelt im temperierteren Teil des Kühlschranks

Pecorino Sardo (DOP) wird in zwei Varianten erzeugt: **Dolce** und **Maturo**. Beide werden in zylinderförmigen **Laiben** mit flachen Ober- und Unterseiten und geraden oder leicht gewölbten Rändern hergestellt; sie sind 6-10 cm hoch, haben einen Durchmesser von 15-18 cm und wiegen 2-4 kg. Pecorino Dolce hat eine weiße bis hell strohfarbene glatte, dünne **Rinde**; der **Teig** ist kompakt mit leichter **Lochung**. Sein **Geschmack** ist zart, süß, aromatisch oder leicht säuerlich.
Pecorino Maturo hat eine glatte, feste braune **Rinde**. Der weiße oder strohfarbene **Teig** kann kompakt sein oder eine feine **Lochung** aufweisen; er ist weich und elastisch, nimmt aber bei längerer Lagerung eine harte, gleichmäßige, mitunter auch körnige Struktur an. Der **Geschmack** ist zu Beginn voll, aber wenig ausgeprägt und wird im Laufe der Zeit angenehm pikant.

Herstellung und Reifung. Für diesen Schafskäse aus Vollmilch wird erwärmte Milch mit Kälberlab und natürlichen Milchsäurebakterien versehen. Die entstandene Gallerte wird je nach Sorte (Dolce oder Maturo) in mehr oder weniger feinen Bruch zerteilt. Nach dem nochmaligen Erwärmen wird gepresst und schließlich gesalzen. Pecorino Dolce muss zwischen 20 und 60 Tage gelagert werden, während die *Affinage* für den P. Maturo von mindestens vier Monaten bis zu mehr als einem Jahr beträgt und auch eine Räucherung einschließt.

Käse und Küche. Man serviert ihn am besten pur, je nach Alter scheiben- oder keilförmig aufgeschnitten. Die zarteren Sorten können mit rohem Pilzsalat, Buttererbsen, Kopfsalat mit Öl und Zitrone, oder auch gedämpftem Spargel kombiniert werden. Die reiferen Sorten passen gut zu gerösteten Kastanien, geschmorten Artischocken und Spiegeleiern.

Käse und Wein. Zu Pecorino Sardo Dolce serviert man Weißweine mit mittlerem Körper wie Vermentino di Sardegna, Bianco della Val di Cornia oder Verdicchio di Matelica. Zu Pecorino Maturo passen mittellang ausgebaute Rotweine wie Cannonau di Sardegna, Rosso di Montalcino oder Refosco dei Colli Orientali del Friuli.

Pecorino Senese

Visitenkarte

Herstellungsgebiet
Provinz Siena und im Besonderen das Val d'Elsa

Milch
Schafsmilch

Fermentierung
Kälberlab

Lagerung
bis zu 2 Monate

Aufbewahrung
im weniger kühlen Teil des Kühlschranks, entweder in der Originalverpackung oder in Alufolie

Pecorino Senese wird in **Laiben** von zylindrischer Form mit leicht gebauchten Rändern, 5-8 cm Höhe, 12-18 cm Durchmesser und einem Gewicht von 0,8-1,2 kg hergestellt. Die **Rinde** ist gelb oder orange in verschiedenen Schattierungen; der **Teig** ist weiß bis strohgelb, kompakt, aber weich und buttrig und hat einen süßen **Geschmack**, welcher beim länger gelagerten Käse pikante Noten annimmt.

Herstellung und Reifung. Schafsvollmilch wird auf 36-37 °C erwärmt und Kälberlab hinzugefügt. Die entstandene Gallerte wird in walnussgroße Stücke zerteilt, aus der Molke gehoben und zum Abtropfen in geeignete Formen gefüllt. Dann lässt man die Laibe in geheizten Räumen ruhen, damit der Rest der Molke austreten kann – diese Ruhezeit dauert für frischen Pecorino 30 Minuten, bei Pecorino, der länger gelagert werden soll, zwei Stunden. Gesalzen wird entweder trocken oder im Salzbad. Pecorino Senese muss 20 Tage reifen, bevor er auf den Markt kommt oder gelagert wird. Während der meist kurzen Lagerung (40-60 Tage) werden die Laibe mit Öl, Ölhefe und Tomatenpüree eingerieben.

Käse und Küche. Dieser Pecorino passt gut zu mit Salz und Öl abgemachten frischen, jungen Bohnen oder rohen Zucchini sowie zu Rapunzel, milden Radieschen, Tomaten und Oliven. Außerdem verwendet man ihn zum Würzen von Nudelgerichten und Suppen. In kleine Scheiben geschnitten gibt er würzigen Suppen wie Ribollita (Bohnensuppe) oder Zuppa Pavese (Bouillon mit Ei und Croutons) den letzten Schliff. Außerdem eignet er sich vorzüglich als Fülle für Crêpes mit Nüssen.

Käse und Wein. Dazu passen Weißweine mit zartem Körper wie San Torpè, Falerio dei Colli Ascolani und Locorotondo.

Pecorino Siciliano

Visitenkarte

Herstellungsgebiet
ganz Sizilien

Milch
Schafsmilch

Fermentierung
Lammlab

Lagerung
mindestens 4 Monate

Aufbewahrung
im Keller oder im weniger kühlen Teil des Kühlschranks, in Einschlagpapier oder Alufolie und in einem verschlossenen Glasbehälter

Pecorino Siciliano (DOP) wird in **Laiben** von zylindrischer Form, mit flachen oder leicht nach innen gewölbten Ober- und Unterseiten hergestellt; ihre Höhe beträgt 10-18 cm, ihr Durchmesser 18-35 cm und ihr Gewicht 4 kg und mehr. Die **Rinde** ist gelblich-weiß, die Linien an der Oberfläche stammen vom Abtropfkorb. Der weiße oder strohfarbene **Teig** ist kompakt mit spärlicher **Lochung** und wird im Zuge der Alterung immer fester; er kann auch mit ganzen Pfefferkörnern versetzt sein. Der **Geschmack** ist beim frischen Käse zart und wird im Laufe der Zeit ausgeprägter, voller, intensiver und schärfer.

Herstellung und Reifung. Der sizilianische Pecorino ist ein Hartkäse mit rohem oder durch Brennen nacherwärmtem Teig. Für seine Herstellung wird Schafsvollmilch durch Zugabe von Lammlab zum Gerinnen gebracht. Dann wird die Gallerte zu linsengroßem Bruch zerteilt und im Kessel mit heißem Wasser verrührt. Die Masse wird herausgehoben, in kleine Formen gefüllt, von Hand gepresst und etwa drei Stunden in heiße Molke gelegt. Anschließend nimmt man den Käse heraus und lässt ihn abtropfen. Nun werden die Laibe trocken gesalzen oder – falls sie auszutrocknen beginnen – auch in ein Salzbad gelegt. Zu diesem Zeitpunkt kann der Käse bereits als **Primo Sale** vermarktet werden. Um einen länger gereiften Pecorino zu erhalten, muss er nach zehn Tagen nochmals und eventuell nach zwei Monaten sogar ein drittes Mal gesalzen werden. Diese Sorte muss insgesamt mindestens vier Monate lagern. Mitunter enthält der Teig auch Pfefferkörner.

Käse und Küche. Junger Käse kann als Tafelkäse gegessen werden; länger gelagerter Pecorino dient vor allem als Reibkäse zum Würzen von Spaghetti alla Norma (mit Auberginen), Gnocchi mit Butter oder Gnocchi alla romana (Grießklößchen). Aber auch als Hauptgericht wird er gerne serviert – mit einfachen Beilagen wie schwarzen oder grünen Oliven, Mandeln, Walnüssen und Weißbrot. Älterer Pecorino Siciliano mit deutlich pikantem Geschmack kann auch mit Honig gereicht werden.

Käse und Wein. Zu jüngerem Käse passen kräftige Weißweine wie einige Inzolia-Weine und Vermentino oder Tocai Rosso dei Colli Berici. Zu länger gelagertem Käse serviert man körperreiche Rotweine wie Carema, Carmignano oder Lizzano Rosso.

Pecorino Toscano

Die etwa zylinderförmigen **Laibe** des Pecorino Toscano (DOP) weisen flache Ober- und Unterseiten und leicht bauchige Ränder auf; sie sind 7-11 cm hoch, haben einen Durchmesser von 15-22 cm und ein Gewicht von 1-3 kg. Die **Rinde** ist hart, ihre Farbe Gelb und kann, je nach Behandlung, einen rötlichen oder schwarzen Ton annehmen. Je nach Alter ist der **Teig** weich oder halbfest und von weißer bis strohgelber Farbe. Der Geruch ist intensiv, mitunter scharf, der **Geschmack** aromatisch, süß und lässt beim älteren Käse pikante Noten erkennen.

Herstellung und Reifung. Pecorino Toscano gibt es als Weich- oder Schnittkäse. Für seine Herstellung verwendet man pasteurisierte Schafsmilch und gibt Kälberlab hinzu. Die so gewonnene Gallerte wird für den Weichkäse in Haselnussgröße, oder wenn man einen Schnittkäse erzielen will, in Maiskorngröße zerteilt. Dann wird die Molke durch Pressen und durch Trocknen im geheizten Raum aus der Bruchmasse entfernt und die Laibe gesalzen. Bei der Lagerung werden die Laibe mit einer unterschiedlichen Markierung versehen: eine Kennzeichnung mit Tinte für den frisch zu verkaufenden Pecorino, ein Brandzeichen, wenn eine längere Lagerung vorgesehen ist. Pecorino **Fresco** muss 20 Tage, Pecorino **Stagionato** mindestens vier Monate reifen. Während dieser Zeit können die Laibe mit Öl oder Asche eingerieben werden.

Käse und Küche. Je nach Alter wird Pecorino Toscano entweder als Tafelkäse oder als Reibkäse verwendet. Sehr gut schmeckt er pur, in Stücke geschnitten, mit salzarmem Brot wie etwa Toskanabrot, oder mit frischen, jungen Bohnen. Geriebener Pecorino dient zum Würzen von Ribollita (Bohneneintopf), Kutteln in Weißwein, Teigwaren-Vorspeisen wie Spaghetti mit Amatriciana- oder Carbonarasauce oder mit schwarzem Pfeffer. Um ihn gebacken oder auch pur zu servieren, garniert man ihn gerne mit einem Tropfen Honig, Obst oder frischem Gemüse der Saison.

Käse und Wein. Pecorino Fresco mit weichem Teig harmoniert bestens mit Parrina Bianco, Bianco di Pitigliano, Trebbiano di Romanga oder Frascati. Zu Pecorino Stagionato wählt man am besten körperreiche Weißweine wie Vernaccia di San Gimignano Riserva, Vermentino di Gallura oder Rotweine wie Morellino di Scansano und Chianti Classico.

ÄHNLICHE KÄSESORTEN

Pecorino della Garfagnana ist dem Pecorino Toscano sehr ähnlich wird im Garfagnana-Tal in der Provinz Lucca produziert. Er wird entweder frisch oder nach dreimonatiger Lagerung verkauft.

Visitenkarte

Herstellungsgebiet
gesamte Toskana sowie einige Gemeinden in Umbrien (Allerona und Castiglione del Lago) und Latium (Acquapendente, Bolsena, Capodimonte, Farnese, Gradoli, Grotte di Castro, Ischia di Castro, Montefiascone, Onano, San Lorenzo Nuovo und Valentano)

Milch
Schafsmilch

Fermentierung
Kälberlab

Lagerung
mindestens 4 Monate

Aufbewahrung
im Keller oder im weniger kühlen Teil des Kühlschranks; nach toskanischer Tradition legt man ihn in Öl, welches eventuell mit schwarzen Pfefferkörnern gewürzt ist

Piacintinu

Visitenkarte

Herstellungsgebiet
Provinz Enna

Milch
Schafsmilch

Fermentierung
Ziegenlab oder Lammlab

Lagerung
bis zu 6 Monate

Aufbewahrung
im Keller oder in Stücken in einer verschlossenen Dose im weniger kühlen Teil des Kühlschranks

Der Name dieses Käses (er wird auch **Piacentino** genannt) könnte auf die Stadt Piacenza – als Erinnerung an die Kolonisierung Siziliens durch die Normannen – hinweisen, oder nach einer anderen Hypothese einen Käse *»che piace«* (»der schmeckt«) bezeichnen. Die zylinderförmigen **Laibe** haben eine Höhe von 22-28 cm, einen Durchmesser von 35-40 cm und wiegen 6-14 kg. Die **Rinde** ist fest, runzelig, nussbraun bis kastanienbraun mit gestreiftem Muster, welches von den Abtropfkörben stammt. Der kompakte **Teig** weist aufgrund der Safranzugabe eine gelbe Farbe und durch die Pfefferkörner schwarze Punkte auf. Der **Geschmack** ist intensiv, mitunter etwas scharf und erinnert deutlich an Safran.

Herstellung und Reifung. Schafsmilch wird nach Zugabe von Safran auf 36 °C erwärmt und mit Ziegenlab oder Lammlab versetzt. Die entstandene Gallerte wird zu sehr feinem Bruch zerkleinert, mit heißem Wasser übergossen, dann aus dem Kessel genommen und abwechselnd mit schwarzen Pfefferkörnern in Körbe gefüllt. Dann wird die Masse von Hand gepresst und zusammengedrückt. Wenn die Körbe voll sind, wird das Ganze mit heißer Molke überbrüht. Dann werden die Laibe zum Trocknen aufgelegt, gewendet und schließlich trocken gesalzen. Sechs Wochen bis vier Monate gereifter Piacintinu wird als **Semistagionato** (»halb gereift«), der sechs Monate gelagerte Käse als Piacintinu **Stagionato** (»gereifter P.«) bezeichnet.

Käse und Küche. Man serviert ihn mit jungen Bohnen, knuspriger Rohkost, gekochtem Broccoli, gedämpftem Rosenkohl, Salzkartoffeln, gegrillten Paprika mit Knoblauch und Öl, Auberginen in Öl, Nüssen, Trockenfrüchten und Birnen. Länger gereifter Piacintinu kann auch mit etwas Honig gewürzt werden. Dazu isst man am besten Bauernbrotschnitten, Weiß-, Vollkorn- oder Sesambrot.

Käse und Wein. Am besten wählt man gut strukturierte Weißweine wie Terre di Franciacorta Bianco, Südtiroler Müller Thurgau, Inzolia oder Vermentino di Gallura. Zu länger gereiftem Piacintinu passen mittellang ausgebaute Rotweine wie Merlot dei Colli Orientali del Friuli, Dolcetto di Dogliani oder Rosso di Montalcino.

Piave

Die zylinderförmigen **Laibe** weisen einen Durchmesser von etwa 32 cm auf, sind 7-8 cm hoch und wiegen etwa 6 kg. Ihre **Rinde** ist dünn, glatt, fest, von strohgelber und bei gereiftem Käse von brauner Farbe. Der **Teig** ist weiß oder leicht strohfarben, kompakt, ohne Lochung, nimmt im Laufe der Zeit eine festere Konsistenz an und wird schließlich zu hartem Reibkäse. Der intensive aromatische **Geschmack** ist nicht scharf und bleibt selbst bei älterem Käse elegant und süß.

Herstellung und Reifung. Für die Herstellung dieses halbfetten Kuhmilchkäses wird Vollmilch oder teilentrahmte Milch erwärmt und mit Kälberlab dickgelegt. Die sich bildende Gallerte wird in zwei Phasen zu feinem, haselnussgroßem, wenn nicht reiskorngroßem Bruch zerteilt. Dann wird die Masse auf 46-47 °C erhitzt, danach in Käseformen gefüllt und gepresst. Gesalzen wird trocken oder im Salzbad. Die Käselaibe der Variante P. **Fresco** müssen mindestens zwei Monate, **Mezzano**-Laibe sechs Monate und **Stravecchio**-Laibe 10-15 Monate lagern. Während dieser Zeit werden die Laibe manchmal mit rohem Leinöl eingerieben.

Käse und Küche. Frischer Piave kann mit zarten Speisen wie gekochtem Gemüse gereicht werden, etwas länger gereifter zu Spinat mit Butter oder aufgeschnittener Topinambur. Die älteren Sorten eignen sich als Reibkäse, um damit Teigwarengerichte zu überbacken oder Risottos zu würzen.

Käse und Wein. Die jüngeren Sorten kombiniert man am besten mit zarten Weißweinen wie Soave, Gavi oder Orvieto. Sobald der Piave-Käse aber älter als ein Jahr ist, sind Rotweine wie Marzemino del Trentino, Raboso del Veneto oder Ormeasco zu empfehlen.

Visitenkarte

Herstellungsgebiet
Provinz Belluno in Venetien, im Besonderen im Ortsteil Busche der Gemeinde Cesiomaggiore

Milch
Kuhmilch

Fermentierung
Kälberlab

Lagerung
bis zu 15 Monate

Aufbewahrung
im Kühlschrank, in Alufolie verpackt und in einem verschlossenen Glas- oder Kunststoffbehälter

Der Fluss Piave hat dieser Käsesorte, welche seit den 1960er-Jahren produziert wird, seinen Namen gegeben.

Primu Sali

Visitenkarte

Herstellungsgebiet
ganz Sizilien

Milch
Schafsmilch

Fermentierung
Lammlab

Lagerung
15 Tage oder länger

Aufbewahrung
sowohl ganze als auch angeschnittene Laibe am besten im Keller; ansonsten auch im weniger kühlen Teil des Kühlschranks, wobei der Käse in einem verschlossenen Glas oder Kunststoffbehälter verpackt sein sollte

Primu Sali (oder **Primo Sale**) wird in zylinderförmigen **Laiben** mit flachen Ober- und Unterseiten und leicht gebauchten Seitenrändern hergestellt; der Durchmesser der Laibe kann 25-34 cm, ihre Höhe 10-14 cm betragen. An der Oberfläche der **Rinde** sind Linien zu erkennen, welche vom Abtropfkorb stammen. Der **Teig** ist weich, milchigweiß und hat einen angenehmen, leicht süßlichen, relativ würzigen **Geschmack**. Länger gelagerter Käse nimmt einen schärferen Geschmackston an.

Herstellung und Reifung. Primu Sali ist ein Schafskäse mit rohem Teig. Für seine Herstellung wird Schafsvollmilch durch Zugabe von Kälberlab zum Gerinnen gebracht. Dann wird die Gallerte zu linsengroßem Bruch zerteilt und im Kessel mit heißem Wasser verrührt. Die Masse wird herausgehoben, in kleine Formen gefüllt, von Hand gepresst und etwa drei Stunden in heiße Molke gelegt. Anschließend nimmt man den Käse heraus und lässt ihn abtropfen. Schließlich werden die Laibe trocken gesalzen und gelangen, wenn sie nicht noch länger gelagert werden, nach 7-15 Tagen in den Handel. Primu Sali gibt es auch mit Pfeffer oder Paprika.

Käse und Küche. In 3 cm große Würfel geschnittener Primu Sali wird gerne unter gemischte Salate oder auch unter einen Sommersalat aus Paprika, Tomaten, roten Zwiebeln und Gurken gemischt. Man verwendet ihn für Aufläufe, Gemüsekuchen mit Blumenkohl, für gefüllte Paprika und reicht ihn zu gebackenen Kürbisblüten und gegrilltem Gemüse. Aber auch pur schmeckt er bestens – so kann man ihn etwa aufgeschnitten auf ofenwarme Brotschnitten legen und mit reichlich schwarzem Pfeffer würzen.

Käse und Wein. Dazu reicht man Weißweine von zarter oder mittlerer Struktur wie San Severo, Alcamo, Vermentino di Sardegna, Favorita delle Langhe oder einen gehaltvollen Regaleali Bianco.

Provola

Provola wird in verschiedenen Größen hergestellt, die **Form** ähnelt einem länglichen, birnenartigen Sack. Die dünne **Rinde** ist milchig-weiß, mitunter auch strohfarben. Der **Teig** ist homogen, kompakt, aber gleichzeitig weich und entwickelt einen zarten, leicht milchigen **Geruch** und einen süßen, angenehmen, zartwürzigen **Geschmack**.

Herstellung und Reifung. Kuhmilch wird auf 35 °C erwärmt und durch Zugabe von Kälberlab dickgelegt. Nachdem sich die Gallerte gebildet hat, wird diese zuerst grob und dann in kleinere Stücke zerteilt. Anschließend wird die Masse in heißem Wasser zu dicken Strängen gezogen. Nun wird der Käse geformt, abgekühlt und in Salzlake gelegt. Der Käse reift in 10 Tagen und wird dann noch einen Monat gelagert.

Käse und Küche. Man reicht ihn mit grünem Salat und Gemüse wie rohem Spinat, gekochten oder rohen Zucchini oder zu Mangold mit Butter. Da er leicht schmilzt und Fäden zieht, wird er gerne in Rezepten für Auberginen mit Parmesan, Pizzas, würzigen Torten, Fladenbrote oder zum Füllen von Panzerotti (gefüllte Teigtaschen) und Calzoni (gefüllte Pizzataschen) verwendet.

Käse und Wein. Dazu trinkt man Weißweine mit zartem Körper wie Locorotondo, Martina Franca, Bianco d'Alcamo oder Trebbiano di Romagna.

ÄHNLICHE KÄSESORTEN

Im Handel befinden sich zahlreiche Brühkäse unter der Bezeichnung Provola, welche in den verschiedenen Gebieten Süditaliens erzeugt werden. Allen gemeinsam ist das Herstellungsverfahren und die charakteristische Form einer langen Birne oder eines Quersacks. Manche Provola-Käse werden auch geräuchert. Auf Sizilien werden beispielsweise **Provula di Floresta** (Provinz Messina) und **Provoletta Ragusana** (Provinz Ragusa) hergestellt.

Visitenkarte

Herstellungsgebiet
ganze Region Basilicata

Milch
Kuhmilch

Fermentierung
Kälberlab

Lagerung
1 Monat

Aufbewahrung
vor dem Anschneiden an einem kühlen Ort; angeschnitten im weniger kühlen Teil des Kühlschranks

Der Name »Provola« stammt vom napoletanischen Wort »prova«, womit man früher ein rundliches Käsestück bezeichnete, welches man entnahm, um die Qualität des Teiges zu prüfen.

Provolone Valpadana

Visitenkarte

Herstellungsgebiet
Lombardei und Venetien, Provinzen Cremona, Brescia, Verona, Vicenza, Rovigo, Padua, Piacenza und die angrenzenden Gemeinden der Provinzen Bergamo, Mantua und Mailand; Provinz Trient

Milch
Kuhmilch

Fermentierung
Kälberlab oder Ziegenlab

Lagerung
3 Monate und länger

Aufbewahrung
im weniger kühlen Bereich des Kühlschranks, in Alufolie und in ein Tuch oder einen perforierten Kunststoffsack verpackt

Provolone wurde ursprünglich in Kampanien und der Provinz Lucca erzeugt. In Norditalien, besonders in Cremona, begann man zu Ende des 19. Jh. mit der Provolone-Produktion.

Provolone Valdapana (DOP) wird in **Form** einer Birne, Melone, Wurst, bauchigen Flasche oder eines Kegelstumpfes produziert. Die **Rinde** ist von leuchtend gelber bis goldener Farbe. Der **Teig** zeigt manchmal eine leichte **Lochung**, ist weiß bis strohfarben, kompakt, gleichzeitig weich und nimmt im Zuge der Alterung eine festere Konsistenz an. Je nach Alter und verwendetem Lab ist der **Geruch** zart oder kräftiger und der **Geschmack** variiert von buttrig süß bis würzig und scharf.

Herstellung und Reifung. Für diesen Brühkäse wird Vollmilch auf 37 °C erwärmt und mittels Kälberlab (Version **Dolce**) oder Ziegenlab (Version **Piccante**) dickgelegt. Die entstandene Gallerte wird in maiskorngroßen Bruch zerteilt und auf 50 °C erhitzt. Es folgt eine etwa 40stündige Gärdauer, wonach die Bruchmasse in kochendes Wasser getaucht und von Hand breite Stränge gezogen werden. Nun wird der Käse modelliert, abgekühlt, eventuell geräuchert und in Salzlake gelegt. Provolone Dolce reift bis zu drei Monaten, P. Piccante mehr als drei Monate.

Käse und Küche. Provolone Valpadana wird vor allem pur mit weißem Ciabatta-Brot genossen. Zum süßen Provolone (P. dolce) reicht man aber auch grünen Salat oder Gemüse wie rohen Spinat, gekochte oder rohe Zucchini oder Mangold mit Butter. P. Piccante kann mit Pinzimonio (Ölivenöl-Dip-Sauce), gedünsteten Paprikaschoten, Gemüsesugo, Birnen und Nüssen serviert werden. Da er leicht schmilzt und Fäden zieht, wird er gerne als Fülle für Gemüsekuchen oder anstelle von Mozzarella für Pizzas und Fladenbrote verwendet. Außerdem kann man in Scheiben geschnittenen Provolone grillen oder panieren und in Öl herausbacken. Pikanter Provolone dient auch als Reibkäse zum Würzen von Teigwaren mit Rosenkohl, Pfeffer-Sphaghetti und Paccheri (kurze Röhrennudeln) mit Gemüse.

Käse und Wein. Zu P. Dolce passen zarte Weißweine wie Locorotondo, Lugana, Ribolla dei Colli Orientali del Friuli. Zu P. Piccante nimmt man runde, weiche Weine wie Regaleali Bianco oder süße Weine wie Recioto di Soave und Torcolato.

Puzzone di Moena

Puzzone di Moena ist auch unter dem Namen **Spretz Tzaori** bekannt. Die zylinderförmigen **Laibe** haben einen Durchmesser von 32-36 cm, sind 9-11 cm hoch und wiegen etwa 9 kg. Ihre ockergelbe bis ziegelrote **Rinde** ist glatt, dünn und weich. Der weiche, schmelzende **Teig** besitzt eine spärliche, unregelmäßige, mittelgroße bis kleine **Lochung**. Der **Geruch** ist äußerst kräftig und besonders intensiv; der **Geschmack** ist süß, voll, intensiv mit angenehmer, leichter Schärfe. Beim Verkosten schmilzt der Teig auf der Zunge und wird cremig.

Herstellung und Reifung. Für diesen Schnittkäse wird Vollmilch oder teilentrahmte Milch vom Abend mit der Morgenmilch vermischt, auf 34 °C erwärmt und Rinderlab hinzugefügt. Nach 20-35 Minuten hat sich die Gallerte gebildet, welche nun zu maiskorngroßem Bruch zerkleinert und auf 44-46 °C erhitzt wird. Dann lässt man die Molke in einem geheizten Raum abtropfen. Nach weiteren Behandlungen schlägt man die Masse in Tücher ein und füllt sie in Holzformen. Dann werden die Laibe in Formen gepresst, gewendet und die Tücher ausgewechselt. Schließlich wird der Käse für 3-4 Tage in Salzlake gelegt. Während der dreimonatigen Reifezeit werden die Käselaibe regelmäßig mit in lauwarmem Wasser getränkten Schwämmen befeuchtet. Die fertigen Puzzone-di-Moena-Laibe können bis zu einem Jahr gelagert werden.

Käse und Küche. Traditionell wird Puzzone mit Polenta und Kartoffelpüree serviert. Außerdem findet der äußerst schmackhafte Tafelkäse in vielen typischen Rezepten Anwendung. Am bekanntesten und einfachsten ist ein bäuerliches Gericht: gekochte Kartoffelscheiben werden abwechselnd mit Puzzone-Scheiben in eine Schüssel geschichtet und mit sehr fein gehacktem Schnittlauch, Ölivenöl, Salz und Essig abgemacht.

Käse und Wein. Zu dieser Käsesorte passen charaktervolle Rotweine wie Teroldego Rotaliano, Terre di Franciacorta Rosso sowie mehr oder weniger süße Weißweine wie Vino Santo Trentino.

Visitenkarte

Herstellungsgebiet
Gemeinden Moena und Campitello di Fassa, Trentino-Südtirol

Milch
Kuhmilch

Fermentierung
Rinderlab

Lagerung
bis zu etwa 1 Jahr

Aufbewahrung
im weniger kühlen Teil des Kühlschranks, in Stanniolpapier verpackt

Puzzone di Moena ist auch unter dem ladinischen Namen »Spretz Tzaorì« *bekannt, was soviel bedeutet wie »würziger Käse«.*

Quartirolo Lombardo

Der Name des Quartirolo Lombardo (DOP) ist auf das spezielle Tierfutter in seinem traditionellen Herkunftsgebiet zurückzuführen: als *»quartirolo«* bezeichnet man nämlich eine Weide nach dem dritten Heuschnitt, welche also für einen vierten *(»quarto«)* Schnitt bereit wäre. Der Quartirolo besitzt eine quadratische **Form** mit flachen Ober- und Unterseiten von 18-22 cm Seitenlänge, ist 4-8 cm hoch und wiegt 1,5-3,5 kg. Seine **Rinde** ist dünn mit leichten Rillen, hat beim jungen Käse einen hellrosa Farbton, welcher bei den gereiften Sorten in rötliches Grau-Grün übergeht. Der **Teig** ist weiß, mitunter strohfarben und beim gereifteren Käse zur Rinde hin gelblich. Er hat keine Lochung und eine brüchige, krümelige, oft quarkige Konsistenz. Der **Geschmack** erinnert an Taleggio, vielleicht etwas weniger süß und von etwas weniger kräftigem **Geruch**.

Visitenkarte

Herstellungsgebiet
Provinzen Bergamo, Brescia, Como, Cremona, Lecco, Lodi, Mailand, Pavia, Varese, in der Lombardei

Milch
Kuhmilch

Fermentierung
Kälberlab

Lagerung
30 Tage und länger

Aufbewahrung
angeschnittener Käse kann noch einige Tage, in Alufolie oder ein leicht angefeuchtetes Tuch eingesclagen, im weniger kühlen Teil des Kühlschranks aufbewahrt werden

Herstellung und Reifung. Dieser Weichkäse und wird aus roher Vollmilch oder fettarmer Milch erzeugt. Die Kuhmilch wird erwärmt und mit Kälberlab dickgelegt. Nach dem Gerinnen wird die Gallerte in zwei Phasen zu haselnussgroßem Bruch zerteilt. Dann kommt die Bruchmasse in quadratische Käseformen mit einer Seitenlänge von 18-22 cm und wird trocken oder im Salzbad gesalzen. Danach muss der Quartirolo zwischen fünf und 30 Tage lang reifen. Wird der Quartirolo-Käse noch länger gelagert, so kommt er unter der Bezeichnung **Maturo** in den Handel.

Käse und Küche. Quartirolo Lombardo sollte bei Zimmertemperatur serviert werden; man kann ihn gewürfelt auf grüne Salate streuen, welche nicht mit Essig oder Zitrone zubereitet wurden, oder mit Honig und Nüssen, aber auch mit Äpfeln und Weintrauben anrichten. Sehr gut schmeckt er auch mit Öl und etwas Pfeffer aus der Mühle, oder ganz einfach mit – am besten getoastetem – Bauernbrot.

Käse und Wein. Zu jungem Quartirolo sind zarte, nicht allzu lange ausgebaute Weine wie Bianco di Custoza oder Lugana vorzuziehen; zu reiferem Käse passen Weine wie Südtiroler Grauburgunder oder Tocai dei Colli Orientali del Friuli. Mitunter passen auch halbtrockene Weine wie Orvieto.

Durch die Käseformen erhält der Quartirolo Lombardo (DOP) eine Prägung mit seinem Gütesiegel.

Ragusano

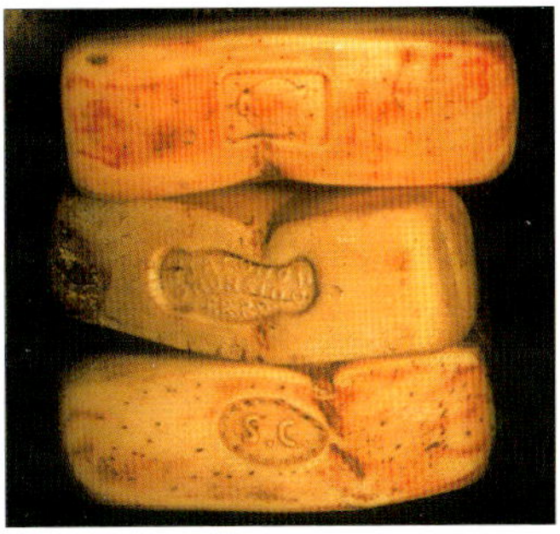

Ragusano (DOP) wird in der **Form** eines Quaders mit quadratischem Grundriss, abgeschrägten Kanten und einem Gewicht von 10-16 kg hergestellt. Die **Rinde** ist dünn, kompakt, von goldener Strohfarbe, welche bei älteren Sorten in Braun übergehen kann. Der **Teig** ist ebenfalls strohfarben, zeigt sehr feine Schichten, ist eher weich und beginnt ab einem Alter von sechs Monaten hart zu werden. Der **Geschmack** ist beim jungen Käse voll, süß und mild, beim länger gereiften Käse würzig und pikant.

Herstellung und Reifung. Für diesen Brühkäse wird Kuhvollmilch mit Schafs- und/oder Ziegenlab geimpft. Sobald sich die Gallerte gebildet hat, wird sie zu linsengroßem Bruch zerteilt. Die Masse wird mit heißem Wasser überbrüht und in geeignete Behälter gefüllt, um die Molke zu entfernen. Daraufhin lässt man Käsebruch mit einer weiteren Zugabe von heißem Wasser etwa 20 Stunden lang in den Behältern stehen. Der Teig wird zerschnitten, in heißem Wasser geknetet, gezogen und zu großen Kugeln geformt. Diese presst man in rechteckige Käseformen, welche dem Ragusano seine Quaderform verleihen. Schließlich taucht man die Laibe in Salzlake und lässt sie 4-6 Wochen oder auch ein Jahr lang an einem kühlen und trockenen Ort reifen.

Käse und Küche. Als Tafelkäse isst man ihn mit Vollkornbrot, mit Gemüse wie kurz gekochten Broccoli, Rosenkohl, Zwiebel und Spinat oder streut ihn auf gemischte Salate. Vorzüglich schmecken auch in der Pfanne geschmolzene Ragusano-Scheiben, welche man dann auf in der Asche gebackene Kartoffeln serviert. Länger gereifte Sorten finden bei vielen Gerichten Anwendung, wie etwa Pasteten, Reis mit Tomatensugo, Cannelloni und gratiniertem Gemüse.

Käse und Wein. Mittellang gereifter Ragusano kann mit lieblichen Rotweinen wie Chianti Classico, Grignolino del Monferrato Casalese und Casteller gereicht werden. Länger gelagerter Käse harmoniert mit gut strukturierten Weinen wie Taurasi, Cirò Rosso und Nero d'Avola.

Visitenkarte

Herstellungsgebiet
die gesamte Provinz Ragusa, die Gemeinden Noto, Palazzolo Acreide und Rosolini in der Provinz Syrakus

Milch
Kuhmilch

Fermentierung
Lammlab und/oder Ziegenlab

Lagerung
bis zu 1 Jahr

Aufbewahrung
im Keller oder Kühlschrank, in Einschlagpapier oder beschichteter Folie sowie im verschlossenen Kunststoff- oder Glasbehälter

Ragusano-Käse an Schnüren auf gehängt gelagert.

Raschera

Visitenkarte

Herstellungsgebiet
Provinz Cuneo

Milch
Kuhmilch, mit eventuellem Zusatz von Ziegen- und/oder Schafsmilch

Fermentierung
Kälberlab

Lagerung
mindestens 30 Tage

Aufbewahrung
an einem kühlen, trockenen Ort; im Sommer im Kühlschrank

Raschera (DOP) wird in zylindrischen und quadratischen **Formen** hergestellt: die ersteren sind etwa 7-9 cm hoch, haben einen Durchmesser von 35-40 cm und wiegen etwa 5-8 kg; die letzteren bestehen aus einem 12-15 cm hohem Quader mit einer Seitenlänge von 40 cm und etwa 7-10 kg Gewicht. Die **Rinde** des Raschera ist rötlich-grau mit eventuellen gelblichen Nuancen, elastisch, glatt und regelmäßig; an den Seitenrändern zeigen sich rötliche Flecken, welche im Laufe der Alterung deutlicher hervortreten. Der weiße oder elfenbeinfarbene **Teig** hat eine feste, elastische Konsistenz und lässt eine spärliche, unregelmäßige, kleine **Lochung** erkennen. Der **Geschmack** ist zart, mild, aromatisch und bei länger gelagertem Käse leicht würzig und pikant.

Herstellung und Reifung. Dieser Schnittkäse wird mit Milch von zwei Melkungen hergestellt, wobei die Kuhmilch mitunter auch mit Schafs- oder Ziegenmilch vermischt wird. Man bringt die lauwarme Milch durch Zugabe von Lab zum Gerinnen. Die so gewonnene Rohkäsemasse wird zu feinem Bruch zerkleinert. Nun wird die Bruchmasse in ein Hanftuch eingeschlagen, in Käseformen gedrückt und gepresst. Danach wird die Masse geknetet und erneut zerkleinert, wiederum in ein Hanftuch eingeschlagen, in Formen gefüllt und gepresst. Schließlich wird trocken gesalzen, bevor die Laibe noch mindestens 30 Tage reifen müssen. Um quaderförmigen Raschera zu erhalten, wird die Käsemasse zu Ende der Bearbeitung in quadratische Formen gedrückt. Raschera, welcher in einem Gebiet in über 900 m Seehöhe hergestellt wurde, darf als **Raschera d'Alpeggio** ausgezeichnet werden.

Käse und Küche. Dieser Tafelkäse bereichert – am besten in Würfel geschnitten – gemischte Salate mit Mais, Oliven, Artischockenherzen, Nüssen und Kopfsalat. Er eignet sich aber auch für die Zubereitung von Vorspeisen wie Risottos und Nudelgerichten, indem man ihn bereits beim Kochen untermischt oder feine Streifen in die Sauce streut. Außerdem wird er gerne zum Verfeinern von Gemüsekuchen und Aufläufen verwendet.

Käse und Wein. Gut dazu passen liebliche Weißweine wie Favorita delle Langhe, Gavi, Bianco della Valdinievole und Bianchello del Metauro. Zu den würzigeren Sorten kann man Südtiroler Müller Thurgau, Tocai del Piave oder Fiano di Avellino servieren.

Raviggiolo

Raviggiolo (oder **Raveggiolo**) ist ein besonders frischer Käse und sollte spätestens 4-5 Tage nach seiner Herstellung verzehrt werden. Die **Formen** können verschieden sein, meist sind sie aber rundlich, 2-4 cm hoch und werden häufig auf Farnblätter gebettet angeboten. Eine **Rinde** ist nicht vorhanden, der weißliche **Teig** ist sehr weich, leicht buttrig und schmeckt sehr süß und mild.

Herstellung und Reifung. Raviggiolo ist ein Kuhfrischkäse mit weichem Teig. Dafür wird frisch gemolkene Milch etwas abgekühlt und mit flüssigem Kälberlab zum Gerinnen gebracht. Nach 30 Minuten hat sich die Gallerte gebildet, welche aber nicht zerschnitten wird. Man hebt vielmehr mit einer durchlöcherten Kelle kleine Stücke heraus, die zum Abtropfen auf Stroh, Farnblätter oder andere Pflanzenblätter gelegt werden. Es erfolgt keine Reifung oder Lagerung – der nur schwach gesalzene Raviggiolo sollte frisch gegessen werden.

Käse und Küche. Raviggiolo passt zu sehr zarten Gemüsegerichten, aber auch zu Waldfrüchten, Kirschen, Erdbeeren und Haselnüssen. Auf jeden Fall passen frische Salate wie etwa Rapunzel oder Kresse, aber auch rohe Kürbisblüten. Er wird auch gerne für warme Nudelgerichte oder Reis verwendet.

Käse und Wein. Dazu passen Weißweine, welche den zarten Geschmack nicht übertönen, wie Grechetto dei Colli Martani, Bianco dei Colli del Trasimeno, Vermentino di Sardegna oder Martina Franca.

Visitenkarte

Herstellungsgebiet
die Landschaften Montefeltro und Urbinate in den Marken

Milch
Kuhmilch

Fermentierung
Kälberlab

Lagerung
nicht vorgesehen

Aufbewahrung
sehr frisch zu verzehren; man kann ihn kurz an einem kühlen Ort in einem gut verschlossenen Glas- oder Kunststoffbehälter aufbewahren

Raviggiolo wird traditionell auf Farn- (oben), Feigen- oder Kohlblätter gelegt.

Ricotta Forte

Ricotta Forte oder **Ricotta Scante** wird traditionell in Glasbehältern aufbewahrt, besteht aus weichem, buttrigem **Teig**, welcher elfenbeinfarben, grau oder auch noch dunkler sein kann. Der intensive, durchdringende **Geruch** kündigt bereits den kräftigen, außerordentlich pikanten **Geschmack** an, der nichts für einen Gaumen ist, der nicht an sehr scharfe Käsesorten gewöhnt ist.

Herstellung und Reifung. Eine Mischung aus Kuh- und Schafsmolke sowie Kuh- und/oder Schafsmilch wird zum Gerinnen auf 90-100 °C erhitzt, bis die flockige Gallerte obenauf schwimmt. Diese Masse wird abgeschöpft, in Kunststoffkörbe gefüllt und zum Sauerwerden 6-7 Tage stehen gelassen. Daraufhin wird in Intervallen von 2-3 Tagen die Käsemasse mehrmals von Hand gepresst und schließlich lässt man die Molke auf einer geneigten Ebene abfließen. Der Käse wird mit Salz bestreut, ein letztes Mal geknetet und kommt zum Reifen in luftige Räume mit geringer Luftfeuchtigkeit. Eine längere Lagerung ist nicht vorgesehen.

Käse und Küche. Ricotta Forte eignet sich bestens zum Bestreichen von Bauernbrotschnitten, die man eventuell mit Tomaten, aromatischen Salaten oder anderem Gemüse garniert. Unter ein Tomaten-Sugo gemischt ersetzt er den geriebenen Parmesankäse. Manche Köche mischen gerne kleine Mengen Ricotta Forte in würzige Gemüsesuppen oder Pürees aus Hülsenfrüchten.

Käse und Wein. Zum pur genossenen Ricotta Forte sollte man intensive, zuckerreiche Weine wie Recioto di Soave oder Rotweine mit kräftiger Struktur wie Primitivo Manduria trinken. Wenn man diese Käsesorte für die Zubereitung von salzigen Gerichten, wie etwa Teigwaren verwendet, serviert man am besten sehr gehaltvolle, aromatische, trockene Weißweine wie Collio Sauvignon oder Roséweine mit fruchtigem Geschmack und Aroma wie den aus der gleichen Gegend stammenden Alezio.

ÄHNLICHE KÄSESORTEN

Ricotta Affumicata wird in ganz Kalabrien aus Kuhmolke, mitunter auch mit einem Anteil an Schafs- oder Ziegenmolke produziert. Der Käse wird mindestens drei Tage lang geräuchert. R. Affumicata muss eine Woche reifen und wird dann noch einen Monat bei kühler, gleichbleibender Temperatur gelagert. Ebenfalls aus Kuhmolke (mit oder ohne Schafs- oder Ziegenmolke) wird **Ricottone Salato** erzeugt, welcher auch länger gelagert werden kann (zwei Monate bis zu einem Jahr). Der sich an der Oberfläche bildende Schimmel wird manchmal auch wieder abgekratzt.

Visitenkarte

Herstellungsgebiet
südlicher Teil der Provinz Lecce, Apulien

Milch
Kuhmolke und Schafsmolke sowie Kuhmilch und/oder Schafsmilch

Fermentierung
nicht vorgesehen

Lagerung
nicht vorgesehen

Aufbewahrung
die Gläser können an einem kühlen Ort oder im weniger kühlen Teil des Kühlschranks aufbewahrt werden

Oben: Ricotta Forte hält sich am besten in einem verschlossenen Glas.
Rechts: Ricotta Affumicata kann aufgerieben werden und ist bestens zum Würzen von Teigwaren-Gerichten geeignet.

Ricotta Romana

Visitenkarte

Herstellungsgebiet
Latium, besonders in der Landschaft Agro Romano

Milch
übrig gebliebene Kuhmolke von der Käsegewinnung

Fermentierung
nicht vorgesehen

Lagerung
nicht vorgesehen

Aufbewahrung
im Kühlschrank; er sollte so schnell wie möglich verzehrt werden

Die typische Form des Ricotta Romana stammt von den Fiscelle, *Weidenkörben (heute sind sie aus Kunststoff), in welche der frische Käse gefüllt wird.*

Ricotta Romana wird in der **Form** eines Kegelstumpfes hergestellt, die Rillen an der Oberflache rühren von den Abtropfkörben her. Der Käse hat eine perlweiße Farbe, eine kompakte, aber trotzdem weiche Konsistenz, ist feucht aber nicht nass. Er hat einen zarten, charakteristischen **Geruch** und einen süßen **Geschmack**. Der **Teig** erweist sich auf der Zunge als besonders weich und schmelzend und zeigt eine angenehm körnige Struktur. Beim Kauf muss der Ricotta Romana weiß und kompakt sein, darf keinen strohfarbenen Ton aufweisen oder rinnen. Der Name »Ricotta« (»zweimal gekocht«) deutet auf das Herstellungsverfahren hin, da die verwendete Molke zum zweiten Mal erhitzt wird – das erste Mal bei der Käseproduktion, das zweite Mal, wenn das eiweißhaltige »Abfallprodukt« Molke für die Ricotta-Gewinnung erhitzt wird.

Herstellung und Reifung. Für die Ricotta-Herstellung wird bei der Käseerzeugung übrig gebliebene Kuhmolke auf 80-90 °C erhitzt, wodurch das in der Molke enthaltene Laktalalbumin nach dem Ausfällen eine flockenartige Gallerte bildet. Beim traditionellen Verfahren schlägt der Käser mit einem Stock auf den Kesselboden und kann am mehr oder weniger tauben Klang den richtigen Zeitpunkt zur Entnahme der Flockenmasse erkennen. Zuerst wird der oberflächliche Schaum und dann der Ricotta entnommen, welcher in als *»fiscelle«* bezeichnete Behälter gefüllt wird. Ricotta Romana lässt man nicht reifen und er wird auch nicht länger gelagert.

Käse und Küche. Ricotta ist trocken und fettarm und findet daher in gedämpften Gemüsegerichten wie Karotten in Milch, Kartoffeln und Blumenkohl mit Curry, geschmorten Kichererbsen, Lauch mit Butter, in der Pfanne gebratenen Kräutern oder Spinat Anwendung. Auch mit Schokolade, gerösteten oder gekochten Kastanien, Kompott und Konfitüre wird er gerne gegessen. Außerdem wird Ricotta für süße Rezepturen wie Cassata (italienische Eisspezialität) und Pastiera (neapolitanische Ricotta-Torte) verwendet. Ein sehr schmackhaftes Dessert erhält man, wenn man Ricotta mit Zucker und Kakao verrührt.

Käse und Wein. Ricotta Romana harmoniert gut mit zarten Weißweinen wie Frascati, Trebbiano di Romagna, Martina Franca und Vermentino di Sardegna.

Ricotta Salata

Visitenkarte

Herstellungsgebiet
ganz Sardinien

Milch
übrig gebliebene Kuhmolke von der Käsegewinnung

Fermentierung
nicht vorgesehen

Lagerung
1 Monat und länger

Aufbewahrung
an einem kühlen Ort; besser nicht im Kühlschrank, da er sonst austrocknet

Ricotta Salata kann die **Form** einer Kugel *(»greca«)* oder eines Kegelstumpfes *(»moliterna«)* mit einer Höhe von 12-15 cm, einem Durchmesser von 15-20 cm und einem Gewicht von 2 kg haben. Die kaum vorhandene **Rinde** ist hell und nimmt im Laufe der Reifung verschiedene Farbtöne an. Der **Teig** ist kompakt, beim Reibkäse hart, und weist einen deutlich würzigen, wenn nicht scharfen **Geschmack** auf.

Herstellung und Reifung. Für seine Herstellung wird bei der Käseproduktion übrig gebliebene Schafsmolke verwendet. Genau genommen besteht Ricotta aus dem Laktalalbumin der geronnenen Molke. Dieses wird in Form einer flockenartigen Gallerte durch Erhitzen der Molke auf 80-90 °C gewonnen. Man wartet etwa 30 Minuten, bis die obenauf schwimmende Masse durch die Hitze fest wird und hebt sie heraus. Die Gallerte wird dann in Formen oder auf Tücher gegeben, gepresst und trocken gesalzen. Die Ricotta-Laibe werden aufgehängt und etwa einen Monat gelagert. Wenn man einen besonders festen Ricotta erzielen will, wird die Lagerdauer noch verlängert. In diesem Fall dunkelt die Rinde nach und wird vor dem Verkauf abgeschabt.

Käse und Küche. Ricotta Salata wird gerne zum Würzen von gemischten Sommersalaten mit Tomaten, Mais, Zucchini und Radieschen verwendet. Außerdem bereichert er kalte Reis- und Nudelsalate. Er kann auch anstatt Reibkäse auf Teigwaren mit roher oder gekochter Tomatensauce oder auf Nudelgerichte mit Gemüse gestreut werden. Besonders gut passt er zu Öhrchennudeln mit Rosenkohl.

Käse und Wein. Zu empfehlen sind körperreiche Weißweine wie Vementino di Gallura, Pigato della Riviera Ligure di Ponente, Tocai dei Colli Orientali del Friuli und Vernaccia di Gallura.

Robiola di Roccaverano

Visitenkarte

Herstellungsgebiet
südlicher Teil der Langhe, zwischen den Provinzen Asti und Alessandria im Piemont

Milch
Kuhmilch mit einem Zusatz von Ziegen- oder Schafsmilch

Fermentierung
Kälberlab

Lagerung
er reift in etwa 3 Tagen und kann 20 Tage und länger gelagert werden

Aufbewahrung
im Kühlschrank, in einem Glas- oder Kunststoffbehälter; er kann auch in Öl eingelegt werden

Robiola wird in der kleinen Gemeinde Roccaverano in den Langhe bereits seit dem Mittelalter produziert.

Robiola di Roccaverano ist ein Weichkäse mit DOP-Status. Die **Laibe** haben eine zylindrische Form mit flachen Ober- und Unterseiten und abgerundeten Kanten, wiegen 250-400 g, sind 4-5 cm hoch und haben einen Durchmesser von 10-14 cm. Die rindenlose Oberfläche ist perlmuttfarben und der leicht körnige **Teig** milchig-weiß oder beim länger gelagerten Käse strohfarben. **Geruch** und **Geschmack** sind leicht säuerlich, werden im Laufe der Reifung weicher und schließlich ausgeprägt aromatisch. Das Besondere am Robiola sind die Aromen, welche die in den Weiden vorhandenen Kräuter der Milch und somit auch dem Käse verleihen.

Herstellung und Reifung. Man verwendet Kuhmilch (maximal 85 %) sowie etwas Ziegen- oder Schafsmilch. Teilweise entrahmte Milch aus zwei Melkungen wird auf 18-28 °C erwärmt und Lab hinzugefügt. Im Winter lässt man die Masse danach 10-36 Stunden ruhen. Man lässt den Bruch abtropfen und füllt ihn für 24 Stunden in Käseformen. Dann wird trocken gesalzen und die Laibe müssen mindestens drei Tage bei einer Temperatur von 15-20 °C reifen. Danach können sie noch 20 Tage oder länger gelagert werden. Nach den Produktionsvorschriften kann der gelagerte Robiola in Öl, Ziegen- oder Schafsmilch eingelegt, in Wein-, Kastanien- oder Nussblätter gewickelt und in Gläsern etwa einen Monat aufbewahrt werden.

Käse und Küche. Zu Robiola reicht man wenig gewürztes Brot, wie etwa Toskanabrot. Frischen Robiola kann man mit Extravergine-Olivenöl und etwas Balsamico-Essig abmachen. Er passt zu rohem Gemüse wie Zucchini und Salat, der längere gelagerte zu Endivien, Paprika und Selleriestangen.

Käse und Wein. Zu frischem Robiola können zarte Weißweine wie Vermentino della Riviera Ligure di Ponente oder Bianco di Pitigliano empfohlen werden. Etwas länger gelagerter Käse wird am besten mit gut strukturierten Weißweinen wie Chardonnay dei Colli Orientali del Friuli oder Terre di Franciacorta serviert.

ÄHNLICHE KÄSESORTEN

Auch der in den Langhe hergestellte **Robiola d'Alba** wird aus Kuhmilch hergestellt, welche mitunter mit etwas Schafs- oder Ziegenmilch angereichert wird. Frischer Robiola d'Alba schmeckt süß und kann auch mit Trüffeln oder aromatischen Kräutern gewürzt sein.

Scamorza Molisana

Visitenkarte

Herstellungsgebiet
ganze Region Molise

Milch
Kuhmilch

Fermentierung
Kälberlab

Lagerung
wenige Tage

Aufbewahrung
aufgehängt an einem kühlen Ort

Traditionell wird Scamorza-Käse paarweise zusammengebunden und einige Stunden lang zum Trocknen aufgehängt, bevor er mit Holzkohlenfeuer geräuchert wird.

Scamorza-Molisana-Käse wird in der **Form** einer meist 200 g schweren Birne hergestellt. Seine **Rinde** ist dünn und besteht aus einem weichen, glatten, weißen Film, welcher beim Räuchern haselnussbraun wird. Der **Teig** ist weiß, hat einen milchigen **Geruch** und einen süßen, zarten, leicht säuerlichen **Geschmack**.

Herstellung und Reifung. Für diesen Brühkäse wird Kuhmilch auf 35 °C erwärmt und durch Zugabe von Kälberlab dickgelegt. Dann wird die Gallerte zu Käsebruch geschnitten und die Molke abgegossen. Nach einer Ruhephase, welche verschieden lang sein kann, wird die Masse in heißem Wasser zu Strängen gezogen, zerteilt und zu Birnen mit abgebundenem Kopf geformt. Nach dem Abkühlen kommen die Formen in ein Salzbad. Dann werden sie zu zweien zusammengebunden und zum Trocknen aufgehängt. Nun können sie bereits verkauft oder noch einige Tage gelagert werden.

Käse und Küche. Er schmeckt gut zu Tomatensalat, grünem Salat oder zartem Gemüse wie Zucchini und Spargel. Scamorza wird auch gerne für Pizzas, Fladenbrote, gefüllte Teigwaren und Calzone verwendet. Auch bei Auberginen-Parmesan-Gerichten kann er den Mozzarella ersetzen. Würfelig geschnittener Käse kann auf Maccheroni oder andere gekochte Teigwaren gestreut werden, welche man dann zum Überbacken in den Ofen gibt. Ganz besonders beliebt ist der Scamorza vom Holzkohlengrill. Man kann ihn auch klein geschnitten in der Pfanne schmelzen lassen und auf gekochten Kartoffeln servieren.

Käse und Wein. Dazu trinkt man zarte Weißweine wie Bianchello del Metauro, Falerio dei Colli Asolani und Bianco d'Alcamo. Wird der Scamorza für salzige Gerichte wie Auberginen mit Parmesan verwendet, ist ein würziger Weißwein mit gutem Körper wie Tocai del Collio oder ein gut strukturierter Weißwein wie Vermentio di Gallura zu empfehlen.

ÄHNLICHE KÄSESORTEN

Scamorza ist eine traditionelle Käsesorte der Regionen Molise und Abruzzen, wird aber heute auch, mitunter sogar in geräucherter Form, in anderen Regionen Süditaliens produziert.

ANDERE KÄSESORTEN DES GEBIETS

Die Gemeinde Agnone in der Provinz Isernia ist das Herstellungszentrum von zwei Käsesorten des Berglands von Molise: **Stracciata** und **Caciocavallo di Agnone**. Stracciata ist ein weicher Brühkäse aus Kuhmilch. Bei der Herstellung wird die Käsemasse in Streifen geschnitten, abgekühlt, gesalzen, wieder zusammengelegt und in Formen von etwa 550 g verkauft. Caciocavallo di Agnone wird nach dem beim Caciocavallo Silano beschriebenen Verfahren bereitet und in natürlichen Höhlen gelagert.

Scimudin

»Scimudin« ist ein Wort aus dem Veltliner Dialekt und bedeutet »kleiner Käse«. Die Form der **Laibe** ist zylindrisch mit gebauchten Rändern; der Durchmesser beträgt 12-22 cm, die Höhe 3-5 cm und das Gewicht 0,5-1,5 kg. Die **Rinde** ist dünn und hat durch natürlichen Schimmelbewuchs eine weißgraue Farbe. An der Schnittfläche ist der **Teig** weiß mit eventuellen strohfarbenen Schattierungen, angenehm schmierig und weich und zeigt eine zarte, unregelmäßige **Lochung**. Der Geruch ist sehr angenehm, der **Geschmack** meist süß und kann sich mitunter mit leicht bitteren Nuancen anreichern.

Herstellung und Reifung. Scimudin ist ein Käse mit rohem Teig und wird aus Kuhmilch und eventuellem (aber immer seltenerem) Zusatz von Ziegenmilch produziert. Die Milch wird erwärmt und flüssiges Lab dazugegeben. Nach dem Gerinnen wird die Masse grob zerkleinert und in Abtropfkörbe gefüllt. Gesalzen wird entweder trocken oder mittels Salzlake. Die Laibe sind in etwa einem Monat reif und werden dann noch 20-30 Tage gelagert.

Käse und Küche. Scimudin harmoniert gut mit zartem Gemüse wie Frühlingssalaten, gekochtem Borretsch und Ofenkartoffeln. Man serviert ihn gerne mit jungen Hülsenfrüchten wie gekochten und mit etwas Öl abgemachten Erbsen oder Bohnen, mit Butterlauch, gekochtem und gratiniertem Butterspargel, Blumenkohl-Crêpes oder Pasteten. Außerdem vermischt man ihn gerne mit anderen Käsesorten zu einer Sauce, welche auf Pizzoccheri (Buchweizen-Bandnudeln) oder dampfende Polenta gegossen wird. Er passt auch geschmolzen vorzüglich auf Kartoffelklößchen, Röhrchennudeln oder hausgemachte Bandnudeln.

Käse und Wein. Empfehlenswert sind charaktervolle Weißweine mit mittlerem Körper und ausgeprägtem Geschmack wie Terre di Franciacorta, Valcalepio, Verdicchio di Matelica oder Biancolella.

Visitenkarte

Herstellungsgebiet
Veltlin, in der Provinz Sondrio

Milch
Kuhmilch, mit einem kleinen Anteil Ziegenmilch

Fermentierung
Kälberlab

Lagerung
20–30 Tage

Aufbewahrung
im Kühlschrank, in ein feuchtes Tuch eingewickelt

Silter

Visitenkarte

Herstellungsgebiet
Provinz Brescia, im Besonderen das Cavallina-Tal, Saviore dell'Adamello, Ponte di Legno, die Voralpengebiete im Osten des Lago d'Iseo und des Camonica-Tals

Milch
Kuhmilch

Fermentierung
Kälberlab

Lagerung
bis zu mehr als 1 Jahr

Aufbewahrung
in einer Folie verpackt an einem kühlen Ort oder in einem feuchten Tuch im weniger kühlen Fach des Kühlschranks

Der Terminus »Silter« stammt aus dem Keltischen und bezeichnet eine Berghütte, in welcher Käse produziert wird. Er ist mit dem englischen »shelter« verwandt, welches auch in der Bedeutung »Zuflucht« oder »Schutzhütte« verwendet wird.

»Silter« bezeichet im Dialekt des Brescia-Tals eine Sennhütte, wo die Käselaibe gesalzen und gelagert werden. Die **Laibe** haben eine zylindrische Form mit leicht gebauchten Ober- und Unterseiten und geraden Seitenrändern; der Durchmesser beträgt 25-40 cm, die Höhe 10-15 cm und das Gewicht 10-20 kg. Die **Rinde** ist sehr fest, glatt und von gelber bis brauner Farbe. Nach sechs Monaten Lagerung erhält man einen festen strohgelben **Teig** mit leichter **Lochung** und vollem, süßem, aromatischem **Geschmack**. Einjähriger Silter-Käse mit gelbem Teig und häufiger **Lochung** offenbart einen würzigen **Geschmack** mit ausgeprägtem Aroma.

Herstellung und Reifung. Diese halbfette Käsesorte wird aus Milch der Rinderrasse Bruna Alpina gewonnen, welche nach dem Aufrahmen teilweise entfettet wurde. Man erwärmt die Milch auf 35-36 °C und fügt Kälberlab hinzu. Die sich bildende Gallerte wird zu reiskorngroßem Bruch zerkleinert. Nach einer Ruhephase wird die Masse etwa 30 Minuten auf 45-46 °C erhitzt, dann vom Feuer genommen und 10 Minuten stehen gelassen. Danach füllt man sie in Käseformen, wo sie etwa einen Tag lang mit Gewichten beschwert wird. Anschließend kommen die Käselaibe 3-5 Tage in Salzlake oder werden auf traditionelle Weise trocken gesalzen. Während der nun folgenden zehntägigen Reifung in kühler und luftiger Umgebung müssen die Laibe immer wieder gewendet und gewaschen werden. Die Lagerdauer beträgt sechs Monate bis zu mehr als einem Jahr.

Käse und Küche. Sechs Monate alter Silter wird als Tafelkäse gereicht und kann mit Polenta und Milch, Polenta und Butter, Kartoffelpüree, Kartoffelnocken, Joghurt-Senfsauce, Baumerdbeeren, Heidelbeeren, Nüssen oder getrockneten Aprikosen garniert werden. Ein Jahr lang gelagerter Käse dient als Reibkäse zum Verfeinern von Gnocchi alla romana (Grießklößchen), Lasagne, gratinierten Zucchini, Kräuteromeletten, Risottos, gekochtem Reis, Eierteigwaren mit Butter oder einer Suppe mit Cappelletti (mit Fleisch gefüllter Nudelteig).

Käse und Wein. Zu Silter-Tafelkäse passen liebliche Weißweine wie Lugana, Corese di Gavi, Soave, Cortese dell'Oltrepò Pavese oder Trebbiano d'Abruzzo. Silter-Reibkäse verlangt jedoch junge Rotweine wie Kalterersee, Lambrusco dei Colli Mantovani, Ormeasco und Cesanese del Piglio.

Söra

Er wird auch als **Soera** oder **Sola** bezeichnet und besitzt eine fladenartige **Form** mit sehr niedrigen Rändern – nicht höher als 4-5 cm – und hat einen Durchmesser von etwa 12 cm. Mitunter wird er auch in quadratischer Form mit einer Seitenlänge von 10 cm und einem Gewicht von 1-2 kg hergestellt. Die **Rinde** ist dünn und hell, von strohgelber Farbe, welche im Zuge der Alterung intensiver und dunkler wird. Der **Teig** ist kompakt, aber weich und glänzend, zuerst weiß und später elfenbeinfarben. Der milchige **Geruch** erinnert an die Alpenkräuter und Blumen der Bergweiden. Der **Geschmack** zeigt die typischen Noten von Schafs- und Ziegenkäse.

Herstellung und Reifung. Dieser etwas ungewöhnliche Bergkäse wird aus Schafsmilch, manchmal auch aus Ziegenmilch und eventuell einem Zusatz von Kuhmilch hergestellt. Die Milch wird auf 30-36 °C erwärmt und mit flüssigem Lab dickgelegt. Die Gallerte wird zerteilt und anschließend mit einem grob gewebten Tuch herausgehoben, damit die Molke abfließen kann. Sobald die Bruchmasse trocken ist, wird sie geknetet, in Käseformen gefüllt und gepresst. Schließlich werden die Laibe trocken gesalzen und im Sommer einen Monat, im Winter aber bis zu zwei Monaten gelagert.

Käse und Küche. Sobald der Söra-Käse zum Genuss bereit ist, sollte man die Rinde lieber abkratzen als sie abzuschneiden, damit die Waldboden-Aromen erhalten bleiben. Am besten serviert man ihn pur mit Bauernbrot oder zu Kopfsalat, gekochten grünen Bohnen mit Knoblauch und Öl sowie zu nicht allzu bitteren Feldsalaten. Walnüsse, Haselnüsse und Erdbeerbaumhonig können gleichfalls dazugegeben werden.

Käse und Wein. Sehr gut passen Weißweine mit fester Struktur wie Sauvignon del Collio, Südtiroler Grauburgunder oder Greco di Tufo.

ANDERE KÄSESORTEN DES GEBIETS

In der Umgebung von Entracque (ebenfalls in der Provinz Cuneo) wird ein Söra aus Kuhmilch unter dem Namen **Ormea** erzeugt. Dieser Käse aus Vollmilch oder fettarmer Milch wird in der Gemeinde Entracque und in anderen Gemeinden im Süden der Provinz Cuneo hergestellt. Er wird frisch verzehrt oder auch bis zu mehr als acht Monate gelagert.

Visitenkarte

Herstellungsgebiet
ursprünglich im Oberen Tanaro-Tal; heute in den Gemeinden Ormea, Viozene, Valdarmella und Villaro in der Provinz Cuneo

Milch
Schafsmilch; mitunter auch Ziegenmilch, eventuell mit einem Zusatz von Kuhmilch

Fermentierung
flüssiges Lab

Lagerung
bis zu 2 Monaten

Aufbewahrung
an einem kühlen Ort, am besten im Keller; der Käse sollte in Stanniolpapier verpackt sein

Spressa delle Giudicarie

Visitenkarte

Herstellungsgebiet
westliches Trentino (Giudicarie-Täler, vor allem Rendana-Tal und Ledro-Tal)

Milch
Kuhmilch

Fermentierung
pulverförmiges Rinderlab

Lagerung
bis zu 1 Jahr

Aufbewahrung
im weniger kühlen Fach des Kühlschranks, in ein feuchtes Tuch eingeschlagen

Die offiziele Bezeichnung für diesen Käse ist Spressa delle Giudicarie, welchem 2004 der DOP-Status zuerkannt wurde.

Spressa delle Giudicarie (DOP) kommt in zylinderförmigen **Laiben** mit 30-35 cm Durchmesser, einer Höhe von 8-11 cm und einem Gewicht von 6-8 kg in den Handel. Ihre **Rinde** ist dunkel, unregelmäßig, elastisch und von mittlerer Dicke. Der weiße oder leicht strohfarbene **Teig** ist kompakt, mehr oder weniger brüchig und weist in der Nähe der Rinde eine spärliche **Lochung** auf. Der **Geschmack** ist süß, zeigt aber auch deutlich bittere Nuancen.

Herstellung und Reifung. Dieser Kuhmilchkäse wird aus fettarmer Milch gewonnen, welche manchmal auch mit Vollmilch vermischt wird. Die Milch von einer oder zwei Melkungen lässt man zum Aufrahmen stehen, schöpft die Sahne ab und gibt die entrahmte Milch gemeinsam mit etwas Vollmilch in den Kessel. Hier wird sie auf 33-37 °C erwärmt und durch Zugabe von pulverförmigem Rinderlab zum Gerinnen gebracht. Nach 25-40 Minuten hat sich die Gallerte gebildet; sie wird nun zu sehr feinem Bruch zerkleinert, welcher für 15-20 Minuten auf 40-44 °C erhitzt und weitere 40 Minuten lang in der Molke stehen gelassen wird. Dann wird die Masse in Käseformen gefüllt und gepresst. Danach wird entweder trocken oder mittels Salzlake gesalzen. Während der Lagerung können sich auf der Rinde kleine Risse und Einbuchtungen bilden, welche für den charakteristischen, leicht bitteren Geschmack verantwortlich sind. Die Laibe können bis zu einem Jahr gelagert werden.

Käse und Küche. Spressa delle Giudicarie schmeckt mit Honig, Konfitüre, Senfsauce und sehr süßen Früchten. Man serviert ihm mit grünem Salat, gekochtem Gemüse, gekochtem Reis und Polenta. Er findet auch bei vielen Rezepten Anwendung – für Aufläufe, Kartoffel- und Gemüsepürees, als Würze für Gemüsekuchen, überbackene Nudelgerichte und Pasteten.

Käse und Wein. Zu empfehlen sind weiche Weine wie Regaleali, Bianco di Cialla dei Colli Orientali del Friuli oder etwas süßere wie manche Orvieto-Weine.

Taleggio

Visitenkarte

Herstellungsgebiet
ursprünglich das Val Taleggio in der Provinz Bergamo; heute wird er in vielen Provinzen der Lombardei hergestellt: Bergamo, Brescia, Como, Mailand, Lodi, Pavia, Cremona sowie in den Provinzen Treviso (Venetien) und Novara (Piemont)

Milch
Kuhmilch

Fermentierung
Lab vom Kalb oder Jungochsen

Lagerung
mindestens 35 Tage

Aufbewahrung
bei 0-6 °C in Einschlagpapier, aber niemals in Klarsichtfolie, da diese die Luftzufuhr verhindert und der Käse dadurch zu gären beginnt

Taleggio (DOP) hat eine quadratische **Form** mit geraden Rändern; die Seitenlängen sind 18-20 cm lang, die Höhe beträgt 5-7 cm, das Gewicht 1,7-2,2 kg. Taleggio-Käse ist besonders weich, fast cremig, ist aber nicht fetter als andere Käsesorten. Die fast schmelzende Konsistenz ist auf die mengenmäßig relativ große Labzugabe zurückzuführen. Die dünne **Rinde** ist runzelig, weich und hat einen elfenbeinfarbenen bis rosa Farbton mit einer eventuellen Streifung von grauem oder graugrünem Schimmel. Dieser Schimmel sollte nicht weggeschnitten werden – es reicht, ihn abzukratzen; die dadurch hervorgerufenen Geschmacksaromen werden von Feinschmeckern sehr geschätzt. Der weiche, hell strohfarbene **Teig** ist zur Rinde hin noch weicher und im Kern brüchiger. Er ist von elastischer, kompakter Konsistenz und kann auch eine spärliche kleine **Lochung** aufweisen. Taleggio besitzt einen deutlich milchigen **Geruch**, welcher bei manchen Sorten an feuchtes Laub oder Trüffel (besonders an der Rinde) erinnert. Der **Geschmack** ist süß mit typisch säuerlichem Ton, leicht aromatisch, zeigt mitunter auch Trüffelaromen und kann beim sehr lange gelagerten Käse auch kräftig und scharf werden.

Herstellung und Reifung. Dieser Weichkäse wird aus Kuhmilch erzeugt, welche nicht älter als 24 Stunden sein darf, sowie einem Zusatz von Kälberlab. Die geronnene Masse wird in haselnussgroße Krümel zerteilt, welche man abtropfen lässt, in quadratische Formen füllt, wo der sich bildende Käse die überschüssige Flüssigkeit verliert. Danach werden die Laibe von Hand eingesalzen oder in Salzlake gelegt, bevor sie gelagert werden. Während der Lagerung, welche häufig in natürlichen Höhlen vorgenommen wird, werden die Laibe wöchentlich gewaschen, um einen Bewuchs mit Fremdschimmel zu vermeiden. Die Lagerdauer beträgt mindestens 35-40 Tage.

Käse und Küche. Wenn Taleggio-Käse im Kühlschrank aufbewahrt wird, sollte man ihn mindestens 30 Minuten vor dem Servieren herausnehmen. Man isst ihn pur zu wenig salzigem Weißbrot oder garniert ihn mit grünem Mischsalat oder Walnüssen. Als besonders schmackhaft erweist er sich, wenn man ihn im Ofen schmelzen lässt und auf Gnocchi, Polenta und gekochten Kartoffeln serviert.

Käse und Wein. Zu empfehlen sind körperreiche Weißweine wie Chardonnay del Collio, Südtiroler Müller Thurgau und Vernaccia di San Gimigniano. Wer Rotweine bevorzugt, sollte einen jungen, frischen Wein wie Kalterersee, Grignolino del Monferrato Casalese oder Casteller wählen.

Toma Piemontese

Visitenkarte

Herstellungsgebiet
Provinzen Novara, Vercelli, Biella, Turin und Cuneo; die Gemeinden Acqui Terme, Terzo, Bistagno, Ponti und Denice in der Provinz Alessandria; die Gemeinden Monastero Bormida, Roccaverano, Monbaldone, Olmo Gentile und Serole in der Provinz Asti

Milch
Kuhmilch

Fermentierung
Kälberlab

Lagerung
Laibe bis zu 6 kg 15 Tage, schwerere Laibe 60 Tage

Aufbewahrung
im Kühlschrank, in Einschlagpapier und in verschlossenen Dosen, damit der Käse nicht den Geruch anderer Lebensmittel annimmt

Diesen DOP-Käse gibt es als weicheren, vollfetten (**Tenera**), als auch als halbfetten Käse (**Semidura**). Toma Piemontese Tenera wird in **Laiben** von zylindrischer Form, flachen oder nahezu flachen Ober- und Unterseiten und leicht gebauchten Rändern erzeugt; die Höhe beträgt 6-12 cm, der Durchmesser 15-35 cm und das Gewicht 1,8-8 kg. Die **Rinde** ist elastisch, glatt und je nach Alter hell strohfarben oder rötlich-braun. Der **Teig** ist weiß bis strohfarben, weich, zeigt eine verbreitete feine **Lochung**, hat einen zarten **Geruch** und einen angenehmen, süßen **Geschmack**.
Toma Piemontese Semidura wird in ähnlicher **Form** und Größe hergestellt. Die Rinde ist rau und wenig elastisch; der halbfeste **Teig** offenbart einen duftigen, beim älteren Käse sehr ausgeprägten **Geruch** und einen intensiven, harmonischen **Geschmack**.

Herstellung und Reifung. Toma Piemontese Tenera ist ein Vollmilchkäse. Für seine Herstellung verwendet man Kuhmilch aus zwei Melkungen, welche aber nicht älter als 12 Stunden sein darf. Die Milch wird erwärmt und mit Kälberlab versetzt. Sobald sich die Gallerte gebildet hat, wird sie zu maiskorngroßem Bruch zerkleinert, in Formen gefüllt und gepresst. Danach werden die Laibe trocken gesalzen oder in ein Salzbad gelegt.
Toma Piemontese Semidura ist ein Schnittkäse aus halbfetter Milch. Dafür verwendet man Kuhmilch aus zwei Melkungen, die man bis zu 24 Stunden stehen lässt, bevor man sie teilentrahmt, erwärmt und mit Kälberlab versetzt. Sobald sich die Gallerte gebildet hat, wird sie zu reiskorngroßem Bruch zerkleinert, in Formen gefüllt und gepresst. Schließlich wird gesalzen – traditionell wird sehr grobes Salz von Hand abwechselnd auf die Ober- und Unterseiten gestreut, heute wird der Käse mitunter auch in ein Salzbad gelegt. Sowohl Tenera- als auch Semidura-Laibe bis zu einem Gewicht von 6 kg müssen mindestens 15 Tage gelagert werden, schwerere Laibe mindestens 60 Tage.

Käse und Küche. Toma Tenera bereichert viele Saucen für Teigwarengerichte, wie etwa eine Tomaten-Erbsen-Sauce und passt für alle Teigwaren mit Butter. Er wird auch gerne unter Risottos oder Gnocchi gemischt und findet in vielen Rezepten für Quiches, Aufläufe, Pfannkuchen und Omeletten Anwendung. Pur schmeckt er mit rustikalem Weißbrot, Vollkornbrot oder Nussbrot.
Toma Semidura bereichert jede Käseplatte, wird aber auch in zahlreichen Rezepten verwendet. Man kann ihn geschmolzen ohne Beilagen oder auf Polenta, Risottos, Quiches, Blätterteig, salzigen Mürbeteigtörtchen oder gekochtem Spargel servieren. Pur passt er gut zu Selleriesalat, Ofenkartoffeln und gratinierten Tomaten mit fleischloser Fülle.

Käse und Wein. Zu jüngerem Toma passen charaktervolle Weißweine wie Vermentino dei Colli die Luni, Albana di Romagna und Arneis. Zu älterem Toma-Käse sind Rotweine mit mittlerem Körper wie Dolcetto, Ormeasco oder Morellino di Sansano zu empfehlen.

ÄHNLICHE KÄSESORTEN

Toma di Lanzo wird im Gebiet um Lanzo Torinese und in den benachbarten Tälern Val Grande, Val d'Ala und Valle di Viù aus Kuhmilch produziert. Toma di Lanzo wird mindestens zwei Monate, häufig in natürlichen Höhlen, gelagert.

Trentingrana

Trentingrana-Käse gehört zum Markenzeichen Grana Padano DOP. Die **Laibe** haben eine zylindrische Form mit leicht nach außen gewölbten Rändern, sind 18-25 cm hoch, haben einen Durchmesser von 35-40 cm und wiegen 35-40 kg. Ihre **Rinde** ist hart, dick, glatt und wachsartig; der **Teig** hat eine feinkörnige Struktur, ist brüchig, weist eine kaum sichtbare **Lochung** auf und ist weiß oder strohfarben. Der typische **Geschmack** ist ausgeprägt, süß, mitunter auch intensiv, aber nie scharf.

Herstellung und Reifung. Die Milch für Trentingrana-Käse stammt aus zwei Melkvorgängen. Jene vom Abend lässt man in geeigneten Gefäßen stehen, am Morgen schöpft man den Rahm ab und vermengt die teilentrahmte mit der soeben gemolkenen Morgenmilch. Diese Mischung wird auf 32-33 °C erwärmt und mittels Kälberlab zum Gerinnen gebracht. Nachdem die Gallerte zu reiskorngroßem Bruch zerkleinert wurde, erhitzt man die Masse zuerst auf 41-43 °C und einige Minuten lang im Dampf auf 54 °C. Nach einer Ruhephase wird die Bruchmasse herausgehoben, in Käseformen gefüllt und leicht gepresst. Die so entstandenen Laibe werden in ein Salzbad gelegt und müssen danach mindestens ein Jahr reifen.

Käse und Küche. Der Käse passt gut zu Bauernbrot und rohem Gemüse wie Salaten, Artischocken, Pilzen und Stangensellerie; er kann aber auch zu gekochten oder in der Folie gebratenen Kartoffeln, Polenta mit Butter und zu Birnen gereicht werden. Trentingrana-Reibkäse findet in vielen Rezepten Anwendung – Füllen für Ravioli und Anolini alla parmigiana (kleine gefüllte Teigtaschen aus der Küche Parmas), Fleischfüllen, überbackene Gerichte oder Omeletten. Außerdem dient er zum Bestreuen von eventuell hausgemachten, gefüllten Teigwaren, von Reisgerichten, Risottos, Bouillons und Gemüsecremesuppen. Mit Butter verrührt ergibt er eine vorzügliche Sauce für Eierteigwaren.

Käse und Wein. Trentingrano harmoniert gut mit körperreichen Rotweinen wie Teroldego Rotaliano, Terre di Franciacorta oder Rosso Conero. Auch ein Porto Ruby kann dazu gereicht werden.

Visitenkarte

Herstellungsgebiet
ursprünglich das Val di Non; heute ganz Trentino

Milch
Kuhmilch

Fermentierung
Kälberlab

Aufbewahrung
im weniger kühlen Fach des Kühlschranks, in ein feuchtes Tuch eingeschlagen

Lagerung
mindestens 1 Jahr

Man begann in den 1920er-Jahren im Val di Non mit der Produktion des Trentingrana und übernahm dabei die Herstellungstechniken dor Grana-Padano-Käsereien von Mantua.

Tumazzu

Visitenkarte

Herstellungsgebiet
ganz Sizilien

Milch
Schafsmilch

Fermentierung
Ziegenlab oder Lammlab

Lagerung
bis zu 1 Jahr

Aufbewahrung
im weniger kühlen Fach des Kühlschranks, in ein feuchtes Tuch eingeschlagen

Tumazzu (auch **Tuma** genannt) wird in zylinderförmigen **Laiben** von 10-20 cm Höhe, 30 cm Durchmesser und mehr als 4 kg Gewicht hergestellt. Seine **Rinde** ist dünn, rau, schmutzig weiß oder gelblich; er hat eine kompakte, wenig elastische Konsistenz. Der **Geschmack** ist in den ersten Monaten zart und wird nach längerer Lagerung immer ausgeprägter und nimmt schließlich scharfe Noten an.

Herstellung und Reifung. Für diesen Schafskäse wird Milch auf 35 °C erwärmt und das als *»u quacchiu«* bezeichnete, in etwas Milch aufgelöste Ziegen- oder Lammlab hinzugefügt. Die geronnene Masse wird zu feinem Bruch zerkleinert, damit die Molke austreten kann. Dann füllt man die Bruchmasse in Formen und taucht diese für 1-3 Stunden in kochende Molke. Danach werden die Laibe in ein Salzbad gelegt. Die Tumazzu-Laibe reifen 45 Tage lang an einem kühlen, luftigen Ort und werden schließlich noch drei Monate bis zu einem Jahr gelagert.

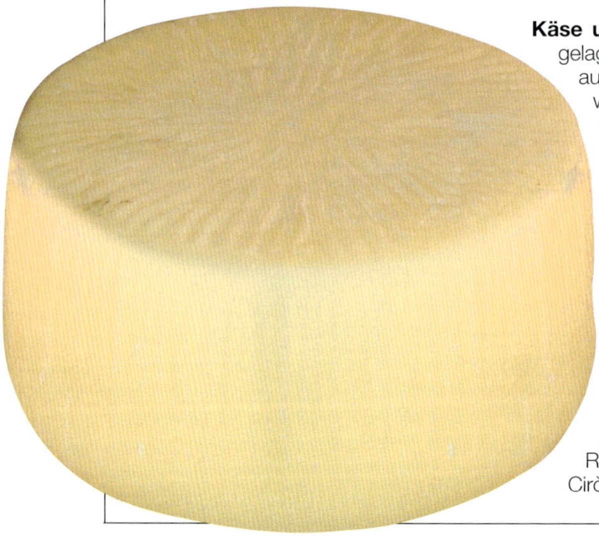

Käse und Küche. Jungen, bis zu drei Monate gelagerten Tumazzu serviert man mit Salaten aus jungem Gemüse, rohen Hülsenfrüchten wie Bohnen oder zu Mischgemüse. Er dient auch als Omelettenfülle und ist ein wichtiger Bestandteil von Pastetenrezepten. Länger gelagerter Käse wird zum Aufreiben verwendet und auf Teigwaren, Reis und Gemüse gestreut. Darüber hinaus wird er gerne, grob aufgerieben, zu Sellerie oder Zwiebeln serviert.

Käse und Wein. Zu jüngerem Tumazzu können süffige Weißweine wie Bianco d'Alcamo, Trebbiano di Romagna oder Falerno del Massico getrunken werden, zu länger gelagertem Käse sind gut strukturierte und länger ausgebaute Rotweine wie Nero d'Avola, Taurasi oder Cirò Rosso zu empfehlen.

Valcasotto

Die runden **Laibe** haben einen Durchmesser von etwa 15-25 cm, sind 2-4 cm hoch und wiegen 0,3-1 kg. Der frische Käse hat eine kaum sichtbare, sehr dünne **Rinde**, welche im Laufe der Alterung rissig und braun wird und sich mit rötlichem Schimmel überziehen kann. Der **Teig** ist elfenbein- oder strohfarben und wird nach längerer Lagerung cremeartig.

Herstellung und Reifung. Dieser sehr seltene Bergkäse wird aus Kuhmilch hergestellt, welche mit kleinen Anteilen von Schafs- und Ziegenmilch vermischt wird. Die Vollmilch wird auf 38 °C erwärmt und mit flüssigem Kälberlab versetzt. Die gewonnene Gallerte wird zu haselnussgroßem Bruch zerteilt und aus dem Kessel gehoben. Nach einer mehrstündigen Ruhephase bei 25 °C kommt die Bruchmasse in Abtropfformen. Schließlich werden die so geformten Laibe in Salzlake gelegt. Valcasotto-Laibe reifen in 10-20 Tagen bei einer Raumtemperatur von 5 °C und können danach noch gelagert werden.

Visitenkarte

Herstellungsgebiet
oberes Tanaro-Tal in der Provinz Cuneo, Piemont, im Besonderen auf den Almen an der Grenze zu Ligurien

Milch
Kuhmilch mit etwas Schafs- und Ziegenmilch

Fermentierung
Kälberlab

Lagerung
möglich

Aufbewahrung
ganze Laibe im Keller; Stücke im weniger kühlen Teil des Kühlschranks, in Einschlagpapier verpackt

Käse und Küche. Frischer Valcasotto passt gut zu Röstkartoffeln, Zucchinitorten und gratiniertem Sellerie. Älterer Käse findet er für Gerichte mit kurzen Teigwaren, als Fülle für Käsekuchen oder für im Ofen überbackene Karden Anwendung und wird auch gerne zwischen Polentascheiben geschichtet und gratiniert; ganz vorzüglich schmeckt er zu rohen Artischocken oder Topinambur-Scheiben.

Käse und Wein. Zu Valcasotto trinkt man Weißweine mit mittlerem Körper wie Arneis delle Langhe, Bianco della Valdinievole, Falerio dei Colli Ascolani oder Cirò Bianco. Zu bereits würzigerem Käse kann man Weißweine mit intensiverem Aroma wählen, wie etwa Pigato, Südtiroler Müller Thurgau oder Chardonnay dell'Isonzo.

Valle d'Aosta Fromadzo

Visitenkarte

Herstellungsgebiet
gesamtes Aosta-Tal

Milch
Kuhmilch, mitunter mit einem kleinen Anteil von Ziegenmilch

Fermentierung
Kälberlab

Lagerung
bis zu 1 Jahr

Aufbewahrung
den ganzen Laib im Keller; Stücke im temperiertesten Teil des Kühlschranks, in ein feuchtes Tuch eingewickelt

Der im Handel erhältliche Valle d'Aosta Fromadzo (DOP) wird in zylinderförmigen **Laiben** mit flachen oder nahezu flachen Ober- und Unterseiten und leicht bauchigen oder geraden Rändern hergestellt; der Durchmesser beträgt 15-30 cm, die Höhe 5-20 cm und das Gewicht 1-7 kg. Die je nach Alter mehr oder weniger feste **Rinde** ist strohfarben bis grau, bei länger Lagerung mitunter mit rötlichen Schattierungen. Der **Teig** ist kompakt und zeigt eine spärliche, meist kleine bis mittelgroße **Lochung**; beim frischen Käse ist der Teig weiß und wird im Laufe der Lagerung mehr oder weniger intensiv strohfarben. Der **Geruch** erinnert an Milch und die aromatischen Gräser der Almwiesen. Der **Geschmack** ist duftig, beim jungen Käse süßlich, wird aber im Laufe der Zeit würziger und kann eine scharfe Note annehmen.

Herstellung und Reifung. Dieser Schnittkäse wird aus Kuhmilch, manchmal aber auch mit einem Zusatz von etwas Ziegenmilch hergestellt. Er wird in zwei Versionen – **Magro** und **Semigrasso** – verkauft. Für seine Herstellung lässt man Milch aus zwei Melkungen eine Zeit lang stehen. Dann wird je nach Version entweder Vollmilch oder halbfette Milch erwärmt und mit natürlichem Lab versetzt. Die sich bildende Gallerte wird noch weiter auf etwa 45 °C erhitzt und dann zu feinem, reiskorngroßem Bruch zerteilt. Dann füllt man die Bruchmasse in Käseformen, wo sie leicht gepresst wird. Schließlich werden die Laibe trocken oder in der Lake gesalzen. Mitunter wird der Käse auch mit aromatischen Kräutern eingerieben. Die fertigen Käselaibe werden noch mindestens 60 Tage und höchstens ein Jahr lang gelagert.

Käse und Küche. Junger Fromadzo kann mit gekochtem Spargel, grünem Salat, gekochtem, nicht bitterem Gemüse und verlorenen Eiern serviert werden. Er passt gut zu Walnüssen, Haselnüssen, rohen Artischocken, Birnen und Honig. Als Reibkäse dient er zum Würzen von Risottos, Gnocchi und Teigwaren mit Butter.

Käse und Wein. Mit jungem Fromadzo harmonieren duftige Weine wie Erbaluce di Caluso, Favorita delle Langhe und Valcalepio Bianco. Zu älterem Käse kann man Rotweine, von Enfer d'Arvier, Torrette und Donnas aus dem Aostatal bis zu verschiedenen Dolcetto-Weinen und St. Magdalener wählen.

Valtellina Casera

Die **Laibe** des Valtellina Casera (DOP) haben eine regelmäßige zylindrische Form mit flachen Ober- und Unterseiten und geraden Rändern. Der Durchmesser beträgt 25-45 cm, die Höhe 5-10 cm und das Gewicht 7-12 kg. Die **Rinde** ist kompakt und von strohgelber Farbe, welche im Laufe der Zeit immer dunkler wird. Der **Teig** ist je nach Alter und Jahreszeit der Herstellung weiß bis strohgelb, hat eine kompakte, elastische Struktur und weist eine feine, unregelmäßige **Lochung** auf. Der charakteristische **Geschmack** ist süß und sehr angenehm, der besondere **Geruch** nach Nüssen und Trockenfrüchten wird im Zuge der Alterung immer intensiver.

Visitenkarte

Herstellungsgebiet
Provinz Sondrio in der Lombardei

Milch
Kuhmilch

Fermentierung
Kälberlab

Lagerung
60 Tage und länger

Aufbewahrung
an einem kühlen und trockenen Ort oder im weniger kühlen Teil des Kühlschranks, eventuell in einem verschlossenen Behälter

Herstellung und Reifung. Diese Käsesorte wird aus Milch der Rinderrasse Bruna Alpina gewonnen. Der auf 35-37 °C erwärmten Milch wird flüssiges Lab beigemischt, worauf die sich bildende Gallerte in maiskorngroße Krümel zerteilt wird. Dann erhitzt man den Käsebruch auf 40-44 °C und füllt ihn nach kurzer Verweildauer in der Molke in die Käseformen. Die entstandenen Käselaibe werden trocken oder mittels Lake gesalzen. Schließlich müssen sie noch mindestens 60 Tage lagern.

Käse und Küche. Der zarte, schmackhafte Valtellina Casera wird gerne unter Kochsalate gemischt oder mit Kartoffelpüree, Polenta und grünen Bohnen mit Butter gegessen. In geschmolzener Form schmeckt er vorzüglich auf Risottos und Spaghetti. Valtelina Casera wird gerne als Abschluss eines Mahles oder auch zum Aperitif gereicht – dazu passen Landbrot oder Vollkornbrot. Schließlich findet er auch in vielen traditionellen lombardischen Gerichten Verwendung, wie beispielweise für Pizzoccheri (Buchweizen-Bandnudeln).

Käse und Wein. Zu jungem Valtellina Casera trinkt man charaktervolle Weißweine wie Terre di Franciacorta Bianco, Südtiroler Weißburgunder oder Cirò Bianco. Länger gelagerter Käse harmoniert mit lieblichen Rotweinen wie Cellatica, Capriano del Colle oder Rossò Piceno.

Vezzena

Visitenkarte

Herstellungsgebiet
Hochebene von Lavarone, Folgaria und Vezzena-Pass in der Provinz Trient

Milch
Kuhmilch

Fermentierung
Kälberlab

Lagerung
bis zu mehr als 1 Jahr

Aufbewahrung
an einem frischen Ort; oder in der Originalverpackung im Gemüsefach des Kühlschranks

Die zylinderförmigen **Laibe** haben 35-40 cm Durchmesser, sind 8-10 cm hoch und wiegen etwa 10 kg. Ihre **Rinde** ist dünn, elastisch und wird im Zuge der Alterung dicker; auch die Farbe geht vom ursprünglichen Strohgelb in Braun über. Der **Teig** ist fest und kompakt und weist eine spärliche, kleine **Lochung** auf, aber nach einem bis eineinhalb Jahren verschwindet die Lochung, der Teig wird dunkelgelb, brüchig und entwickelt sich zu Reibkäse. Der **Geruch** enthüllt eine typische Kräuternote, welche an Schnittlauch erinnert; der **Geschmack** ist süß und wird bei älterem Käse intensiver und eventuell auch scharf.

Herstellung und Reifung. Dieser halbfette Kuhmilchkäse wird traditionell im Sommer hergestellt, wenn das Vieh auf den Almweiden grasen kann. Man verwendet die am Abend gemolkene Milch – sie wird zum Aufrahmen stehen gelassen und dann entrahmt – und die frische Vollmilch von der Morgenmelkung. Diese Mischung wird auf 34-35 °C erwärmt und Kälberlab hinzugefügt. Nach dem Gerinnen wird die Gallerte in maiskorngroßen oder noch feineren Bruch zerkkleinert. Daraufhin erwärmt man die Bruchmasse auf 45-46 °C, hebt sie zum Abtropfen aus der Molke, schneidet sie in grobe Stücke und füllt sie in Käseformen, welche man einige Zeit lang ruhen lässt. Gesalzen wird trocken oder mittels Salzbad. Die Laibe werden etwa sechs Monate aber auch länger als ein Jahr gelagert.

Käse und Küche. Vezzena passt zu Landbrot, zu gut gewürztem Gemüse wie rohem Artischocken- oder Radicchiosalat. Aufgeschnitten gibt man ihn gerne auf Quiches, Crêpes und Omeletten. Älterer, fein aufgeriebener Vezzena-Käse würzt Kräuterpasteten und Butterrisottos; gehobelt oder grob aufgerieben wird er zum Gratinieren von Nudelaufläufen oder für Sellerie- und Pilzsalate verwendet.

Käse und Wein. Zu Vezzena trinkt man am besten harmonische Weißweine wie Trentino Nosiola oder Tocai del Piave. Länger gereifte Käsesorten harmonieren mit Tocai Rosso dei Colli Berici, Teroldego Rotaliano und Raboso del Piave.

Boeren-Leidse met Sleutels

Visitenkarte

Herstellungsgebiet
Amsterdam, Provinz Nordholland

Milch
Kuhmilch

Fermentierung
Kälberlab

Lagerung
1–2 Monate

Aufbewahrung
gut in Stanniolpapier verpackt, im weniger kühlen Teil des Kühlschranks

Boeren-Leidse met Sleutels (BOB) wird bereits seit dem Mittelalter produziert und wurde bereits damals aus den Häfen der ehemaligen Nordseebucht Zuiderzee exportiert. Die runden **Laibe** haben flache Ober- und Unterseiten und wiegen 1,7-1,9 kg. Außen sind sie traditionell mit einer roten Paraffinschicht überzogen. Der **Teig** ist von dunkler strohgelber bis goldener Farbe, kompakt, elastisch, halbfest und weist einen süßen, frischen **Geruch** sowie einen milchig-süßen **Geschmack** auf.

Herstellung und Reifung. Boeren-Leidse met Sleutels wird aus halbfetter, pasteurisierter Kuhmilch hergestellt. Die Milch wird im Käsekessel auf etwa 30 °C erwärmt und dann mit Milchsäurebakterien und Kälberlab versetzt. Die sich bildende Gallerte wird in 5-6 mm große Körner zerteilt, welche dann auf 40 °C erhitzt werden. Nach nochmaligem Abtropfen und Zerteilen wird die Bruchmasse in Käseformen gefüllt. Nun werden die Laibe, im Salzbad liegend, gepresst. Schließlich werden sie bei 10-12 °C in Holzbottichen gelagert und nach einigen Wochen mit rotem Paraffin überzogen.

Sobald die Boeren-Leidse-Käselaibe reif sind, werden sie mit einer roten Paraffinschicht überzogen.

Käse und Küche. Boeren-Leidse met Sleutels wird gerne mit Walnüssen und Haselnüssen gegessen. Wegen seines feinen Geschmacks passt er gut zu Weißbrot und zarten Gerichten, allen voran zu gemischten Blattsalaten. In der Küche findet er bei Rezepten für gefüllte Pfannkuchen und Fleischrouladen Anwendung und dient, mit Eigelb verrührt, zum Würzen von Kartoffelnocken oder Nudelgerichten.

Käse und Wein. Dazu trinkt man nicht allzu körperreiche Weißweine wie stillen Prosecco di Valdobbiadene oder Orvieto.

Kanterkaas

Kanterkaas (BOB) wird in zylinderförmigen **Laiben** hergestellt, deren untere Kanten ausgeprägt, die oberen aber abgeschrägt sind; ihr Gewicht variiert von 3-8,5 kg. Die **Rinde** ist hart, glatt, weist keinen Schimmel auf und kann mitunter auch mit gelben oder roten, natürlichen oder chemischen Farbstoffen behandelt worden sein. Der **Teig** ist elfenbeinfarben oder gelblich, kompakt, homogen, hat eine spärliche **Lochung** und eine feste, bei den älteren Laiben harte Konsistenz. Der zarte **Geschmack** wird im Laufe der Zeit kräftiger. Kanterkaas wird meist als Schnittkäse, seltener auch als Reibkäse verwendet.
Kanternagelkaas ist mit Gewürznelken angereichert. Sein **Teig** ist gelb-grün, mitunter rund um die Gewürznelken etwas dunkler. Der **Geschmack** ist duftig, aromatisch und je nach Alter mehr oder weniger ausgeprägt.
Kanterkomijnekaas ist mit Kümmelkörnern versehen, welche gleichmäßig im **Teig** verteilt sind. Dieser ist gelblich-elfenbeinfarben oder gelb-grün, hat einen aromatischen **Geschmack**, welcher beim frischeren Käse süße, beim gereifteren kräftigere Noten aufweist.

Visitenkarte

Herstellungsgebiet
im Norden der Niederlande, entlang der Küste, in der Provinz Friesland und der Region Westerkwartier

Milch
Kuhmilch

Fermentierung
Kälberlab

Lagerung
mindestens 4 Wochen bis zu 1 Jahr

Aufbewahrung
in Alu- oder Klarsichtfolie verpackt, im weniger kühlen Fach des Kühlschranks oder an einem kühlen Ort

Herstellung und Reifung. Pasteurisierte Kuhmilch wird bei 30 °C durch Zugabe von tierischem Lab und Milchsäurebakterien zum Gerinnen gebracht. Nach dem Waschen der Bruchmasse wird diese, wenn man Kanterkomijnekaas herstellen will, mit Kümmel versetzt. Danach werden Kanterkaas und Kanterkomijnekaas auf die gleiche Weise weiterverarbeitet: die Masse wird zerteilt, gesalzen, in Käseformen gefüllt und gepresst. Für Kanternagelkaas wird die Bruchmasse hingegen in Streifen geschnitten und mit Gewürznelken und Salz versehen; dann werden die Streifen zerkleinert und in Käseformen gefüllt. Nach dem nun folgenden langen Pressvorgang – er fördert die Rindenbildung – werden die Laibe zum weiteren Einsalzen in Salzlake gelegt, bis sie die gewünschte Würzigkeit erreicht haben. Schließlich müssen sie noch mindestens vier Wochen kühl gelagert werden, wobei die Temperatur nie unter 12 °C absinken darf.

Käse und Küche. Der Käse wird gerne als Imbiss oder Vorspeise mit Salat oder Schwarzbrot, Butter und Mixed Pickles gegessen. Kanterkaas wird auch mit gegrilltem Gemüse serviert, der aromatisierte Käse jedoch mit neutralen Gerichten wie Salzkartoffeln oder weißem Reis, um den kräftigeren Gewürzton etwas zu mildern.

Käse und Wein. Kanterkaas, vor allem die Gewürzvarianten, kombiniert man am besten mit aromatischen Weinen wie Malvasia Secca dei Colli Piacentini, Südtiroler Gewürztraminer oder Silvaner.

Der Zusatz von Gewürznelken (ganz rechts) und Kümmel (daneben) bestimmt den Geschmack und auch den Namen des Kanterkaas.

Edamer

Edamer hat BOB-Status und wird in runden **Laiben** mit einem Gewicht von 1,7-2,5 kg erzeugt. Die **Rinde** ist dünn, gelb und von einer roten Paraffinschicht überzogen. Der strohgelbe bis goldfarbene **Teig** ist kompakt, elastisch und weist eine unregelmäßige, spärliche **Lochung** auf; seine Konsistenz ist zuerst halbfest und kann im Zuge der Alterung auch hart werden. Er hat einen **Geruch** von mittlerer Intensität und erinnert an Schmelzkäse, ist aber frischer und aromatischer. Der **Geschmack** ist harmonisch, wobei sich die Süße der Milch und der salzige Ton gut ausgleichen und sich mit einem leicht bitteren Mandelgeschmack verbinden. Manche Produkte werden auch pikant gewürzt, was vor allem aufgrund der ausgeglichenen Geschmacksaromen möglich ist. Nach längerer Lagerung wird der Käse trocken, leicht bröselig und kann auch als Reibkäse verwendet werden. Edamer wird bereits geschnitten und vorverpackt in verschiedenen Größen angeboten. **Baby-Edamer** wird in kleinen, etwa 1 kg schweren Laiben hergestellt und ausschließlich frisch verkauft – er hat eine halbfeste bis weiche Konsistenz und einen leicht pikanten Geschmack. Ansonsten wird Edamer auch als 2-5 kg schwerer Stangenkäse gehandelt. Dieser ist weniger trocken als die kugelförmigen Laibe und eignet sich sehr gut zum Aufschneiden.

Visitenkarte

Herstellungsgebiet
Amsterdam, Provinz Nordholland

Milch
Kuhmilch

Fermentierung
Kälberlab

Lagerung
1–12 Monate

Aufbewahrung
an einem kühlen Ort oder im Kühlschrank; die Laibe werden mit einem langen Messer in vier gleich große Stücke zerteilt, wovon jedes in Kunststofffolie eingewickelt wird

Herstellung und Reifung. Milch wird auf 32 °C erwärmt und Kälberlab hinzugefügt. Nach dem Dickwerden wird die Gallerte zerschnitten, mit einem Baumwolltuch oder Netz abgeseiht und in Formen gefüllt. Nun wird gepresst, um den Rest der Molke zu entfernen. Daraufhin werden die Laibe in Salzlake gelegt. Anschließend wird der Käse auf Holzgestellen getrocknet und mit einer dünnen roten Paraffinschicht überzogen.

Käse und Küche. Edamer wird gerne pur mit Bauernbrot- oder Roggenbrotschnitten verzehrt. Außerdem findet er in zahlreichen Rezepten Anwendung. Einen guten Kontrast bilden roher Chicorée und Gurkensalate. Er passt auch zu gekochtem Chicorée, Aufläufen, Kochsalat mit Sahnesauce, rohen Pilzsalaten, gekochtem Mischgemüse mit Mönchsbart (italienisches Frühlingskraut), Artischocken und Rosenkohl. Auch Früchte passen gut dazu – vor allem schwarze Johannisbeeren und Heidelbeeren, sowohl als Kompott als auch frische, voll gereifte Früchte. Aus Edamer kann man auch eine ganz besondere Vorspeise – halb Suppe, halb Fondue – bereiten: man vermischt die Edamer-Käsestücke mit Mehl-Einbrenn und gießt mit Suppe auf; wenn sich alles gut verbunden hat, verfeinert man die Creme noch mit Eigelb, Sahne und klein gehackter Petersilie. Ebenso kann Edamer für salzige Strudel und Gemüsekuchen verwendet werden. Er passt ausgezeichnet auf Omeletten und findet als Zutat in Hefekuchen Anwendung.

Käse und Wein. Empfehlenswert sind Weißweine wie Terre di Franciacorta Bianco, Grechetto oder Bianco dell'Empolese.

Geschichte. Der Name »Edamer« ist verhältnismäßig neu. Früher wurde er als »Klootkaas« (»Kugelkäse«) bezeichnet. Im 18. Jh. nahm er den Namen der Stadt Edam an, vermutlich, da fast der gesamte Käseexport in dieser holländischen Handels- und Hafenstadt verschifft wurde, auch wenn der Käse anderswo hergestellt wurde. Im 19. Jh. wurde die Käseproduktion durch neue technische Entwicklungen revolutioniert und nahm neue Formen an. Neben der industriellen Produktion wird Edamer aber auch heute noch auf einigen Bauerhöfen auf traditionelle Weise hergestellt.

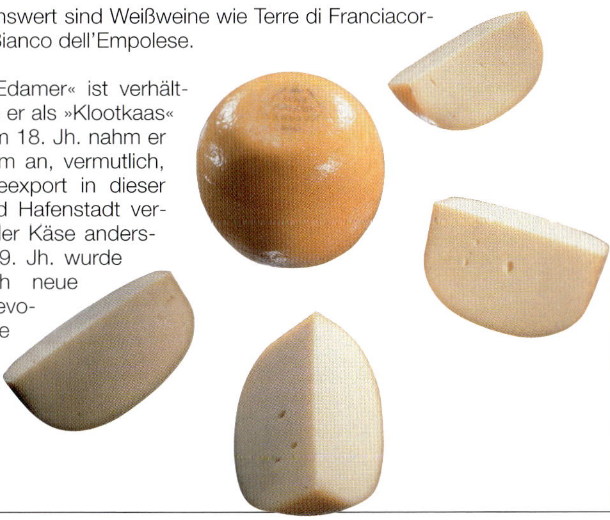

Gouda

Visitenkarte

Herstellungsgebiet
Amsterdam, Provinz Nordholland

Milch
Kuhmilch

Fermentierung
Kälberlab

Lagerung
1–12 Monate

Aufbewahrung
im unteren Teil des Kühlschranks, in geeigneter Verpackung und einem gut verschlossenen Kunststoff- oder Glasbehälter

Gouda (BOB) wird in 4-20 kg schweren, runden **Laiben** hergestellt. Die mit Paraffin überzogene **Rinde** ist goldgelb, der hellgelbe bis strohfarbene **Teig** kompakt, aber gleichzeitig elastisch und weist eine spärliche **Lochung** auf. Gouda-Käse hat einen zarten **Geruch**, einen intensiven, süßlichen, leicht buttrigen **Geschmack** und wird bei längerer Lagerung noch würziger. Er kommt besonders als **Baby-Gouda** – die kleinen kugelförmigen Laibe wiegen 180-1000 g – ziemlich frisch auf den Markt. Auch quadratische und rechteckige Formen sind im Handel.

Herstellung und Reifung. Die Milch wird bei ihrer Ankunft in der Käserei pasteurisiert und muss dann innerhalb von 12 Stunden verarbeitet werden. Sie wird auf 32-34 °C erwärmt und mit Milchsäurebakterien und Kälberlab angereichert. Die sich bildende Gallerte wird zerkleinert, abgeseiht und in Formen gefüllt. Gesalzen wird im Salzbad. Die Laibe können vier Wochen bis zu mehr als 12 Monate gelagert werden.

Käse und Küche. Junger Gouda passt vom Frühstück bis zum Abendessen zu allen Mahlzeiten, weil Gouda in dieser Reifephase besonders zart ist. Daher kann man ihn auch zum Aperitif und als Vorspeise servieren, wo ausgeprägtere und schärfere Käse-

Oben: ein Gouda-Laib mittleren Alters. Bild rechts und gegenüberliegende Seite: Käsemarkt von Alkmaar.

sorten unpassend wären. Alter oder mittelalter Gouda-Käse hat hingegen einen kräftigeren Geschmack; er eignet sich nicht nur als Dessert, sondern auch für warme Gerichte – für Toast, frittierte oder gegrillte Käsespieße, oder man schmilzt den Käse mit etwas Butter in der Pfanne, serviert ihn auf Brotschnitten und garniert ihn mit Trüffeln. Bei längerer Lagerung schmeckt Gouda immer ausgeprägter, salziger und weniger süß. Er wird dann gerne zum Überbacken von Bandnudeln und zum Füllen von Kalbskoteletten verwendet, eignet sich aber auch noch als Dessert. In Streifen geschnitten kann man Gouda auch unter Pilzsalate und Rapunzelsalate mit etwas Senf mischen, oder man reicht ihn nach dem Essen mit gerösteten, gesalzenen Erdnüssen und Cashewnüssen.

Käse und Wein. Zu Gouda trinkt man vollen, aromatischen Ronco di Gnemiz oder lieblichen, jungen Merlot dei Colli Orientali del Friuli.

Geschichte. Aufgrund mancher Fundstücke konnte nachgewiesen werden, dass in Friesland bereits 200 v. Chr. Käse erzeugt wurde. Auch Julius Caesar berichtete in seinem Werk *De bello gallico*, dass sich die Germanen hauptsächlich von Milch, Käse und Fleisch ernährten. Dieser Käse war aber sauer und weich und konnte den Geschmack der Römer nicht zufrieden stellen. Vermutlich wurden dann unter römischem Einfluss die Herstellungsmethoden für den friesischen Käse geändert. So begann man in Holland nach ersten Kontakten mit der römischen Kultur den Käseteig zu pressen, um die Molke, welche dem Käse den sauren Geschmack verliehen hatte, daraus zu entfernen. Gleichzeitig erzielte man dadurch einen festeren Käseteig. Im 17. Jh. war eine weitere Veränderung in den Niederlanden zu beobachten, welche auf die steigende Bedeutung der Käseherstellung hinweist. So wurden frühere Felder, auf welchen man Gemüse und Getreide angebaut hatte, nunmehr als Weideland verwendet, damit man Viehzucht betreiben und Butter und Käse produzieren konnte. Zu den bekanntesten Käsesorten gehörte bereits damals der Gouda – er wurde nach jenem Städtchen benannt, welches jahrhundertelang Handelszentrum für bäuerliche Käseprodukte war. Auch heute noch findet jede Woche vor der berühmten Käsewaage aus dem 17. Jh. ein traditioneller Käsemarkt statt. Einst war der Gouda als *»Zoetemelksekaas«* (»Käse aus süßer Milch« – also aus Vollmilch) bekannt. Diese Vollmilchkäse waren am Markt von Gouda am gefragtesten, sodass sie schließlich mit dem Namen der Stadt bezeichnet wurden. Die Verbreitung des Gouda hängt, wie auch bei anderen Käsesorten, mit der langen niederländischen Handelstradition zusammen. So wurde dieser Käse, da er gut zu transportieren war und mit dem Alter sogar noch an Qualität gewann, bald auch in vielen anderen Staaten bekannt.

Gailtaler Almkäse

Visitenkarte

Herstellungsgebiet
Gailtal, Kärnten

Milch
Kuhmilch mit eventuellem Anteil von Ziegenmilch

Fermentierung
Kälberlab

Reifung
7 Wochen

Aufbewahrung
an einem frischen Ort; in der Originalverpackung im Gemüsefach des Kühlschranks

Die ersten auffindbaren Hinweise über eine Käseproduktion auf den Gailtaler Almen gehen auf das 14. Jh. zurück. Gailtaler Almkäse ist eine geschützte Ursprungsbezeichnung (g.U.); die runden **Laibe** besitzen eine gelbe, trockene, harte **Rinde**, einen strohgelben, glatten **Teig** von geschmeidiger Konsistenz und mit spärlicher erbsengroßer **Lochung**. Der **Geschmack** ist voll, kräftig und aromatisch.

Herstellung und Reifung. Gailtaler Almkäse wird aus Kuhmilch und gegebenenfalls einem Anteil Ziegenmilch (maximal 10 %) gewonnen. Die verwendete Rohmilch wird teilweise entrahmt. Die am Abend gemolkene Milch wird in runde Behälter, so genannte »Stotzen« gefüllt und bei 12–17 °C stehen gelassen. In der Früh wird die gereifte Milch entrahmt und mit der frischen Morgenmilch vermischt. Falls notwendig, wird die Säure durch Zugabe von Joghurt oder Molke erhöht. Schließlich beginnt die im Käsekessel auf eine Temperatur von etwa 32 °C erwärmte Milch, welcher Lab beigefügt wird, langsam zu gerinnen. Nach 30-45 Minuten wird die Masse zuerst in Würfel und dann in linsengroße Stücke zerkleinert. Nun wird der Käsebruch auf eine Temperatur von 50-52 °C erhitzt und etwa 45 Minuten lang gerührt. Dann wird er mit dem Käsetuch aus dem Kessel herausgehoben, sodass die Molke abtropfen kann, und schließlich in Käseformen gefüllt, gepresst und im Laufe des Tages mehrmals gewendet. Nach zwei Tagen werden die frisch geformten Käse für 2-3 Tage in ein Salzbad gelegt. Schließlich lässt man die Käselaibe mindestens sieben Wochen reifen.

Käse und Küche. Gailtaler Almkäse und Landbrot passen ausgezeichnet zu gut gewürztem Gemüse wie Artischockensalat oder Radicchio. Aufgeschnitten kann man ihn gut für Gemüsetorten, Quiches, Crêpes und Omeletten verwenden. Der reife Käse kann mit Birnen, Kirschen, Nüssen, gekochten Maroni und Ofenkartoffeln kombiniert werden.

Käse und Wein. Gailtaler Almkäse wird am besten mit harmonischen Weißweinen wie Trentino Nosiola oder Tocai del Piave serviert. Zu länger gereiften Käsesorten passen Tocai Rosso dei Colli Berici, Teroldego Rotaliano und Raboso del Piave.

ÄHNLICHE KÄSESORTEN

Mondseer wird im Salzkammergut aus Kuhmilch hergestellt; die zylinderförmigen **Laibe** wiegen zwischen 0,5–1 kg. Der **Teig** ist kompakt, aber feucht und zeigt eine unregelmäßige **Lochung**. Mondseer hat einen leicht scharfen **Geruch** und einen angenehm herben **Geschmack**. Die Reifung von Mondseer Käse dauert etwa zwei Monate.

Tiroler Bergkäse

Tiroler Bergkäse (g.U.) wird seit 1840 in ganz Tirol produziert, wo die Rinder hauptsächlich mit Gras und Heu gefüttert werden. Die runden **Laibe** wiegen etwa 12 kg. Sie haben eine trockene, harte **Rinde** von braungelber Farbe; der **Teig** ist kompakt und dennoch zart, elfenbeinfarben, mit vereinzelten matten oder glänzenden erbsgroßen **Löchern**. Der **Geschmack** variiert von leicht aromatisch über etwas intensiver bis zu kräftig und aromatisch-pikant.

Herstellung und Reifung. Tiroler Bergkäse wird aus silofreier Milch (die Milchkühe dürfen nicht mit Silofutter gefüttert werden) erzeugt. Die Rohmilch wird auf etwa 32 °C erwärmt, worauf Lab beigemengt wird; nach dem Gerinnen wird die Gallerte zuerst in größere und dann in kleinere Stücke zerteilt. Dann wird der Bruch mit dem Käsetuch aus dem Kessel herausgehoben, sodass die Molke abtropfen kann, und schließlich in Käseformen gefüllt, gepresst und im Laufe des Tages mehrmals gewendet. Nach zwei Tagen werden die Käseformen gesalzen. Schließlich lässt man die Käselaibe etwa 5 ½ Monate reifen.

Käse und Küche. Tiroler Bergkäse und Bauernbrot passen gut zu Blütenhonig, Mandeln und Nüssen. Man kann ihn mit frischem Salat, Radieschen, Sellerie und geriebenen Karotten garnieren. In Würfel geschnitten vervollständigt er Sellerie- und Pilzsalate. Aufgeschnitten eignet er sich für Gemüsekuchen, warme Pasteten, Pfannkuchen, überbackene Teigwaren und Lasagne sowie als Füllung für im Ofen zubereitetes Gemüse.

Käse und Wein. Zu Tiroler Bergkäse passt Weißwein mit viel Charakter wie Roero Arneis, Chardonnay del Collio oder Verdicchio di Matelica.

Visitenkarte

Herstellungsgebiet
Tirol

Milch
Kuhmilch mit eventuellem Ziegenmilch-Anteil

Fermentierung
Kälberlab

Reifung
mindestens 5½ Monate

Aufbewahrung
an einem frischen Ort; in der Originalverpackung im Gemüsefach des Kühlschranks

ÄHNLICHE KÄSESORTEN

Vorarlberger Bergkäse (g.U.) weist einen kompakten **Teig** mit ähnlicher **Lochung** wie Tiroler Bergkäse und einen intensiven, zarten, würzigen **Geschmack** auf.

Tiroler Graukäse

Visitenkarte

Herstellungsgebiet
Tirol

Milch
Kuhmilch mit eventuellem Ziegenmilch-Anteil

Fermentierung
Kälberlab

Reifung
mindestens 2 Wochen

Aufbewahrung
an einem frischen Ort; in der Originalverpackung im Gemüsefach des Kühlschranks

Die Farbe »Grau« im Namen dieser Käsesorte bezieht sich auf den Teig und den Schimmel an der Rindenoberfläche. Tiroler Graukäse (g.U.) kann in verschiedenen **Formen** hergestellt werden. Sehr verbreitet sind 1,5 kg schwere Quader mit rechteckiger Grundfläche und quadratischen Seitenflächen. Dieser Käse hat keine oder eine nur sehr dünne, etwas rissige **Rinde,** die mitunter Schimmelpilz-Äderungen aufweisen kann. Der **Teig** ist von bröseliger, brüchiger, marmorierter Struktur mit hellem Kern, der je nach Reifung strohfarben oder von gelber Farbe sein kann. Bei vorhandenen Schimmelkulturen sind zur Außenseite hin auch blaue und grüne Schattierungen zu erkennen. Der **Geschmack** ist sehr intensiv, etwas pikant und wird mit längerer Reifung schärfer.

Herstellung und Reifung. Tiroler Graukäse wird aus entrahmter Rohmilch hergestellt. Manchmal wird er auch aus pasteurisierter, ebenfalls entrahmter Milch gewonnen. Nach dem Erwärmen auf etwa 32-35 °C wird Lab beigemengt; die Milch gerinnt langsam, wird abgekühlt und einige Stunden bei Zimmertemperatur stehen gelassen. Dann wird der Käsebruch in Tüchern abgehoben, man lässt die Molke abtropfen, füllt die Masse in Käseformen und lässt weiter abtropfen. Schließlich werden die Laibe gesalzen, an einem warmen Ort getrocknet und mindestens zwei Wochen reifen gelassen.

Käse und Küche. Zu Tiroler Graukäse mit Bauernbrot aus Roggen- oder Vollkornmehl passen Lindenhonig, Senffrüchte oder reifen Birnen. Man kann ihn auch mit gekochtem Gemüse, geschmortem Wirsingkohl, glasiertem Rosenkohl und geschmortem Porree zubereiten. Außerdem kann man diese Käsesorte zum Vervollständigen von Gemüsesuppen, Zwiebelsuppen und Butter-Bandnudeln verwenden. Aufgeschnitten kann man ihn gut für Gemüsetorten, Quiches, Crêpes und Omeletten verwenden. Der reife Käse kann mit Birnen, Kirschen, Nüssen, gekochten Maroni und Ofenkartoffeln serviert werden. Im Herstellungsgebiet wird er gerne mit Essig, Öl, Pfeffer und Zwiebeln zubereitet.

Käse und Wein. Zu dieser Käsesorte passen leicht süße Weine wie Recioto di Soave, Orvieto, aber auch gut strukturierte Rotweine wie Teroldego Rotaliano und Raboso del Piave.

Appenzeller

Die zylinderförmigen **Laibe** haben einen Durchmesser von 30-33 cm, eine Höhe von 7-9 cm und wiegen 6,2-8 kg. Sie besitzen eine gelbe bis rotbraune, feucht wirkende, natürliche **Rinde**. Der elfenbeinfarbene bis hellgelbe halbfeste **Teig** weist wenige, regelmäßig verteilte **Löcher** auf. Der **Geschmack** ist dank der sorgfältigen Behandlung der Käselaibe während der *Affinage* voll und aromatisch und entwickelt bei lange gelagertem Käse eine leicht pikante Note.

Herstellung und Reifung. Milch wird auf 31 °C erwärmt, mit Lab versehen und zum Gerinnen stehen gelassen. Die Gallerte wird mit der Käseharfe zerschnitten, damit die Molke austreten kann. Nach einer Erwärmung auf etwa 50 °C lässt man die Bruchmasse abtropfen und füllt sie in Käseformen. Nun wird gepresst, um den Rest der Molke zu entfernen und schließlich werden die Käselaibe in Salzlake getaucht. Die Laibe müssen etwa 3-4 Monate gelagert werden. Während dieser Zeit wird die Rinde mit der so genannten Kräutersulz gepflegt, welche aus aromatischen Kräutern, Anis, Zimt, Gewürznelken, Pfeffer, Weißwein oder Apfelwein, Wasser und Salz besteht.

Visitenkarte

Herstellungsgebiet
die Kantone Appenzell Ausserrhoden und Appenzell Innerrhoden, sowie einige Gebiete in den Kantonen Sankt Gallen und Thurgau

Milch
Kuhmilch

Fermentierung
Kälberlab

Lagerung
3–4 Monate

Aufbewahrung
in einem geeigneten Behälter an einem kühlen Ort oder im temperiertesten Fach des Kühlschranks

Käse und Küche. Gut zum Appenzeller passen Nüsse, aber auch Obst – ganz hervorragend schmeckt er mit Feigen. Frischer Käse, welcher einen zarten Geschmack aufweist, kann gut mit einem Salat aus Kaiserlingen, rohen Herrenpilzen, mit grünem Salat oder Feldsalat kombiniert werden. Gereiftere und würzigere Sorten harmonieren mit Artischockensalat, eignen sich zum Füllen von Kartoffeln und zum Verfeinern von mit Fleischsuppe zubereitetem Risotto.

Käse und Wein. Zu jüngerem Käse ist ein körperreicher und aromatischer Weißwein wie Südtiroler Gewürztraminer zu empfehlen; würzigeren Appenzeller kombiniert man am besten mit duftigen Rotweinen von feiner Struktur wie etwa Kalterersee.

Emmentaler

Visitenkarte

Herstellungsgebiet
Flusslauf der Emme und angrenzende Gebiete

Milch
Kuhmilch

Fermentierung
Kälberlab

Lagerung
4–16 Monate

Aufbewahrung
in der Originalverpackung und in einem Kunststoff- oder Glasbehälter hermetisch verschlossen, im unteren Teil des Kühlschranks

Die runden **Laibe** des Emmentalers (g.U.) haben flache oder leicht abgerundete Oberseiten und gebauchte Ränder. Ihr Durchmesser beträgt 70-100 cm, die Höhe 14-25 cm, das Gewicht 75-125 kg. Die **Rinde** ist hart und gelbbraun, der elfenbeinfarbene bis strohgelbe **Teig** hart, aber elastisch und zeigt die typischen kirschrunden, 1-3 cm großen **Löcher**. Der zarte, milchige **Geruch** erinnert auch an Heu; der volle, warme, intensive **Geschmack** entfaltet sich erst beim Kauen und offenbart leichte Haselnuss- und die charakteristischen Walnussaromen.

Herstellung und Reifung. Zu im Käsekessel auf 31 °C erwärmter Kuhmilch gibt man Lab und Milchsäurebakterien, um die Gerinnung einzuleiten. Die Gallerte wird mit der Käseharfe zerschnitten und auf 52 °C erwärmt. Danach wird die Bruchmasse geformt, gepresst und in ein Salzbad gelegt. Schließlich werden die Laibe einer 4-16-monatigen *Affinage* unterzogen.

Käse und Küche. Emmentaler serviert man würfelig geschnitten zum Aperitif, manchmal mit Senfsauce zum Eintunken oder mit Radieschenscheiben, entkernten Oliven und in Streifen geschnittenen Sellerieknollen. Außer zu Rohkost (Artischockenscheiben, Stangensellerie) passt er auch zu gekochtem Gemüse wie Rosenkohl, blanchierten Endivien mit Senf und in Butter gebratenen Schwarzwurzeln oder Karotten. Gute Kombinationen sind Emmentaler mit Trüffeln, Walnüssen, aber auch Haselnüssen, Kastanienhonig, Aprikosen und nicht allzu aromatischen weißen Trauben. Man kann die verschiedensten Brotsorten dazu wählen – von knusprigem Weißbrot bis zu Mischbrot und Schwarzbrot.

Käse und Wein. Der volle und intensive Geschmack des Emmentalers wird durch komplexe, volle Weißweine wie Rheinriesling oder Sauvignon del Collio am besten hervorgehoben. Wer Rotweine vorzieht, sollte einen Merlot oder Südtiroler Blauburgunder wählen.

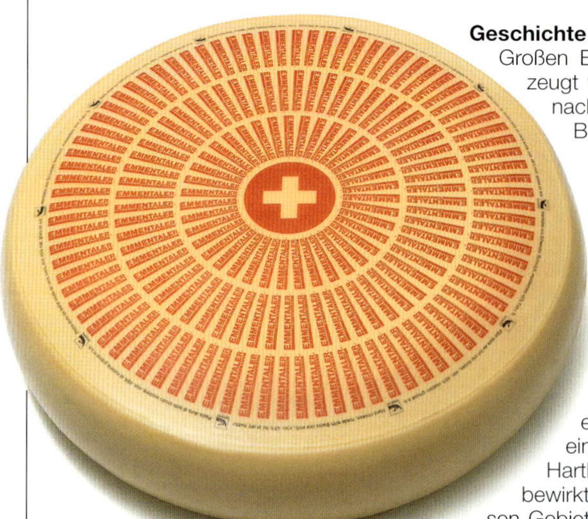

Geschichte. Diese Käsesorte, welche im Tal der Großen Emme unweit von Bern erstmals erzeugt wurde, hat die lokale Wirtschaft sehr nachhaltig beeinflusst. Nach einer starken Bevölkerungszunahme im 13. und 14. Jh. begannen viele Menschen, sich in den einst menschenleeren Gebiete der Schweizer Alpen anzusiedeln. Die Ernährung der Bergbewohner war äußerst bescheiden – mehr oder weniger suppenähnliche Getreidegerichte, breiartige Speisen und Müsli. Im 17. Jh. begann man jedoch mit der Käseproduktion, die Getreidefelder wurden aufgelassen und Müsli durch Käse ersetzt. Diese durch die wesentlich einträglichere Produktion verschiedener Hartkäsesorten begünstigte Umstellung bewirkte einen steigenden Wohlstand in diesen Gebieten. Große Schweizer Regionen, darunter auch das Emmental, produzierten Frisch-, Weich- und Schnittkäse in wesentlich größerem Ausmaß als

Links: Die Emmentaler-Herstellung beginnt mit dem Erwärmen der Milch.
Oben: Die gelagerten Käse werden regelmäßig mit einem kleinen Hammer abgeklopft, um eventuelle Fehler bei der Lochbildung feststellen zu können.

für den Eigenbedarf notwendig gewesen wäre. Der Überschuss war für den Handel bestimmt und erwies sich als sehr rentable Einnahmequelle. Anfangs wurde fetter Weichkäse hergestellt, um jedoch die Haltbarkeit zu erhöhen und den Transport zu erleichtern, ging man zur Produktion von Hartkäse über. Da man nun vielerorts die nahezu gleichen Käsereimethoden anwendete, wurden sich auch die davor recht verschiedenen schweizerischen Käsesorten viel ähnlicher. In der zweiten Hälfte des 18. Jh. wurden besonders große Emmentaler-Laibe hergestellt. Dies war möglich, da sich die sehr ertragreichen Almen in relativ niedriger Seehöhe befanden, die Verbindungswege mit Karren befahrbar waren und so die schweren Laibe transportiert werden konnten. Als weitere Besonderheit wies der Emmentaler die typische kirschgroße Lochung auf. Die Löcher entstanden und entstehen auch heute noch während der Reifung durch natürliche Gärung. Denn während der Gärung entsteht Kohlensäuregas, welches nicht aus dem Käseteig entweichen kann und daher Bläschen bildet. Durch die steigende Nachfrage nach Hartkäse gehörten die Senner aus der Schweiz plötzlich einem wohlhabenden Stand an – ein Sonderfall in Europa, welcher einen scharfen Kontrast zum Bild des armen Viehhirten darstellte. Ihre wirtschaftliche Bedeutung nahm jedoch wieder ab, als in den Tälern die ersten größeren Käsereien in Betrieb genommen wurden.

Dem hier erzeugten Emmentaler wurde in der Schweiz ein gewisses Misstrauen entgegengebracht, auf ausländischen Märkten konnte er aber äußerst erfolgreich verkauft werden.

Greyerzer

Visitenkarte

Herstellungsgebiet
Städtchen Greyerz im Kanton Freiburg; Kantone Waadt, Neuenburg und Jura

Milch
Kuhmilch

Fermentierung
Kälberlab

Lagerung
5–16 Monate

Aufbewahrung
bei 4 °C, oder im weniger kühlen Teil des Kühlschranks, gut in Stanniolpapier verpackt

Greyerzer Käse wird sowohl in modernen Käsereien (Bild oben) als auch auf Almsennereien hergestellt.

Greyerzer oder **Gruyère** (g.U.) wird in flachen, runden **Laiben** mit 55-65 cm Durchmesser, 9,5-12 cm Höhe und einem Gewicht von 20-40 kg hergestellt. Die meisten Laibe wiegen etwa 35 kg. Die **Rinde** ist ockergelb oder bernsteinfarben bis kastanienbraun. Der feste elfenbeinfarbene **Teig** kann auch orangegelbe Schattierungen annehmen und weist wenige kleine, runde, 4-6 mm große **Löcher** auf.

Herstellung und Reifung. Für einen 35 kg schweren Greyerzer-Laib braucht man 400 l frische, nicht pasteurisierte Kuhmilch. Diese wird in einem Kessel, oft direkt über dem Feuer, auf eine Temperatur von 32,5 °C erwärmt. Dann werden mittels Milchsäurebakterien und Lab Gärung und Gerinnung eingeleitet. Die so entstandene Gallerte wird mit der Käseharfe zerschnitten. Dann kommt der Kessel nochmals über das Feuer und Molke sowie Bruchmasse werden auf über 53 °C erhitzt. Bei dieser Temperatur hebt man die Käsemasse mit einem Hanftuch heraus und lässt die Molke abtropfen. Danach wird die Masse in Käseformen gefüllt, gepresst und anschließend gesalzen. Schließlich müssen die Laibe mehrere Monate reifen; während dieser Zeit werden sie regelmäßig gewendet und mit Salzlake angefeuchtet. Nach fünf Monaten kann Greyerzer Käse bereits verzehrt werden. Seine besten Eigenschaften drückt er nach 5-12 Monaten Lagerung aus, auch wenn man ihn mitunter bis zu 16 Monate alt werden lässt.

Käse und Küche. Greyerzer Käse verfeinert Teigwarengerichte mit Buttersaucen, Kartoffelnocken, Polenta und Pürees. Er dient zum Überbacken von Gemüse-Brotteigfladen mit Karotten, Zwiebeln oder Kürbis. Er wird auch gerne, gemeinsam mit Béchamelsauce, zum Gratinieren von Blumenkohl und Rosenkohl verwendet. Vor allem ist dieser Hartkäse ein wichtiger Bestandteil von Fondues, in welche man außer Brot auch Spargel, gekochte Kartoffeln oder Artischocken tauchen kann. Aber auch pur schmeckt er bestens – dazu serviert man getoastetes Vollkornbrot und geröstete Haselnüsse.

Käse und Wein. Gut passen aromatische Weißweine wie Südtiroler Silvaner und Müller Thurgau oder Sauvignon dell'Isonzo. Viele Käsehersteller empfehlen auch Rotweine wie Refosco dal Peduncolo Rosso oder Cabernet.

Geschichte. Greyerzer Käse wurde früher häufig mit Emmentaler verwechselt, obwohl sich die beiden Sorten gar nicht so ähnlich sind. Greyerzer weist nämlich nicht die berühmten und zahlreichen großen Käselöcher des Emmentalers auf. Sein Teig ist vielmehr von einer viel spärlicheren und höchstens erbsgroßen Lochung durchzogen. Greyerzer ist wohl jene Käsesorte, welche mengenmäßig auf den Schweizer Tafeln den größten Anteil ausmacht, die größten Produktions- und Exportzahlen sind jedoch beim Emmentaler zu verzeichnen. Die Geschichte des Greyerzer geht auf das 11. Jh. zurück, denn in der damaligen Grafschaft Greyerz (sie wurde im 16. Jh. auf die Kantone Bern und Freiburg aufgeteilt) ist bereits eine Käseproduktion nachgewiesen. Ein Dokument aus dem 13. Jh. belegt darüber hinaus, dass am Markt von Freiburg auch Käse verkauft wurde. Die Verwendung des Namens Gruyère als Bezeichnung für eine bestimmte Käsesorte ist jedoch erst ab dem 17. Jh. belegt. Zu dieser Zeit verwendeten die Senner für seine Herstellung Verfahrenstechniken, welche es ihnen erlaubten, einen Hartkäse herzustellen. Hartkäse war im Vergleich zu den cremigen und weichen Sorten keineswegs minderwertiger, war er doch viel länger haltbar und konnte leichter transportiert werden. Dadurch konnte er auch über die Landesgrenzen hinaus verkauft werden.

Raclette

Der Name Raclette rührt wohl vom französischen *»racler«* für »abschaben« her – dieses Wort beschreibt die weit verbreitete Art, den Käse zu verzehren: man lässt ihn neben dem Feuer oder einer anderen Wärmequelle liegen, bis die Schnittfläche zu schmelzen beginnt und schabt dann den geschmolzenen Käse auf den Teller. Die **Laibe** sind meist rund, aber auch quadratische Formen sind verbreitet. Ihr Durchmesser beträgt 29-35 cm, die Höhe 6-8 cm und das Gewicht 4,8-6,5 kg. Die **Rinde** ist rotbraun, der hellgelbe bis elfenbeinfarbene **Teig** halbfest und die **Lochung**, sofern überhaupt vorhanden, nur spärlich. Raclette hat einen zarten, milchigen **Geruch** und einen ebenfalls eher zarten **Geschmack** mit aromatischem Grundton.

Herstellung und Reifung. Kuhmilch wird auf 31 °C erwärmt, mit Lab versehen und zum Gerinnen stehen gelassen. Die Gallerte wird mit der Käseharfe zerschnitten, um das Abfließen der Molke zu ermöglichen. Nach dem Brennen bei etwa 50 °C lässt man die Bruchmasse abtropfen und füllt sie in Käseformen. Anschließend wird gepresst, um die noch verbliebene Molke zu entfernen. Danach werden die Laibe in Salzlake gelegt, abschließend müssen sie aber noch mindestens zwei Monate affiniert werden.

Käse und Küche. Für eine »Raclette« legt man den halben Käselaib entweder neben das offene Feuer oder auf einen Raclette-Grill. Dabei schmilzt der Teig an der Schnittfläche, welchen man dann auf den Teller schabt und mit süßsauren Essiggurken und gekochten oder in der Asche gebackenen Kartoffeln verspeist; dabei wird der Käse oft mit schwarzem Pfeffer bestreut. Seltener isst man Raclette-Käse bei Raumtemperatur mit Weißbrot, Wal- und Haselnüssen sowie grünem, im Allgemeinen sehr zart abgemachtem Salat.

Käse und Wein. Zur Raclette trinkt man leicht aromatische Weißweine wie Südtiroler Silvaner, Rheinriesling, Müller Thurgau oder Grauburgunder.

Visitenkarte

Herstellungsgebiet
ursprünglich im Kanton Wallis, heute in der gesamten Schweiz

Milch
Kuhmilch

Fermentierung
Kälberlab

Lagerung
mindestens 2 Monate

Aufbewahrung
in der Originalverpackung bei 4 °C oder im weniger kühlen Teil des Kühlschranks

Raclette ist nicht nur der Name einer Käsesorte, sondern auch eines Gerichts mit eben dieser Käsesorte als Hauptzutat.

Sbrinz

Visitenkarte

Herstellungsgebiet
Zentralschweiz

Milch
Kuhmilch

Fermentierung
Kälberlab

Lagerung
18 Monate

Aufbewahrung
in einem Kunststoff- oder Glasbehälter hermetisch verschlossen, im unteren Teil des Kühlschranks

Sbrinz (g.U.) wird in runden **Laiben** von 45-70 cm Durchmesser, 10-14 cm Höhe und 20-45 kg Gewicht hergestellt. Die mattgelbe **Rinde** ist hart und trocken, der elfenbeinfarbene bis strohgelbe **Teig** hart, brüchig, dicht und kann eine spärliche **Lochung** aufweisen. Er hat einen vollen, milchigen, intensiven **Geschmack**. Farbe, Geruch und Geschmack hängen auch von der Lagerungsdauer ab und so gibt es goldgelbe, eventuell leicht braune Varianten mit besonders intensivem, vollmundigem Geschmack. Durch die Beschaffenheit des Teiges und die lange Lagerung eignet sich Sbrinz nicht nur als Tafelkäse, sondern auch zum Aufreiben.

Herstellung und Reifung. Zu im Käsekessel auf 31 °C erwärmter Kuhmilch gibt man Lab und Milchsäurebakterien, um die Gerinnung einzuleiten. Die Gallerte wird zu sehr feinem Bruch zerschnitten, damit so viel wie möglich Molke austreten kann. Dann wird die Bruchmasse nochmals erhitzt, geformt und mit mehr als 1 Tonne schweren Gewichten gepresst, um noch mehr Molke herauszudrücken. Auch im Salzbad verlieren die Laibe Molke, nehmen dafür aber, ebenso wie während der Reifung, Salz auf. Während der ersten zwei Monate sondert der bei 18 °C gelagerte Sbrinz Fett und Feuchtigkeit ab. Die Käselaibe werden hochkant und sorgfältig voneinander getrennt 18 Monate lang gelagert. Während dieser Zeit wird die Rinde regelmäßig gewaschen – dabei wird der Käseteig mürbe und trocken, da die gereinigte Rinde das Atmen begünstigt.

Käse und Küche. Sbrinz kann wie Grana-Käse »gehobelt« werden und bereichert zahlreiche Gerichte wie Gemüse vom Holzkohlengrill, Salate aus gekochtem Gemüse, heiße Fladenbrote und dampfende Kartoffelkuchen. Er passt zu allen rohen Gemüsesorten, also außer zu Blattsalaten auch zu Sellerie, Artischocken, Fenchel, jungen Zucchini und (etwas weniger gut) zu Gurken. Er schmeckt aber auch mit gekochtem Gemüse, wie Salzkartoffeln oder Kartoffelpüree sehr angenehm. Überdies kann er auch als eigenes Gericht serviert werden, indem man große Käsesplitter mit Zucchinistücken oder in Essigwasser gekochtem Chicorée und geschmolzener Butter garniert.

Käse und Wein. Die Versuchung, zum besonders lange gelagerten Sbrinz wie zu Parmesankäse Schaumwein, beispielsweise einen San Colombano, zu servieren, ist groß. Aber auch ein Weißwein wie Südtiroler Müller Thurgau ist eine vortreffliche Wahl zu einem wie auch immer zubereiteten Sbrinz.

Geschichte. Über die Entstehung seines Namens gibt es zwei Hypothesen. Nach der einen Theorie geht der Name auf den Käse-Umschlagplatz zurück. Denn ursprünglich wurde diese Käsesorte als »Käse aus Brienz« bezeichnet, da Brienz das Sammelzentrum für jene Milchprodukte war, welche über die Alpenpässe nach Piemont und in die Lombardei exportiert werden sollten. In einem mit dem Jahr 1530 datierten Dokument wird er als *»Brientzer-Käs«*, in einem anderen aus dem 17. Jh. als *»Caseus brienzensis«* bezeichnet. Demgemäß soll sich der Name der Käsesorte schließlich zu »Sbrinz« entwickelt haben. Manche Sprachwissenschaftler stimmen jedoch mit diese These nicht überein und glauben eher, dass der Name von dem in einigen lombardischen Dialekten verwendeten Wort *»sbrinzo«* stammt, welches »Hartkäse« bedeutet. Sbrinz ist jedoch auch unter dem vermutlich seit dem 16. Jh. gebräuchlichen Namen **Spalenkäse** bekannt. Diese Bezeichnung rührt von der Transportart her: um die Käselaibe über die Alpenpässe zu transportieren, wurden sie in als *»spalen«* bezeichnete Fässchen geschichtet (4 oder 5 Laibe je Behälter).

Tête-de-Moine

Tête-de-Moine (g.U.) wird in zylindrischen **Laiben** mit 10-15 cm Durchmesser, 7-10 cm Höhe und einem Gewicht zwischen 700 g und 2 kg hergestellt. Die eher dunkle, rotbraune **Rinde** ist hart, der elfenbeinfarbene bis gelbe **Teig** fein und mürbe und weist 1-8 mm große **Löcher** auf. Der aromatische **Geschmack** wird im Zuge der Reifung kräftiger und intensiver.

Herstellung und Reifung. Für die Herstellung des Tête-de-Moine wird ausschließlich rohe, nicht pasteurisierte Kuhmilch verwendet. In einem Kupferkessel wird sie auf eine Temperatur von 38 °C erwärmt und mit Lab dickgelegt. Nach einer halben Stunde wird die Gallerte mit einer Käseharfe zerschnitten und auf 46-53 °C erhitzt, damit die Molke austreten kann. Die abgetropfte Käsemasse wird in Formen gefüllt und gepresst. Dann werden die Laibe 12 Stunden in ein Salzbad gelegt, wo auch der Rest der Molke aus dem Käse entweicht. Schließlich muss der Käse noch 3-4 Monate lagern.

Käse und Küche. Zu Tête-de-Moine kann man Walnüsse, Pistazien, Mispeln und Pflaumen essen. Auch mit feinem Weißbrot und Gemüse wie rohem Spinat, Kräutern, Mönchsbart oder Selleriesalat wird er gerne serviert. Außerdem würzt er Pasteten mit fleischloser Fülle und Nudeln, bereichert Walnusssaucen und wird aufgehobelt auf Aufläufe und Pfannkuchen gestreut.

Käse und Wein. Dazu passen körperreiche Weißweine wie Valcalepio, Müller Thurgau del Trentino und Breganze Bianco. Zu länger gelagertem Käse kann man Roséweine wie Lizzano, Lagrein und Cirò trinken.

Geschichte. Höchstwahrscheinlich entstand der Tête-de-Moine im Kloster Bellelay, welches 1136 gegründet wurde. Im Laufe der Jahrhunderte erlebte dieses Kloster Brände und Beschlagnahmen, diente als Uhrenfabrik und auch als Bierbrauerei. Der Käse wurde aber weiter produziert und wird heute dank der Erfindung des Feinmechanikers Nicolas Crevoisier sehr geschätzt – dieser ließ sich die sogenannte *»Girolle«* patentieren, ein Drehmesser, mit welchem man den Käse in dünne Fächer und Rosetten aufhobeln kann.

Visitenkarte

Herstellungsgebiet
Bezirke Moutier und Courtelary (Kanton Bern), Bezirk Franches-Montagnes (schweizerischer Kanton Jura)

Milch
Kuhmilch

Fermentierung
Kälberlab

Lagerung
3–4 Monate

Aufbewahrung
im weniger kühlen Teil des Kühlschranks, in Stanniolpapier verpackt

Tête-de-Moine wird nicht geschnitten, sondern gehobelt, vorzugsweise mit der Girolle *(links).*

Tilsiter

Visitenkarte

Herstellungsgebiet
Thurgau, Sankt Gallen und Zürich

Milch
Kuhmilch

Fermentierung
Kälberlab

Lagerung
3–5 Monate

Aufbewahrung
an einem frischen Ort oder im Gemüsefach des Kühlschranks, entweder in Butterpapier oder in Alufolie eingeschlagen

Das Originalrezept des Tilsiters entstand vermutlich in Preußen, wohin einige Schweizer Käsemacher 1870 ausgewandert waren. Seit mehr als 100 Jahren wird er auch in der Schweiz produziert. Die **Laibe** haben die Form eines Zylinders mit 25 cm Durchmesser, 8 cm Höhe und wiegen 4,2 kg. Die natürliche **Rinde** ist rotbraun, der elfenbeinfarbene bis hellgelbe **Teig** halbfest; auch unregelmäßig verteilte runde **Löcher** von 3-10 mm Durchmesser sind vorhanden. Der **Geschmack** ist deutlich ausgeprägt, aber gleichzeitig zart, samtig und harmonisch.

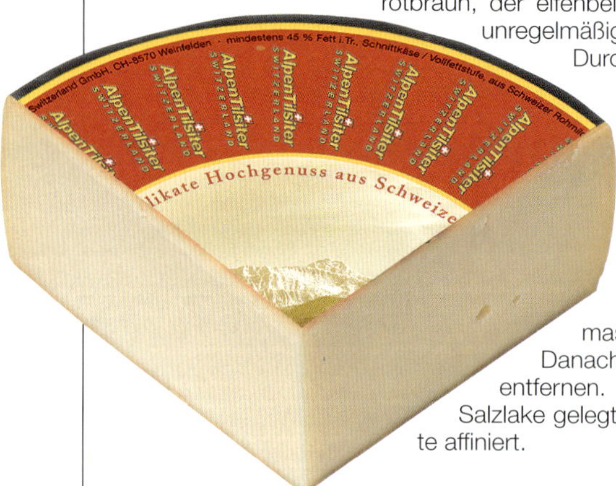

Herstellung und Reifung. Milch wird auf 31 °C erwärmt, mit Lab versehen und zum Gerinnen stehen gelassen. Die Gallerte wird mit der Käseharfe zerschnitten, damit die Molke austreten kann. Nach dem Brennen bei etwa 50 °C lässt man die Bruchmasse abtropfen und füllt sie in Käseformen. Danach wird gepresst, um die restliche Molke zu entfernen. Darauf folgend werden die Käselaibe in Salzlake gelegt. Schließlich wird der Käse noch 3-5 Monate affiniert.

Käse und Küche. Tilsiter kann mit weißem, auch rustikalem Brot gereicht werden und passt zu Akazienhonig. Man serviert ihn sowohl mit rohem als auch gekochtem Gemüse: frische Salate, gekochte Erbsen und Zucchinistücke. Tilsiterscheiben kann man auch in Butter anbraten, auf Polenta im Ofen schmelzen lassen, zu Omeletten oder Rührei geben. Der Käse eignet sich ausgezeichnet zum Füllen von Omeletten, Crêpes und in kleine Würfel geschnitten für Kräuter- und Spinatpasteten.

Käse und Wein. Besonders zu empfehlen sind harmonische Weißweine wie Terre die Franciacorta Bianco, Pinot Bianco del Trentino, Ribolla dei Colli Orientali del Friuli oder Vermentino aus Sardinien.

Vacherin-Fribourgeois

Der Legende nach entstand dieser Käse durch die Gefräßigkeit eines Mönches mit dem Namen Vacarinus. Er ersann eine List, um das Fastengebot zu umgehen, welches nur karge Speisen erlaubte und Fleisch, Eier und Käse verbot. Der Mönch erfand ein Gericht mit altbackenem Brot und leicht herzustellendem Käse mit gepresstem Teig. So entstand ein köstlicher Käse, der nicht nur als Geschenk sehr beliebt war, sondern auch als Zahlungsmittel verwendet wurde. Die runden **Laibe** haben etwa 33 cm Durchmesser, sind 6-9 cm hoch und wiegen 7,5 kg. Ihre **Rinde** ist gelbbraun und der elfenbeinfarbene bis hellgelbe **Teig** weist eine halbfeste Konsistenz auf. Der cremige, süße **Geschmack** wird mit dem Alter noch würziger.

Herstellung und Reifung. Milch wird auf 31 °C erwärmt, mit Lab versehen und zum Gerinnen stehen gelassen. Die Gallerte wird mit der Käseharfe zerschnitten, damit die Molke austreten kann. Nach dem Brennen bei etwa 50 °C lässt man die Bruchmasse abtropfen und füllt sie in Käseformen. Nun wird gepresst, um den Rest der Molke zu entfernen und schließlich werden die Käselaibe in Salzlake getaucht. Freiburger Vacherin wird einer *Affinage* von 10-17 Wochen unterzogen.

Käse und Küche. Diese Käsesorte wird mit Walnüssen, Haselnüssen, verschiedenen Kompottfrüchten und Honig serviert. Vacherin passt zu gekochtem Spargel, Steinpilzen, grünen Salaten, gekochtem Gemüse wie Zucchini und Artischocken, verlorenen Eiern und geschmolzen zu Zwiebeln und geschmortem Lauch. Er wird für Fondues, zum Verfeinern von Risottos oder Kartoffelpürees verwendet und dient, mit Butter vermischt, als Sauce für Eierteigwaren.

Käse und Wein. Mit jungem Freiburger Vacherin harmonieren duftige Weine wie Favorita delle Langhe, Lugana oder Graves-Weine; zu gereifterem Käse trinkt man Rotweine wie Valle d'Aosta Torrette und Kalterersee.

Visitenkarte

Herstellungsgebiet
Kanton Freiburg

Milch
Kuhmilch

Fermentierung
Kälberlab

Lagerung
mindestens 10-17 Wochen

Aufbewahrung
an einem frischen Ort; oder in der Originalverpackung im Gemüsefach des Kühlschranks

ANDERE KÄSESORTEN

Vacherin Mont-d'Or stammt aus dem Mont-d'Or-Gebiet im Kanton Waadt an der Grenze zu Frankreich. Er wird ebenso wie der französische Mont d'Or aus Kuhvollmilch hergestellt. Er ist leicht zu erkennen, da er in einer Schachtel aus Tannenholz und -rinde in den Verkauf kommt. Er ist für seinen süßen, cremigen Geschmack bekannt, hat einen elfenbeinfarbenen Teig, eine leicht schmelzende Konsistenz und wird im Zuge der Reifung schmierig. Vacherin Mont-d'Or wird auch pur, als Aufstrich auf knusprigen Brot oder mit Salzkartoffeln genossen.

Links: Entfernen der Molke aus den Freiburger-Vacherin-Laiben.

Afuega'l Pitu

Visitenkarte

Herstellungsgebiet
im Westen Asturiens, in den Tälern der Flüsse Nalón und Narcea

Milch
Kuhmilch

Fermentierung
Kälberlab

Lagerung
man kann ihn frisch oder auch nach einigen Wochen Lagerung verzehren

Aufbewahrung
den ganzen Laib an einem kühlen Ort; angeschnittene Stücke sollten, in Alufolie verpackt, im Kühlschrank aufbewahrt werden

Afuega'l Pitu kann die **Form** eines Kegelstumpfes oder einer Kugel besitzen. Kegelstumpfförmige Afuega-Käse wurden mit Hilfe von Käseformen modelliert, die anderen mit Netzen oder Tüchern. Die rote Variante (**Afuega'l Pitu Rojo** oder **del Aramo**) ist mit Paprika gefärbt und immer kugelförmig. Die Formen sind eher klein dimensioniert und kaum mehr als 1 kg schwer. Ihre **Rinde** ist weich, leicht rissig, meist von Schimmel überzogen und von gelblicher Farbe mit weißlichen oder blauen Flecken. Der hellgelbe **Teig** ist homogen, ohne Lochung, von körniger Konsistenz, er kann trocken und brüchig oder weich und fett sein. Er hat einen milchigen, wenig würzigen, zarten aber ganz besonderen **Geschmack** und zeigt beim Verkosten eine sehr charakteristische, klebrige Konsistenz.

Herstellung und Reifung. Man lässt Vollmilch bei 20-25 °C durch Zugabe von sehr wenig Lab ganz langsam – die Zeit variiert von 10-48 Stunden – gerinnen. Die Gallerte wird zerschnitten, in Abtropfformen gefüllt und mindestens einen Tag stehen gelassen. Das Salz kommt entweder bereits in Milch oder Bruchmasse, oder man reibt erst später die Rinde damit ein. Afuega kann frisch oder auch in gereiftem Zustand genossen werden. Zum Reifen kommt der Käse einige Wochen in kühle, feuchte und luftige Räume, wo sich die Rinde mit einem dünnen weiß-blauen Schimmelrasen überzieht. Für Afuega'l Pitu del Aramo werden Salz sowie süße und scharfe Paprikaschoten unter die Bruchmasse gemischt. Dann wird mit Hilfe eines verknoteten Tuches der Käselaib geformt und einer mehrwöchigen Reifung unterzogen.

Käse und Küche. Man reicht ihn mit Weißbrot, grünem Salat, Zucchinistreifen. Er kann auch in ein Risotto gerührt werden oder als Fülle von Omeletten dienen.

Käse und Wein. Dazu passen weiche Weißweine wie Verduzzo di Cialla dei Colli Orientali del Friuli oder ein perlender Lambrusco Grasparossa di Castelvetro.

Rechts: ein kegelstumpfförmiger Afuega'l Pitu und ein kugelförmiger Afuega'l Pitu Rojo von roter Farbe, welche er durch Zugabe von Paprika bekommt. Oben: das Tal des Rio Nalón.

Arzúa-Ulloa

Arzúa-Ulloa kann in runden, 300 g bis 2 kg schweren **Laiben** auf den Markt kommen, in der Regel liegt das Gewicht bei etwa 1 kg. Die strohgelbe **Rinde** ist glatt und kompakt, der elfenbeinfarbene oder hellgelbe **Teig** weich, dicht und weist keine Lochung auf. Die Konsistenz kann bei im Winter produziertem Käse cremig sein, während im Sommer hergestellte Laibe einen trockenen, brüchigen Teig aufweisen. Der **Geschmack** ist kräftig, säuerlich mit manchmal leicht bitterem Grundton.

Herstellung und Reifung. Arzúa wird aus roher oder pasteurisierter Vollmilch hergestellt. Man fügt bei 30-35 °C Lab hinzu und erhält so eine weiche, aber kompakte Gallerte, welche in bohnengroße Stücke zerschnitten wird. Die abgetropfte Masse wird geformt und gepresst. Man kann bereits die Milch oder die Bruchmasse salzen, häufiger werden aber erst die bereits geformten Laibe in ein Salzbad gelegt oder trocken mit Salz eingerieben. Schließlich lässt man die Laibe an einem kühlen, feuchten Ort mindestens eine Woche lang ruhen. Während dieser Zeit müssen sie regelmäßig gewendet und von Zeit zu Zeit mit heißem Salzwasser überbrüht werden.

Käse und Küche. In der Küche wird Arzúa gerne für Ofengerichte verwendet, da er leicht schmilzt. Ein traditionelles Gericht besteht aus mit Arzúa, Brotwürfeln, Tomaten und Knoblauch gefüllten Auberginen. Außerdem wird er gerne mit gekochtem oder rohem, frischem oder in Öl eingelegtem Gemüse verschiedenster Art oder ganz einfach mit Weißbrot und Honig serviert.

Käse und Wein. Ideal sind frische, aromatische Weißweine wie Südtiroler Goldmuskateller, trockener Colli Piacentini Malvasia oder Riesling Italico aus dem Oltrepò Pavese.

Visitenkarte

Herstellungsgebiet
Galicien, vor allem die Provinzen La Coruña und Lugo

Milch
Kuhmilch

Fermentierung
Kälberlab

Lagerung
mindestens 1 Woche, meist 15 Tage

Aufbewahrung
an einem frischen Ort oder im weniger kühlen Fach des Kühlschranks, in Alufolie verpackt

Arzúa-Ulloa wird gerne für Gerichte verwendet, welche einen leicht schmelzenden Käse verlangen.

Cabrales

Visitenkarte

Herstellungsgebiet
Südosten Asturiens, die Landschaften Cabrales und Peñamellera Alta

Milch
Kuh-, Schafs- und Ziegenmilch in verschiedener Zusammensetzung

Fermentierung
Ziegenlab

Lagerung
mindestens 2 Monate

Aufbewahrung
Cabrales sollte in nur kleinen Stücken gekauft und bis zum Verzehr in Klarsichtfolie oder Alufolie im Kühlschrank aufbewahrt werden; die Metallfolie, welche die Rinde schützt, sollte nicht entfernt werden

Cabrales (DOP) wird von den Viehzüchtern Asturiens das ganze Jahr über auf herkömmliche Weise hergestellt. Die *Affinage* der Käselaibe erfolgt in tiefen, natürlichen Höhlen, welche sich in der Kalkgebirgskette Picos de Europa befinden. Traditionell waren die Cabrales-Laibe, wenn sie auf den Markt kamen, in feuchte Ahornblätter eingewickelt. Nach den Hygienevorschriften der EU musste diese Verpackung allerdings durch eine Metallfolie mit aufgedruckten Blättern ersetzt werden. Die **Laibe** haben eine zylindrische, leicht unregelmäßige Form und ein Gewicht von 2-4 kg. Die **Rinde** ist unter der Metallfolie mit aufgedrucktem Qualitätssiegel runzelig, klebrig, orange-braun und weist einen scharfen Geruch auf. Der **Teig** ist kompakt, aber von Löchern und grün-blauen Schimmeläderungen durchzogen, seine Konsistenz weich, körnig und etwas schmierig. Die Farbe des Teiges ist leuchtend elfenbeinfarben, bei vorwiegender Verwendung von Kuhmilch hellgelb. Der **Geschmack** ist zwar nicht ganz so intensiv wie der **Geruch**, aber immer noch kräftig und scharf, leicht pikant mit saurem und deftigem Grundton.

Herstellung und Reifung. Ein Gemisch aus roher Vollmilch von Kuh, Schaf und Ziege wird auf 25-35 °C erwärmt und durch Beigabe einer kleinen Menge natürlichen Ziegenlabs dickgelegt. Die Gallerte wird zu walnussgroßem Bruch zerschnitten, welcher so lange ruhen muss, bis er kompakt, trocken und sauer zu werden beginnt. Nachdem nahezu die ganze Molke entfernt wurde, füllt man die körnige Masse in Käseformen. In den folgenden 24-48 Stunden werden die Laibe auf einer Temperatur von 18-25 °C gehalten und häufig gewendet. Beim Einsalzen wird das Salz auf die Oberseite gestreut, worauf man es einziehen lässt und nach 24 Stunden mit der anderen Seite genauso verfährt. Nach zwei Tagen werden die Laibe ausgeformt, die Ränder gesalzen und 2-3 Wochen an einem kühlen, luftigen Ort getrocknet, damit sich, ohne zu schimmeln, eine Rinde bilden und eine erste Gärung stattfinden kann. Daraufhin werden sie mindestens zwei Monate in Höhlen gelagert. Hier nimmt der Cabrales seinen charakteristischen Schimmel an – die Kalksteinhöhlen garantieren während des ganzen Jahres durch die ständige Luftbewegung, welche aufgrund der porösen Steine ermöglicht wird, ein gleichmäßige Entwicklung. Darüber hinaus bieten die Höhlen optimale Temperatur (8-12 °C) und hohe Luftfeuchtigkeit (etwa 90 %). Dies sind ideale Lagerbedingungen, da Hefen, Bakterien und in der Höhle vorhandene Schimmelsporen durch die feine Rinde in den Teig eindringen können und der Käse auf diese Weise seine besondere Konsistenz und seine einzigartigen Geschmacksaromen entwickeln kann.

Käse und Küche. Cabrales serviert man pur mit Vollkorn- oder Roggenbrot, mit etwas Erdbeerbaumhonig oder garniert ihn mit Beerenfrüchten wie Johannisbeeren, Brombeeren, Himbeeren und Heidelbeeren. Besonders schmackhaft erweist sich dieser Käse auf sehr heißer Polenta oder auf Risotto und er harmoniert gut mit Stangensellerie.

Käse und Wein. Zu Cabrales kann man mittelkräftige Weißweine wie Erbaluce di Caluso, Rheinriesling aus dem Oltrepò Pavese oder Terre di Franciacorta trinken.

Gamonedo

Die **Laibe** haben die Form eines unregelmäßigen Zylinders und sind im Vergleich zu anderen spanischen Käselaiben relativ groß. Im Allgemeinen sind sie schwerer als 2 kg, ihr Gewicht kann aber auch mehr als 5 kg betragen. Die graue **Rinde** ist trocken, runzelig, weist kleine Risse auf und ist von einer dünnen weißen Schimmelschicht mit grünen Schattierungen überzogen; dieselben Schimmelsporen können auch im Teig eine blaugrüne **Lochung** bilden. Der **Teig** ist elfenbeinfarben, zum Rand hin bräunlich und von brüchiger Konsistenz. Der **Geschmack** ist würzig, buttrig, kräftig, aber nicht allzu scharf und weist ein Mandelaroma auf.

Herstellung und Reifung. Rohe Vollmilch von Kühen und Ziegen wird in unterschiedlicher Zusammensetzung vermischt. Bei einer Temperatur von 25-30 °C fügt man Lab – meist Kälberlab – hinzu und lässt das Ganze über Nacht stehen. Die Gallerte wird zu nussgroßem Bruch zerschnitten, welchen man in großen Käseformen mehr als einen Tag lang abtropfen lässt. Der Käseteig samt Formen wird häufig gewendet und manchmal auch mit Gewichten beschwert, um die Molke zu entfernen. Dann werden die Laibe trocken gesalzen und man lässt sie mehrere Tage in einem lauwarmen, trockenen Raum, in der Nähe eines Feuers ruhen, wodurch sie auch leicht geräuchert werden. Nach zwei oder drei Wochen kommen die Käselaibe in Höhlen, wo sie mindestens drei Monate lagern und mitunter auf traditionelle Weise mit Farnblättern bedeckt werden.

Käse und Küche. Meist isst man ihn pur mit Brot; er findet aber auch bei vielen Rezepten Asturiens Anwendung: beispielsweise für Saucen auf Basis von Käse und Apfelwein oder grob aufgerieben für Salate.

Käse und Wein. Traditionell trinkt man in Asturien Apfelwein dazu, welchen man aber auch durch liebliche Weißweine wie Albana di Romagna und Verduzzo di Cialla ersetzen kann.

Visitenkarte

Herstellungsgebiet
Asturien, der nordwestliche Teil der Gebirgskette Picos de Europa

Milch
Kuh-, Schafs- und Ziegenmilch in verschiedener Zusammensetzung

Fermentierung
Kälberlab

Lagerung
mindestens 3 Monate

Aufbewahrung
kühl, in Alufolie verpackt; wenn er im Kühlschrank aufbewahrt wird, sollte man ihn ins Gemüsefach legen

Garrotxa

Visitenkarte

Herstellungsgebiet
Katalonien, vor allem im nördlichen Teil

Milch
Ziegenmilch

Fermentierung
Ziegenlab

Lagerung
mindestens 3 Wochen

Aufbewahrung
an einem kühlen Ort oder im weniger kühlen Fach des Kühlschranks, in Alufolie verpackt

Die **Laibe** sind zylinderförmig mit abgerundeten Kanten und wiegen etwa 1 kg. Sie sind von einer samtigen **Rinde** überzogen, deren graublaue Farbe vom Schimmel herrührt. Der weiße **Teig** ist kompakt, weich, fett und weist eine spärliche kleine **Lochung** auf. Der **Geschmack** ist zart, säuerlich, erinnert stark an Butter und offenbart einen nussigen Grundton.

Herstellung und Reifung. Zur pasteurisierten Ziegenmilch gibt man bei einer Temperatur von 26-30 °C Kalziumsalze, Milchsäurebakterien und tierisches Lab. Nach etwa zwei Stunden wird die sich bildende Gallerte zu feinem, etwa erbsengroßem Bruch zerteilt. Die noch feuchte Bruchmasse wird mit lauwarmem Wasser gewaschen und auf 32-34 °C erwärmt. Dann hebt man die Masse heraus, formt sie und drückt sie zusammen. Zum Salzen werden die Laibe etwa sechs Stunden in konzentrierte Salzlake gelegt. Schließlich wird der Käse in kühler Umgebung gelagert, welche auch eine sehr hohe Luftfeuchtigkeit aufweisen muss, damit sich der Schimmelbelag bilden kann. Nach drei Wochen ist Garrotxa-Käse zum Verzehr bereit.

Käse und Küche. Garrotxa harmoniert mit leichten Speisen wie grünem Salat, reifen, süßen Tomaten oder gekochtem Gemüse wie grünen Bohnen oder Salzkartoffeln. An Gebäck passt am besten Weißbrot, wie etwa lange Brötchen oder auch Milchbrot. Diese Käsesorte wird aber auch gerne für Pfannkuchen-Pasteten oder im Ofen zubereitete Teigwaren verwendet.

Käse und Wein. Dazu trinkt man zarte Weißweine mit viel Persönlichkeit wie Ribolla dei Colli Orientali del Friuli oder einen weichen Wein wie beispielsweise Orvieto Abboccato.

Idiazábal

Idiazábal (DOP) wird meist in sehr regelmäßigen zylinderförmigen **Laiben** hergestellt; seltener finden sich achteckige oder kegelstumpfförmige Laibe. Das Gewicht beträgt 1-2 kg. Die **Rinde** ist kompakt, glatt, beim ungeräucherten Käse hellgelb, beim geräucherten ockerfarben bis bräunlich. Der **Teig** ist gleichmäßig, kompakt, ohne oder mit nur sehr feiner **Lochung**, weich, fast buttrig und von blassgelber Farbe, welche beim geräucherten Käse zum Rand hin dunkler wird. Der **Geschmack** ist leicht säuerlich, pikant, kräftig und ausgeprägt und wird von einem eventuellen Raucharoma begleitet.

Herstellung und Reifung. Für seine Herstellung wird rohe Vollmilch, vornehmlich von Latxa-Schafen, verwendet, welche mindestens 6 % Fett enthält. Die Milch wird bei einer Temperatur zwischen 25 und 35 °C durch Zugabe von natürlichem Lammlab dickgelegt. Auf diese Weise erhält man eine kompakte Gallerte, welche zu reiskorngroßem Bruch zerschnitten und auf 34-38 °C erwärmt wird. Dann drückt man die abgetropfte Masse zusammen und füllt sie in Käseformen. Das Salzen erfolgt durch Einreiben der Käselaibe mit trockenem Salz oder durch ein 24-stündiges Bad in hoch konzentrierter Salzlake. Schließlich müssen die Laibe in kühlen, feuchten Räumen mindestens zwei Monate reifen; dabei wird sorgfältig darauf geachtet, dass auf der Rinde kein Schimmel entsteht. Ein eventuelles Räuchern erfolgt erst nach der Reifung.

Käse und Küche. Man serviert ihn mit in Öl eingelegtem Gemüse, Mixed Pickles, gegrilltem Paprika, Mandeln, Walnüssen oder gewürztem Reis. In der Küche wird er gerne zum Füllen von Teigtaschen und Gemüserouladen oder zum Belegen von Pizzas und Fladenbroten verwendet.

Käse und Wein. Dazu passen charaktervolle Weißweine wie Inzolia, Cirò Bianco und Falerno del Massico.

Geschichte. Idiazábal ist der Name einer kleinen baskischen Gemeinde, welche in der Mitte zahlreicher Weideflächen im Hochgebirge liegt. Auf die Idee, den Käse zu räuchern, kam man durch Zufall: denn einst wurden die Käselaibe in den Berghütten aufbewahrt, bevor sie in den Verkauf kamen; der Rauch, der durch das Kaminfeuer entstand, imprägnierte die Käselaibe und verlieh ihnen noch intensivere Geschmacksaromen. Später verfeinerte man das Räucherverfahren – die Käselaibe wurden in einer Kammer aufgehängt, in der ein Feuer aus Kirsch- und Weißdornholz brannte. Heute verwenden die Käser Eichen- oder Buchenholz. Auf den kleinen Höfen werden nach wie vor die herkömmliche Käseformen verwendet, in welche für die baskische Kultur typische Zeichnungen und Symbole eingeritzt sind.

Visitenkarte

Herstellungsgebiet
Baskenland und Nordwesten Navarras

Milch
Schafsmilch

Fermentierung
Lammlab

Lagerung
2–3 Monate

Aufbewahrung
in Alufolie verpackt kann er lange an einem kühlen Ort oder im Kühlschrank aufbewahrt werden

La Peral

Visitenkarte

Herstellungsgebiet
Asturien, in der kleinen Käserei Illas der Pfarrei San Jorge de La Peral

Milch
Kuhmilch mit Sahne aus Schafsmilch

Fermentierung
Kälberlab

Lagerung
mindestens 1½ Monate

Aufbewahrung
in der originalen Metallfolie, an einem kühlen Ort oder im Gemüsefach des Kühlschranks

Die zylinderförmigen **Laibe** können 1-3 kg wiegen und sind mit Metallfolie überzogen. Sie weisen keine deutliche **Rinde** auf, sondern haben eine fette, schmierige, weiße bis gelbliche Oberfläche. An der Schnittfläche sind kleine Spalten, Risse und eine spärliche **Lochung** zu sehen, welche durch eine blaugrün leuchtende Schimmeläderung gekennzeichnet ist. Der weiß-gelbe **Teig** ist fett, aber brüchig und leicht körnig. Der **Geschmack** ist zwar für die Käseart zart, aber ausgeprägt, leicht säuerlich und salzig; auf der Zunge zeigt sich die cremige Konsistenz des Teiges. Der **Geruch** lässt den Schafskäse erkennen.

Herstellung und Reifung. Pasteurisierte Kuhmilch mit niedrigem Säuregrad wird mit dem Rahm von Schafsmilch angereichert, um den Fettgehalt zu erhöhen und ein besonderes Aroma erzielen zu können. Dann fügt man Milchsäurebakterien, Schimmelsporen, Kalziumsalz und tierisches Lab hinzu und erhält nach etwa 30 Minuten bei 30 °C eine kompakte Gallerte, welche zu maiskorngroßem Bruch zerschnitten wird. Die abgetropfte, aber noch feuchte Bruchmasse wird in Formen gefüllt und bis zum nächsten Tag zum Trocknen stehen gelassen. Die Laibe werden trocken auf Ober- und Unterseite eingesalzen. Gelagert wird in kühlen und sehr feuchten Räumen, wo man die Käselaibe regelmäßig wendet und mindestens 1½ Monate reifen lässt.

Käse und Küche. Zu La Peral reicht man schwach gewürztes Brot wie etwa Toskanabrot. Der frische Käse kann mit etwas Extravergine-Olivenöl und Pfeffer aus der Mühle gewürzt werden. Er passt zu frischem Gemüse wie Zucchini und Salaten, und der längere gelagerte zu Endivien, Paprika, Stangensellerie, Pürees und heißer Polenta.

Käse und Wein. Junger La Peral harmoniert mit zarten Weißweinen wie Lugana, Soave oder Bianco di Pitigliano. Länger gelagerten Käse kann man mit gut strukturierten Weißweinen wie Tocai del Collio, Terre di Franciacorta Bianco oder sogar mit einem leicht süßen Wein wie Recioto di Soave kombinieren.

La Peral hat einen akzentuierten Geschmack, welcher gut mit Toskanabrot harmoniert.

Los Beyos

Die **Laibe** haben eine zylindrische Form, wobei ihr Durchmesser nahezu der Höhe entspricht und ihr Gewicht nie mehr als 1 kg beträgt. Die **Rinde** ist dünn, runzelig, rissig, von strohgelber Farbe und mitunter von etwas weißem Schimmel überzogen. Der strohgelbe **Teig** ist kompakt, brüchig und weist keine regelmäßige Lochung, jedoch einige kleine Löcher auf. Der **Geschmack** variiert je nach verwendeter Milch und Lagerungszeit und kann mehr oder weniger kräftig und säuerlich sein, während sich der Käse beim Verkosten immer als buttrig erweist.

Herstellung und Reifung. Los Beyos wird aus roher Vollmilch, entweder von der Kuh oder der Ziege – aber niemals vermischt – hergestellt. Bei einer Temperatur von etwas mehr als 25 °C wird tierisches Lab hinzugefügt. Nach einigen Stunden oder gar erst am nächsten Tag wird die Gallerte zerteilt und in Abtropfformen gefüllt, in welchen man sie zwei Tage oder länger stehen lässt. Die Laibe werden noch in den Käseformen mit grobem Salz bestreut, dann ausgeformt und eine Woche lang beim Kamin getrocknet, sodass sie eine Rinde bilden und gleichzeitig leicht geräuchert werden. Schließlich werden sie 2-3 Wochen in lauwarmen Räumen gelagert, welche trocken und luftig sein sollten, um eine Schimmelbildung zu vermeiden. Wenn sich trotzdem ein Schimmelansatz entwickelt, so kann – vor allem bei Käse aus Ziegenmilch – ein ganz außergewöhnlicher Käse entstehen.

Käse und Küche. Man serviert ihn mit Lindenhonig und Nüssen. Außerdem passt er zu Zwiebelfondue, geschmortem Lauch und gefüllten Artischocken. In der Küche wird er gerne zum Verfeinern von Teigwaren mit Gemüse, beispielsweise mit Rübensprossen oder einer Kräuter-Pasteten-Fülle, verwendet.

Käse und Wein. Dazu trinkt man weiche Weißweine wie Colli Orientali del Friuli Cialla Bianco oder halbtrockene Weine, beispielsweise einen Orvieto.

Visitenkarte

Herstellungsgebiet
Amieva und Ponga am Los-Beyos-Pass, im westlichen Teil der Picos de Europa (Asturien)

Milch
Kuhmilch oder Ziegenmilch

Fermentierung
Kälberlab oder Ziegenlab

Lagerung
2–3 Wochen

Aufbewahrung
der ganze Laib an einem kühlen Ort; sobald er angeschnitten ist, sollte er in Einschlagpapier verpackt und im Kühlschrank aufbewahrt werden

Mahón

Visitenkarte

Herstellungsgebiet
Insel Menorca, Balearen

Milch
Kuhmilch

Fermentierung
Kälberlab

Lagerung
von 1 Monat bis zu 1 Jahr

Aufbewahrung
junger Mahón sollte im Kühlschrank aufbewahrt und sehr bald verzehrt werden; älterer Käse kann auch länger aufbewahrt werden, am besten an einem kühlen Ort

Im Herstellungsgebiet, der Insel Menorca, wird Mahón mit Marmelade serviert – dieses einfache Gericht wird als »jaleo« *bezeichnet.*

Mahón (DOP) wird in quaderförmigen **Laiben** mit abgerundeten Kanten hergestellt. An der Oberseite ist ein Linienmuster zu sehen, welches von den bei der Pressung verwendeten Schnüren stammt. Die Käsequader wiegen meist 1,5-3 kg, ihr Gewicht kann aber auch mehr als 5 kg betragen. Die **Rinde** ist glatt, gleichmäßig, schmierig und meist gelb; Laibe, welche mit Paprika und Olivenöl oder Butter affiniert wurden, weisen eine Rinde von intensiv gelb-oranger Farbe auf. An der Schnittfläche erweist sich der **Teig** als kompakt, sehr elastisch und zeigt eine spärliche Lochung verschiedener Größe. Er ist elfenbeinfarben bis dunkelgelb und geht an den Rändern in Hellbraun über. Der typische **Geschmack** ist leicht säuerlich und salzig; frischer Käse erweist sich beim Verkosten als cremig und feucht, je länger er gelagert wurde, desto trockener wird die Konsistenz und desto kräftiger und pikanter der Geschmack.

Herstellung und Reifung. Man verwendet frische Kuhmilch, ganz selten mit Schafsmilch vermischt, und verarbeitet sie bei 32-33 °C. Dazu gibt man Labferment in ausreichender Menge, sodass die Milch in 40-60 Minuten gerinnt. Man zerkleinert die Gallerte, lässt sie etwas ruhen, hebt die Bruchmasse mit einem dünnen Tuch heraus, aus welchem man durch Verbinden der vier Enden einen Sack formt. Dieser Sack wird von Hand zusammengedrückt, sodass die Molke herausfließt. Dann erfolgt die erste Pressung, für welche man den mit einem Band eingeschnürten Sack 2-3 Stunden in eine Presse spannt. Der gepresste Käse wird mindestens einen Tag lang in stark konzentrierte Salzlake gelegt. Daraufhin legt man die Käselaibe auf ein Gitter, wo sie regelmäßig gewendet werden. Falls sich auf der Rinde Schimmel bildet, muss dieser sorgfältig entfernt werden. Nach einer Woche ist der *queso fresco* (der junge Käse) zum Verzehr bereit. Nach einmonatiger Lagerung wird die Rinde mit Olivenöl oder Butter und Paprika eingerieben.

Käse und Küche. Der junge Mahón wird traditionell als Fülle für warme Süßspeisen verwendet. Ältere Sorten eignen sich vorzüglich, um als Tapas (die berühmten spanischen Mini-Imbisse auf Spießchen) mit Salzoliven oder in Öl eingelegtem Gemüse gereicht zu werden.

Käse und Wein. Dazu passen harmonische Weißweine wie Terre di Franciacorta; zum älteren Mahón mit pikanter Note ist ein halbtrockener Wein wie Recioto di Soave vorzuziehen.

Picón

Picón (DOP) hat seinen Namen von den Picos de Europa, wo dieser Käse produziert wird. Die **Laibe** sind von leicht unregelmäßiger zylindrischer Form und kommen in grüne Platanenblätter eingeschlagen in den Handel. Das Gewicht kann 1-5 kg betragen, meist wiegen die Laibe etwa 2 oder 3 kg. Die nicht sehr ausgeprägte **Rinde** ist schmierig, von orange-brauner Farbe und riecht sehr intensiv. An der Schnittfläche zeigen sich viele mit grünblauem Schimmel überzogenen Einbuchtungen und Löcher. Der **Teig** ist weich, eher körnig, leicht schmierig und von weißer oder blassgelber Farbe. Der **Geschmack** ist kräftig und ausgeprägt, aber nicht so intensiv wie der **Geruch**. Beim Verkosten erweist sich die Konsistenz als weich und cremig.

Herstellung und Reifung. Picón wird das ganze Jahr auf traditionelleWeise hergestellt. Man verwendet rohe Vollmilch von Kühen, Ziegen und Schafen, welche je nach momentaner Verfügbarkeit zusammengesetzt ist. Bei einer Temperatur von 22-30 °C gibt man tierisches Lab hinzu. Die Gallerte wird zu mittelgroßem Bruch zerkleinert, welchen man längere Zeit ruhen lässt. Dann wird die noch feuchte Bruchmasse in große Käseformen gefüllt, in welchen man die Masse drei Tage lang abtropfen und sich verfestigen lässt. Nach 24 Stunden reibt man die Oberseite mit Salz ein, nach 48 Stunden wird der Laib gewendet und die andere Seite gesalzen. Die frischen Laibe werden schließlich 2-3 Wochen in einen Trockenraum gebracht. Hier bildet sich der Schimmel und auch die Säurebakterien beginnen zu arbeiten. Die Laibe müssen noch mindestens zwei Monate an einem sehr kalten, feuchten und luftigen Ort gelagert werden, wo sich nach der äußerlichen Schimmelbildung auch innen der Blauschimmel entwickeln kann. Nach genügend langer Lagerung werden die Käselaibe in grüne Blätter eingeschlagen.

Käse und Küche. Man serviert ihn pur, mit Akazienhonig, Walnüssen und Vollkornbrot. Auch mit gekochtem Gemüse und Salat wird er gerne gereicht. Darüber hinaus findet er in Rezepten für Kartoffelkuchen, Pfannkuchen-Pasteten und salzige Gemüsekuchen Anwendung.

Käse und Wein. Dazu trinkt man körperreiche, warme, zuckerreiche Weine wie Albana di Romagna Amabile und Ramandolo.

Visitenkarte

Herstellungsgebiet
die Dörfer Bejes und Tresviso in Kantabrien; heute wird er in der ganzen Region Liébana und Peñarrubia erzeugt

Milch
Kuh-, Schafs- und Ziegenmilch

Fermentierung
Kälberlab

Lagerung
mindestens 2 Monate

Aufbewahrung
kann lange an einem kühlen Ort aufbewahrt werden

Queso Castellano

Visitenkarte

Herstellungsgebiet
Region Kastilien und León

Milch
Schafsmilch

Fermentierung
Lammlab

Lagerung
mindestens 3 Monate

Aufbewahrung
an einem kühlen Ort; angeschnittener Käse in Alufolie verpackt im Kühlschrank

Die tortenförmigen **Laibe** des Queso Castellano wiegen 1, 2 oder 3 kg. Die gelbliche bis beigefarbene **Rinde** zeigt an den Rändern ein Zickzack-Muster, an den leicht bauchigen Ober- und Unterseiten eine diagonale Streifung. Der gelblichweiße **Teig** ist feucht, leicht elastisch und ziemlich kompakt mit kleiner **Lochung**. Der **Geschmack** ist sehr prägnant, intensiv, etwas säuerlich, leicht pikant und nicht sehr salzig. Beim Verkosten erweist sich der Käse als buttrig und zergeht auf der Zunge.

Herstellung und Reifung. Diese Käsesorte wird aus roher oder pasteurisierter Schafsvollmilch hergestellt. Zur auf 28-33 °C erwärmten Milch gibt man Lab und erhält nach 30 Minuten eine kompakte Gallerte. Die Masse wird zu maiskorngroßem Bruch zerkleinert, unter ständigem Rühren auf 36-38 °C erwärmt, wodurch die Bruchkrümel Molke verlieren und zu Reiskorngröße zusammenschrumpfen. Dann lässt man die Käsemasse ruhen, hebt sie aus dem Käsekessel, drückt sie zusammen, schneidet den abgetropften Bruchkuchen in viereckige Stücke, welche in die Käseformen gepresst werden. Zum Salzen legt man die Laibe einen Tag lang in ein konzentriertes Salzbad. In den ersten drei Wochen lässt man die Käselaibe in lauwarmen, sehr feuchten Räumen reifen, dann werden sie mindestens drei Monate in kühleren Räumen gelagert. Auf der Rinde kann sich ein Schimmelbelag bilden, welcher vor dem Verkauf abgewaschen wird.

Käse und Küche. Man serviert ihn mit Kastanienhonig, Walnüssen und getrockneten Feigen und kann Bauernbrot oder auch Vollkornbrot dazu reichen. Außerdem verwendet man ihn gerne für Ofenkartoffeln, Gemüsekuchen, Teigwaren mit Rosenkohl und Gemüse-Lasagne. Darüber hinaus passt er zu Tortillas und Omeletten, welche mit Kartoffeln oder anderem Gemüse gefüllt sind.

Käse und Wein. Dazu trinkt man weiche Weißweine wie sizilianischen Inzolia.

Queso de Cantabria

Queso de Cantabria (DOP) wird in **Form** eines Quaders oder kleinen Zylinders mit flachen, glatten Ober- und Unterseiten hergestellt. Die Käse-Quader oder -Zylinder wiegen zwischen 500 g und 2,5 kg, haben aber meist ein Gewicht von 1 oder 2 kg. Die hellgelbe **Rinde** ist glatt und wachsartig. Der elfenbeinfarbene oder blassgelbe **Teig** ist kompakt, weich, elastisch, leicht schmierig und weist keine Lochung auf. Er hat einen unverfälscht milchigen, süßen **Geschmack**, riecht nach Butter und wirkt beim Verkosten fett und cremig.

Herstellung und Reifung. Zu auf etwa 32 °C erwärmter pasteurisierter Vollmilch gibt man Milchsäurebakterien der Typen *Streptococcus lactis* und *Streptococcus cremoris* sowie Salz, Kalzium und Lab. Nach 40 Minuten hat sich eine weiche, kompakte Gallerte gebildet, welche zu 5 mm großen Bruchkörnern zerschnitten wird. Dann wird die Molke teilweise entnommen, die Masse auf 34 °C erhitzt und dann in warmem Wasser gewaschen. Nun lässt man den Bruchkuchen abtropfen, schneidet ihn in Stücke und füllt diese in Käseformen, wo die Masse zwar leicht, aber über einen längeren Zeitraum gepresst wird. Zum Salzen kommen die Käse-Quader und -Zylinder einen Tag lang in wenig konzentrierte Salzlake. Schließlich lässt man den Käse an einem kühlen (8-11 °C) und sehr feuchten (90 % relative Luftfeuchtigkeit) Ort mindestens eine Woche lagern. Während dieser Zeit wird er oft gewendet, damit sich auf der Rinde kein Schimmelansatz bildet.

Käse und Küche. Wegen seines zarten Geschmacks serviert man den Queso de Cantabria am besten mit Weißbrot wie etwa Ciabatta-Brot oder Milchbrot. Außerdem passt er gut zu leichten Speisen wie grünem Salat, reifen Tomaten oder gekochtem Gemüse wie grünen Bohnen oder Salzkartoffeln. In der Küche verwendet man ihn für Omeletten oder rührt den würfelig geschnittenen Käse unter Risottos.

Käse und Wein. Zu jungem Käse trinkt man einen zarten, nicht allzu lange ausgebauten Wein wie Bianco di Custoza oder Lugana; mit reiferem Käse harmonieren Südtiroler Grauburgunder oder Tocai dei Colli Orientali del Friuli. Mitunter passen auch halbtrockene Weine wie Orvieto.

Visitenkarte

Herstellungsgebiet
Kantabrien

Milch
Kuhmilch

Fermentierung
Kälberlab

Lagerung
mindestens 1 Woche

Aufbewahrung
an einem kühlen Ort; aufgeschnittener Queso de Cantabria in Alufolie verpackt im Gemüsefach des Kühlschranks

Queso de Cantabria kann die Form eines Zylinders oder eines Quaders haben.

Queso de l'Alt Urgell y la Cerdanya

Visitenkarte

Herstellungsgebiet
Landschaft Alt Urgell y de la Cerdanya, in den Provinzen Lérida und Gerona, im Pyrenäengebiet Kataloniens, besonders in der Stadt Seu d'Urgell

Milch
Kuhmilch

Fermentierung
Kälberlab

Lagerung
mindestens 45 Tage

Aufbewahrung
an einem kühlen Ort; angeschnittener Käse hält sich lange in Alufolie verpackt im weniger kühlen Fach des Kühlschranks

Durch das Pressen der Käsemasse in den Käseformen wird der Queso de l'Alt Urgell y la Cerdanya sehr kompakt und weich.

Queso de l'Alt Urgell y la Cerdanya (DOP) wird in zylinderförmigen **Laiben** erzeugt, deren Durchmesser etwa 20 cm und deren Gewicht etwa 2,5 kg beträgt. Die hellbraune **Rinde** ist leicht feucht, der creme- oder elfenbeinfarbene **Teig** kompakt, cremig, weich und zeigt eine dichte, feine **Lochung**. Der sehr charakteristische **Geschmack** ist süß, kräftig und hängt von der Qualität der lokal verwendeten Milch ab. Beim Verkosten erweist sich die Konsistenz als weich und cremig. Das Etikett auf dem Käse muss immer die Herkunftsbezeichnung tragen.

Herstellung und Reifung. Für Queso de l'Alt Urgell y la Cerdanya verwendet man Milch der Rinderrasse Friesen, welche im Herstellungsgebiet gezüchtet wird. Zur pasteurisierten, auf 30-33 °C erwärmten Milch gibt man Milchsäurebakterien und tierisches Lab. Nach etwa 30 Minuten hat sich eine Gallerte gebildet, welche zu feinem Bruch zerschnitten und abgeseiht wird. Dann wird die Masse in Käseformen gefüllt und gepresst. Zum Salzen werden die Laibe in ein Salzbad von einer Temperatur zwischen 10 und 15 °C gelegt. Nach dem Trocknen werden sie mindestens 45 Tage lang in kühlen (11-14 °C) und feuchten (90-96 % relative Luftfeuchtigkeit) Kellerräumen gelagert.

Käse und Küche. Man serviert ihn mit Weißbrot, rohen Bohnen und frischen Walnüssen. Besonders gut wird sein Geschmack durch grüne Salate hervorgehoben. Er findet auch bei der Zubereitung von Omeletten und Nudelaufläufen Anwendung, indem man ihn zwischen die anderen Zutaten schichtet.

Käse und Wein. Empfehlenswert sind Weißweine mit mittlerem Körper wie Pigato, Fiano di Avellino oder auch friulanische Weine wie Tocai dei Colli Orientali del Friuli.

Queso de Murcia

Die **Laibe** des Queso de Murcia (DOP) haben eine zylindrische Form, welche deutlich die Abdrücke des zum Formen verwendeten Järbs und der Presse erkennen lässt. Sie sind eher klein und haben ein Gewicht von 1-1,5 kg. Die Farbe des Teiges und der Rinde ist leuchtend Weiß. Der **Teig** ist kompakt, elastisch, weich und weist keine Lochung, aber kleine Einbuchtungen auf. Der Käse hat einen zarten, milchigen, leicht salzigen **Geschmack** und eine feuchte, gummiartige, sehr buttrige Konsistenz.
Queso de Murcia al Vino hat ebenfalls DOP-Status. Die **Laibe** haben dieselbe Form und eine glatte Oberfläche mit abgerundeten Kanten. Die weinrote **Rinde** ist glatt, fest und mit grünlichen Schimmelflecken übersät. An der Schnittfläche wirkt er homogen und zeigt einen weißen elastischen **Teig**. Der **Geschmack** ist äußerst zart, leicht säuerlich, buttrig und wird von einem leichten Weinaroma begleitet.

Herstellung und Reifung. Für beide Käsesorten wird pasteurisierte Ziegenvollmilch verwendet. Für Queso de Murcia wird die Milch auf 33-37 °C erwärmt und Kalziumsalze sowie Lab hinzugefügt. Nach einer halben Stunde entsteht eine feste Gallerte. Diese wird zu feinem Bruch zerschnitten, welchen man etwas abtropfen lässt und noch halbfeucht in die Käseformen füllt. Nun wird die Masse ganz leicht, aber längere Zeit gepresst. Das Salzen erfolgt entweder bereits in der Bruchmasse oder durch Eintauchen der fertigen Laibe in ein Salzbad. Danach ist der Käse fertig für den Verkauf.
Für Queso de Murcia al Vino wird die Milch auf eine Temperatur von 32-33 °C gebracht und mit Milchsäurebakterien, Kalziumsalzen und Ziegenlab angereichert. Die sich bildende Gallerte wird zu erbsgroßem Bruch geschnitten, den man etwas ruhen lässt. Dann entnimmt man jene Molkemenge, die 1/5 des ursprünglichen Milchvolumens entsprechen würde und füllt mit derselben Menge heißem Wasser auf. Dabei muss ständig gerührt werden. Nach einer weiteren Ruhephase wird die Masse zusammengedrückt, von der Molke getrennt, in Stücke geschnitten, welche in die Käseformen gefüllt und gepresst werden. Schließlich kommen die Laibe für einige Stunden in konzentrierte Salzlake. Nach 24-stündigem Trocknen werden sie an einem kühlen, eher feuchten Ort gelagert. Während der Lagerung wird im Gebiet von Yecla und Jumilla die Rinde 3-4mal mit Rotwein gewaschen.

Käse und Küche. Traditionell werden beide Käsesorten pur als *Tapas*, also als Appetithäppchen, und auch in Scheiben geschnitten, angeboten. Frischer Queso de Murcia kann auch leicht angebraten mit Tomatensauce serviert werden.

Käse und Wein. Beide Murcia-Käse passen hervorragend zu Weißweinen, welche ihren zarten Geschmack nicht übertönen, wie Südtiroler Weißburgunder, Ribolla del Friuli oder ein junger Trebbiano d'Abruzzo.

Geschichte. Beide Käsesorten werden aus Milch der *Murciana*-Ziege hergestellt, einer der weltweit bekanntesten und sicherlich für Spanien wichtigsten Ziegenrassen. Queso de Murcia al Vino ist eine relativ neue Käsespezialität. Auf Initiative der autonomen Verwaltung der Region Murcia wurde 1987 eine neue Käserei eröffnet – hier sollte eine Käsesorte kreiert werden, welche die Ursprünglichkeit der Region ausdrückt. Man beschloss, die Rinde mit einem körperreichen und tanninreichen lokalen Rotwein zu behandeln, um dem Käse einerseits Farbe und andererseits ein besonderes Aroma zu verleihen.

Links: eine Landschaft in der Region Murcia.

Visitenkarte

Herstellungsgebiet
Region Murcia

Milch
Ziegenmilch

Fermentierung
Ziegenlab

Lagerung
keine Lagerung beim Queso de Murcia; Queso de Murcia al Vino kann sowohl frisch als auch halblang gelagert verkauft werden

Aufbewahrung
Queso de Murcia kann nur sehr kurz, in Alufolie verpackt, im weniger kühlen Teil des Kühlschranks aufbewahrt werden; Queso de Murcia al Vino hält sich unter gleichen Bedingungen etwas länger

Queso de La Serena

Visitenkarte

Herstellungsgebiet
La Serena, im Osten der Provinz Badajoz (Estremadura)

Milch
Schafsmilch

Fermentierung
pflanzliches Lab

Lagerung
1 Monat

Aufbewahrung
an einem frischen Ort oder im weniger kühlen Fach des Kühlschranks, in Alufolie verpackt

Queso de La Serena (DOP) hat die **Form** eines niedrigen Zylinders mit flachen Ober- und Unterseiten und abgerundeten Rändern, auf welchen auch das Muster der als Käseform verwendeten Binsenreifen zu erkennen ist. Die Laibe weisen sehr verschiedene Durchmesser auf und wiegen etwa 1 kg. Die gelbe **Rinde** ist ölig und leicht rissig. Der dichte **Teig** weist einige kleine Löcher auf und hat eine weiche, schmierige Konsistenz. Innen ist der Teig gelb, zum Rand hin zeigt er leicht bräunliche Schattierungen. Der einzigartige, leicht bittere und pikante **Geschmack** ist weder sauer noch salzig und der Teig erweist sich beim Verkosten als sehr cremig.

Herstellung und Reifung. Die Milch für den Queso de La Serena stammt von Merino-Schafen – diese Rasse gibt zwar nur wenig, dafür aber sehr fettreiche Milch. Frische Milch wird auf eine Temperatur von 28-30 °C gebracht und mit Lab versehen. Nach eineinhalb Stunden hat sich eine feste Gallerte gebildet. Diese wird vorsichtig in große Stücke zerteilt und ruhen gelassen. Dann leert man die Masse, welche noch eine große Menge an fetter Molke enthält, auf eine schräg gestellte Holzplatte mit hohen Rändern. Von hier aus kann die Rohkäsemasse in die geflochtenen Binsenreifen rutschen, welche als Käseformen dienen. Nun beginnt ein langer Prozess, wobei die Formen manuell von der Seite zusammengedrückt werden, um die Molke herauszupressen. Je mehr der Ring zusammengezogen wird, desto mehr Flüssigkeit tritt aus der Käsemasse aus und desto kleiner wird der Durchmesser, während oberhalb der Teig aus der Käseform herausquillt und von Hand gepresst wird. Die Käselaibe werden auf der Oberseite gesalzen, nach 12 Stunden Ruhepause gewendet und der Vorgang wiederholt. Schließlich nimmt man sie aus der Ringform und lagert sie einen Monat auf Holzbrettern. Während dieser Zeit werden die Laibe täglich gewendet, um sie zu trocknen.

Käse und Küche. Zu diesem würzigen und geschmackvollen Käse kann man Landbrot oder Vollkornbrot reichen, aber auch Akazienhonig oder andere Honigarten, solange sie nicht so bitter sind wie Kastanienhonig, da auch der Käse bittere Noten aufweist. Man serviert ihn mit grünem Salat, Stangensellerie und süßem Obst wie Birnen und Feigen.

Käse und Wein. Dazu passen gut strukturierte Weißweine wie Sauvignon del Collio oder warme, süße Weine wie Muscat de Chambave.

Queso de Valdeón

Visitenkarte

Herstellungsgebiet
Valle de Valdeón, bei den Picos de Europa, im Nordosten der Provinz León

Milch
Kuh-, Schafs- oder Ziegenmilch, oder gemischt

Fermentierung
Kälber-, Lamm- oder Ziegenlab

Lagerung
mindestens 45 Tage

Aufbewahrung
an einem kühlen Ort oder im Kühlschrank, in Alufolie verpackt

Queso de Valdeón wird manchmal zum Aufbewahren in Ahornblätter eingewickelt.

Queso de Valdeón (DOP) wird in 15 cm hohen zylindrischen **Laiben** mit flachen Ober- und Unterseiten von höchstens 25 cm Durchmesser erzeugt. Das Gewicht kann zwischen 0,5 kg und 3 kg betragen. Die graue **Rinde** ist weich, schmierig, runzelig und weist rötlich-gelbe Flecken auf. Der **Teig** ist von mittlerer Konsistenz, fett und zeigt eine verschieden große **Lochung**; er ist elfenbeinfarben mit grünlichen Schimmelflecken. Der **Geschmack** ist leicht pikant, bei Verwendung von Ziegen- oder Schafsmilch etwas kräftiger und sehr aromatisch; der Teig erweist sich beim Verkosten als fett und buttrig.

Herstellung und Reifung. Man verwendet Kuh-, Schafs- oder Ziegenmilch oder eine Mischung der drei Milchsorten. Die rohe oder pasteurisierte Milch wird bei einer Temperatur von 28-32 °C durch Zugabe von Lab dickgelegt. Die Gallerte wird in etwa 1 cm große Stücke geschnitten. Nach einer etwa 15-minütigen Ruhephase lässt man die Molke abtropfen, bis der richtige Feuchtigkeitsgehalt erreicht ist; danach gibt man die Masse in runde Formen, worauf eine Ruhephase von 24 Stunden folgt. Gesalzen wird trocken, indem zuerst die Oberseite mit Salz bestreut wird und am folgenden Tag die andere Seite. Schließlich werden die Käselaibe in Hütten gelagert, welche sich zwischen 500 und 1200 m Seehöhe befinden; in den Lagerräumen herrscht eine ständig gleichbleibende Temperatur von 5 bis 10 °C und die relative Luftfeuchtigkeit liegt zwischen 75 und 95 %. Käse aus Rohmilch muss mindestens zwei Monate gelagert werden, für Käse aus pasteurisierter Milch reichen 45 Tage.

Käse und Küche. Queso de Valdeón eignet sich vorzüglich, um Saucen für Salzkartoffeln oder Risottos zu bereiten. Er wird aber auch gerne gemeinsam mit Weißbrot oder Gemüsesalaten verzehrt.

Käse und Wein. Diese Käsesorte harmoniert gut mit charaktervollen Weißweinen wie Valcalepio Bianco, Malvasia Istriana oder Colli di Parma Sauvignon.

Queso Iberico

Queso Iberico wird in zylinderförmigen **Laiben** hergestellt und ist dem Queso Manchego sehr ähnlich. Es gibt verschiedene Größen und das Gewicht kann 1, 2 oder 3 kg betragen. Die gut ausgeprägte **Rinde** ist von weißlichgelber Farbe. Der elfenbeinfarbene bis strohgelbe **Teig** ist kompakt, homogen und zeigt eine kleine **Lochung**. Der ausgeprägte, aber zarte und buttrige **Geschmack** lässt die typischen Merkmale der drei verwendeten Milchsorten erkennen: die leichte Säure der Kuhmilch, die angenehm aromatische und pikante Note der Ziegenmilch sowie die Cremigkeit und den vollen Geschmack der Schafsmilch.

Herstellung und Reifung. Queso Iberico wird während des ganzen Jahres aus einer mengenmäßig unterschiedlichen Mischung von pasteurisierter Kuh-, Schafs- und Ziegenmilch hergestellt. Der Teig wird gepresst, aber keinem Brennvorgang unterzogen. Nach der Bearbeitung erhält man einen halbreifen Käse – die Reifedauer kann 1-3 Monate betragen. Die Bezeichnung der verschiedenen Iberico-Varianten wird von der Asociación de Fabricantes de Quesos y Mantequilla de España vorgeschrieben.

Käse und Küche. Queso Iberico ist der in Spanien am meisten verbreitete Tafelkäse. Er wird für belegte Brötchen sowie zum Bereichern von Salaten, rohem Gemüse und rohem Schinken verwendet.

Käse und Wein. Dazu trinkt man junge Rotweine wie Grignolino, Kalterersee oder Bonarda dell'Oltrepò Pavese.

Visitenkarte

Herstellungsgebiet
in verschiedenen Varianten auf der ganzen Iberischen Halbinsel, vor allem in den Käsereien der Zentralmeseta

Milch
Kuh-, Ziegen- und Schafsmilch

Fermentierung
Kälberlab oder Lammlab

Lagerung
1–3 Monate

Aufbewahrung
an einem kühlen Ort oder im weniger kühlen Fach des Kühlschranks; die Schnittfläche sollte durch Alufolie abgedeckt sein

Queso Iberico und jamón, *der ausgezeichnete spanische Rohschinken, passen vorzüglich zusammen.*

Queso Ibores

Visitenkarte

Herstellungsgebiet
Nordosten der Provinz Cáceres (Estremadura), vor allem in der Umgebung von Ibor und Villuercas zwischen Trujillo und Plasencia

Milch
Ziegenmilch

Fermentierung
Ziegenlab

Lagerung
unterschiedlich

Aufbewahrung
an einem kühlen Ort oder im weniger kühlen Fach des Kühlschranks, in Alufolie verpackt

Bild: ein natürlicher (unbehandelter) Queso Ibores mit heller Rinde und ein mit Paprika eingeriebener Käse mit orangefarbener Rinde.

Es gibt drei Varianten dieser Käsesorte: Queso Ibores mit Naturrinde, mit Olivenöl eingeriebener und mit Paprika behandelter Rinde. Die **Laibe** haben die Form eines unregelmäßigen Zylinders und ein Gewicht von 1-1,5 kg. Die **Rinde** ist dünn, aber runzelig, etwas feucht und die Farbe bei unbehandeltem Ibores Strohgelb, bei mit Paprika eingeriebenem Käse Orange. Der sehr weiße **Teig** ist weich, kompakt, weist aber eine unregelmäßig verteilte **Lochung** auf. Ibores hat einen ausgeprägten, säuerlichen, leicht salzigen **Geschmack** und erweist sich beim Verkosten als buttrig und feucht. Der **Geruch** zeigt je nach äußerlicher Behandlung Öl- oder Paprikanoten.

Herstellung und Reifung. Rohe Vollmilch der Ziegenrasse *Retinta* wird bei niedriger Temperatur, etwa 25 °C, durch Zugabe von Ziegenlab oder industriell hergestelltem Lab dickgelegt. Die weiße, kompakte Gallerte wird fest verrührt und das Setzen abgewartet. Dann wird der Käsebruch von Hand in glatte Metall- oder Kastanienholzformen gedrückt. Gesalzen wird von außen: man reibt die Oberseite mit Salz ein und nach 12 Stunden die andere Seite. Nach 48 Stunden werden die Käselaibe ausgeformt und zum Trocknen auf ein Gitterwerk in kühlen und luftigen Räumen gelegt. Sie werden verschieden lang gelagert, wodurch verschiedene Varianten (**Tierno, Semicurado** oder **Curado**) erzielt werden können. Während der Lagerung können die Laibe mit Olivenöl oder mit Öl und rotem Paprika eingepinselt werden.

Käse und Küche. Queso Ibores serviert man gerne mit Landbrot, etwas Lindenhonig oder Kirschenmarmelade. Er wird auch für gegrillte Polenta verwendet oder klein geschnitten unter Pürees gerührt.

Käse und Wein. Dazu passen Weine mit Vanillearoma oder fruchtige Rotweine wie umbrischer Cajo von Terre de Trinci.

Queso Manchego

Visitenkarte

Herstellungsgebiet
gesamte La Mancha (Region Kastilien-La Mancha), in den Provinzen Albacete, Ciudad Real, Cuenca und Toledo

Milch
Schafsmilch

Fermentierung
Lammlab

Lagerung
2 Monate bis 2 Jahre

Aufbewahrung
man kann ihn je nach Reifegrad mehr oder weniger lang an einem kühlen Ort oder im Kühlschrank aufbewahren

Queso Manchego (DOP) wird in zylinderförmigen **Laiben** mit flachen Ober- und Unterseiten hergestellt, welche einen durch die traditionellen Presstafeln entstandenen typischen Ährendruck aufweisen. An den Rändern ist ein Zickzackmuster zu sehen, welches ursprünglich durch die geflochtenen Espartogras-Formen entstand; heute wird dieses Muster auch mit den meist in den Käsereien verwendeten Kunststoff-Käseformen erzeugt. Das Gewicht der Laibe beträgt zwischen 2 kg und 3,5 kg. Die **Rinde** ist hart und homogen, ihre Farbe bei jungem Käse Hellgelb und bei länger gelagertem Manchego Kastanienbraun. Der elfenbeinfarbene bis strohgelbe **Teig** ist fest, kompakt und weist eine sehr kleine **Lochung** auf. Er hat einen ganz besonderen, intensiven, ausgeprägten, aber auch nicht allzu scharfen, leicht pikanten **Geschmack** mit Schafsmilch-Grundton und offenbart beim Verkosten eine buttrige Konsistenz.

Herstellung und Reifung. Rohe oder pasteurisierte Schafsvollmilch wird bei einer Temperatur zwischen 28 und 33 °C durch Zugabe von Lab, eventuell auch Milchsäurebakterien und Kalziumsalzen zum Gerinnen gebracht. Auf diese Weise erhält man in 45-60 Minuten eine kompakte Gallerte. Diese wird zu 5-10 mm großem Bruch zerschnitten, auf maximal 40 °C erhitzt, von der Molke getrennt und in die typischen Käseformen gefüllt. Dann wird die Masse mehrere Stunden lang gepresst. Das Salzen erfolgt entweder durch trockenes Einreiben, durch Eintauchen in ein Salzbad oder durch eine Kombination beider Methoden. Schließlich werden die Laibe an einem kühlen, sehr feuchten Ort (75-85 % relative Luftfeuchtigkeit) mindestens 60 Tage lang gelagert – so erhält man die Variante **Tierno**. Halblang gelagerter Käse, **Semicurado**, wird bis zu sechs Monate, **Curado** noch länger aufbewahrt: 7, 12 oder sogar 24 Monate.

Käse und Küche. Feinschmecker essen Queso Manchego pur, als Appetithäppchen. Er kann jedoch auch mit Quitten, Feigen, Weintrauben, Äpfeln oder Honig und mit Weißbrotscheiben serviert werden. Auch mit Rührei oder weichem Ei schmeckt er bestens, da sich durch die Süße des Eigelbs und die Würzigkeit des Manchego eine sehr harmonische Kombination ergibt. Wegen seines vollen Geschmacks kann man ihn auch mit würzigeren Gemüsesorten kombinieren, ohne dass er dadurch übertönt wird. So passt er auf typische Mittelmeersalate aus Zwiebeln, Paprika, Tomaten, mitunter mit Oliven, Gurken und Basilikum; man serviert ihn gemeinsam mit Auberginen und Pilzen; sogar frische, nicht allzu lange gekochte grüne Bohnen mit Öl und Knoblauch heben den Geschmack dieser Käsesorte noch hervor. Grob aufgeriebener Manchego-Käse eignet sich vorzüglich zum Bestreuen eines mit Extravergine-Olivenöl und schwarzem Pfeffer zubereiteten Nudelgerichts.

Die hellgelbe Rinde des frischen Queso Manchego wird bei längerer Lagerung dunkler (oben).

Käse und Wein. In Spanien wird Queso Manchego mit körperreichen Rotweinen oder trockenem Sherry genossen. Zu frischem Manchego passt aber auch ein junger, einjähriger Nebbiolo oder Merlot dei Colli Orientali del Friuli; zu gereifterem Käse kann man Weine aus sonnengereiften Trauben reichen, wie sardischen Cannonau, Taurasi und Carignano del Sulcis.

Geschichte. Archäologische Funde aus der Eisenzeit (Schafsknochen, Käseformen und gelochte Gefäße, welche zum Abtropfen der Molke verwendet wurden) belegen, dass Schafzucht und Käseherstellung in der Mancha bereits auf eine sehr lange Geschichte zurückblicken können. Bereits die römischen Historiker Diodorus Siculus und Columella bezogen sich auf die gute Qualität der Käsesorten aus dem *Campus Espartarius*, dem antiken Namen der Mancha. Dann führten die Araber eine kräftige Schafrasse aus Nordafrika ein, welche sich bei dem trockenen Klima gut entwickelte, sich im Laufe der Zeit auf der gesamten Hochebene verbreitete und sich mit den heimischen Rassen kreuzte. Anfangs war der Käse der Mancha eine billige Nahrung für die Hirten und wurde erst im 19. Jh. über seine Grenzen hinaus gehandelt. Heute ist Queso Manchego vielleicht der weltweit bekannteste spanische Käse.

Queso Majorero

Queso Majorero hat DOP-Status. Seine **Laibe** besitzen eine zylindrische, tortenähnliche **Form**. An den Rändern ist ein rautenförmiges, von der Käseform stammendes Muster zu sehen; die Ober- und Unterseiten weisen parallele Linien auf, welche von der geschnitzten Holzauflagefläche und vom Deckel der Käseform herrühren. Die Laibe sind mittelgroß und wiegen mehr als 3 kg, oft bis zu 7 kg. Die **Rinde** ist je nach Alter des Käselaibs von weißer bis hellbrauner Farbe und immer von leicht feuchter Konsistenz. Der kompakte, leicht gummiartige **Teig** weist eine **Lochung** auf. Der **Geschmack** ist säuerlich, leicht pikant, buttrig und überhaupt nicht salzig, der **Geruch** erinnert an Paprika, noch mehr aber an Olivenöl.

Herstellung und Reifung. Die Bezeichnung *»Majorero«* für die Ziegen, aus deren Milch dieser Käse hergestellt wird, ist darauf zurückzuführen, dass sie sich vorwiegend von Majoran ernähren. Zur rohen Milch gibt man Ziegenlab und erhält in etwa einer Stunde eine kompakte Gallerte. Nach dem kräftigen Rühren der Masse lässt man sie abtropfen und drückt sie von Hand in die Käseformen. Schließlich wird die Oberseite mit trockenem Salz bestreut. Nach einigen Tagen Reifung an einem luftigen Ort kann der Majorero-Käse bereits verzehrt werden; er kann aber auch sehr lange in temperierten, trockenen Räumen gelagert werden. Um ein Austrocknen der gelagerten Käselaibe zu vermeiden, können sie mit Öl, rotem Paprika oder auch mit *Gofio* (eine auf Fuerteventura typische Mischung aus Weizen- und Maismehl) eingerieben werden.

Käse und Küche. Zu Queso Majorero passen Mehrkorn-, eventuell auch Sesam- oder Sonnenblumenbrot. Man serviert ihn mit Kürbiskonfitüre, Walnüssen und gekochten Kastanien. Außerdem bereichert er Walnuss-Crêpes, Soufflees und Polenta-Aufläufe.

Käse und Wein. Empfehlenswert sind angenehm aromatische Weißweine wie Gewürztraminer, Silvaner und Müller Thurgau.

Visitenkarte

Herstellungsgebiet
Insel Fuerteventura (Kanarische Inseln)

Milch
Ziegenmilch

Fermentierung
Ziegenlab

Lagerung
unterschiedlich

Aufbewahrung
in Alufolie verpackt, an einem kühlen Ort oder im weniger kühlen Fach des Kühlschranks; je nach Reifegrad ist er mehr oder weniger lang haltbar

Zwei verschieden lang gelagerte Queso-Majorero-Laibe.

Queso Rondeño

Visitenkarte

Herstellungsgebiet
Serranía de Ronda (Malaga), im Süden Spaniens, 20 km von der Mittelmeerküste entfernt

Milch
Ziegenmilch

Fermentierung
Ziegenlab

Lagerung
mindestens 1 Monat

Aufbewahrung
an einem kühlen Ort oder im weniger kühlen Fach des Kühlschranks, in Einschlagpapier verpackt

Queso Rondeño wird in zylinderförmigen, 1-3 kg schweren **Laiben** hergestellt. Die natürliche **Rinde** ist von gelblicher Farbe. An der Schnittfläche zeigt sich ein elfenbeinfarbener bis blassgelber, fester **Teig** von fetter Konsistenz, welcher eine spärliche, unregelmäßige **Lochung** aufweisen kann. Der **Geschmack** offenbart Olivenöl-Noten, ist voll und kräftig, aber weder zu scharf noch zu salzig; der intensive **Geruch** erinnert an Ziegenmilch. Beim Verkosten zeigt der Queso Rondeño eine buttrige Konsistenz.

Herstellung und Reifung. Ziegenvollmilch wird auf eine Temperatur von 28-32 °C gebracht, man gibt Ziegenlab dazu und erhält in 20-25 Minuten eine kompakte Gallerte. Diese wird mit einem Stock zu reiskorngroßem Bruch zerschlagen, einige Minuten gerührt und dann stehen gelassen. Danach wird die Masse von Hand geknetet, um die Molke zu entfernen, in Käseformen gefüllt und darin getrocknet. Nach dem Ausformen werden die Käselaibe trocken von außen gesalzen, indem man die beiden Seiten mit Salz bestreut. Schließlich muss der Käse an einem kühlen, luftigen Ort mindestens einen Monat lagern – Rondeño-Käse wird jung verzehrt oder mittellang gelagert.

Käse und Küche. Queso Rondeño kann mit Vollkornbrot und Erdbeerbaumhonig serviert werden. Er wird auch gerne unter mit Öl und Essig abgemachte mediterrane Sommersalate mit Tomaten, Paprika, Gurken, Zwiebeln und Oliven gemischt. Darüber hinaus findet er bei der Zubereitung von Walnuss-Crêpes Anwendung.

Käse und Wein. Diese Käsesorte harmoniert gut mit gehaltvollen Weißweinen wie Vernaccia di San Gimignano oder – vor allem die würzigeren Varianten – mit Rotweinen von mittlerem Körper wie Morellino di Scansano.

ÄHNLICHE KÄSESORTEN

Aus der gleichen Zone stammt der sehr ähnliche **Queso de Malaga** (auch: **Queso de las Serranías de Malaga** oder **Queso de Ronda**). Dieser Ziegenkäse wird immer frisch oder jung verzehrt.

Queso Servilleta

Visitenkarte

Herstellungsgebiet
ursprünglich an der Costera de Ranes (Valencia); heute auch am oberen Vinalopó-Fluss (Alicante)

Milch
Ziegenmilch, Schafsmilch oder eine Mischung von beiden

Fermentierung
Kälberlab oder Lammlab

Lagerung
bei Frischkäse keine Lagerung, ansonsten mindestens 1 Woche

Aufbewahrung
Frischkäse sollte in kleinen Portionen gekauft und rasch verzehrt werden; mittellang gelagerter Servilleta kann einige Tage, in Lebensmittelpapier verpackt, im Kühlschrank aufbewahrt werden

Beim Queso Servilleta haben die **Laibe** die Form aufgeblasener Quader: die Ränder sind gebaucht und in der Mitte der Oberseite befindet sich eine Art »Blattstängel«, welcher vom Knoten des Tuches stammt, das zum Pressen verwendet wurde. Die Laibe sind klein bis mittelgroß und nicht schwerer als 2 kg. Die **Rinde** ist glatt, kompakt und weist dekorative Abdrücke vom Tuch auf, in dem der Käse geformt wurde. Frischer Servilleta ist weiß, älterer Käse von gelber Farbe. Die Schnittfläche zeigt einen festen, homogenen **Teig** mit leichter **Lochung**. Queso Servilleta schmeckt intensiv, milchig, leicht salzig, buttrig und vermittelt beim Verkosten eine leicht gummiartige Konsistenz.

Herstellung und Reifung. Für seine Herstellung wird Schafsmilch, Ziegenmilch oder eine Mischung aus beiden auf 30-32 °C gebracht und mit Kalziumsalzen, Milchsäurebakterien (falls man den Käse lange lagern möchte) und Lab versehen. Einst wurde Pflanzenlab verwendet, heute findet jedoch tierisches Lab Anwendung. Die Gallerte wird vorsichtig zu kirschgroßem Bruch zerkleinert. Dann lässt man die Masse abtropfen, gibt sie auf Tücher *(servilletas)* und bearbeitet sie von Hand, damit der Teig kompakt wird und seine charakteristische Form annimmt. Der Käse wird kräftig, aber nur kurze Zeit gepresst und, sobald er aus dem Tuch genommen wird, in konzentrierte Salzlake getaucht. Nun ist der Frischkäse fertig für den Verkauf – jene Laibe, die einige Zeit reifen sollen, werden mindestens eine Woche an einem kühlen, feuchten Ort gelagert.

Käse und Küche. Diese Käsesorte wird gerne mit rustikalem Weißbrot serviert und mit würzigen Sommersalaten mit Paprika, Zwiebeln, Oliven oder Foliengemüse garniert. Auch mit pochiertem Ei schmeckt Queso Servilleta vorzüglich.

Käse und Wein. Gut passen charaktervolle Weißweine wie sizilianischer Inzolia oder zuckerreiche Weine wie Torcolato di Breganze und Loazzolo.

Queso Tetilla

Visitenkarte

Herstellungsgebiet
heute in ganz Galicien; ursprünglich in einigen Gemeinden im Süden der Provinz La Coruña und im Norden der Provinz Pontevedra, vor allem in Curtis, Sobrados dos Monxes, Arzúa und Melide

Milch
Kuhmilch

Fermentierung
Kälberlab

Lagerung
mindestens 1 Woche

Aufbewahrung
an einem kühlen Ort oder im weniger kühlen Fach des Kühlschranks, in Alufolie verpackt

Dieser DOP-Käse verdankt seinen Namen dem besonderen Aussehen: *»tetilla«* bedeutet nämlich »kleine Zitze«. Er hat die **Form** einer Birne, deren oberer, kegelförmiger Teil in eine Art kleinen Stängelansatz ausläuft. Die kleinen bis mittelgroßen »Birnen« wiegen zwischen 750 g und 1,5 kg. Ihre strohgelbe **Rinde** ist glatt und einheitlich wachsartig. Der elfenbeinfarbene oder blassgelbe **Teig** ist kompakt, weist keine Lochung auf und hat eine weiche, elastische und gleichzeitig cremige Konsistenz. Der **Geschmack** ist ausgeprägt, leicht säuerlich, pikant und nicht salzig; beim Verkosten lässt Tetilla-Käse eine fette und buttrige Konsistenz erkennen.

Herstellung und Reifung. Rohe oder pasteurisierte Vollmilch wird bei einer Temperatur von 28-32 °C durch Labzugabe dickgelegt. Die entstandene Gallerte wird zu mittelgroßem Bruch zerschnitten. Dann wird die Masse von Hand in die charakteristischen Käseformen gedrückt. Das Salz wird oft bereits in die Milch oder unter die Käsemasse gemischt, manchmal werden aber erst die geformten Käse in Lake gelegt oder trocken mit Salz eingerieben. Schließlich lässt man die Laibe an einem kühlen, feuchten Ort mindestens eine Woche lang ruhen. Der Käse kann auch in leicht gesalzenem Wasser erwärmt werden, damit sich die wachsartige Konsistenz der Rinde noch besser entwickelt.

Käse und Küche. Queso Tetilla wird als Appetithäppchen oder zum Abschluss einer Mahlzeit im Stück oder in Würfel geschnitten mit Quittenmarmelade oder Honig serviert; man verwendet ihn auch zum Füllen von Tortillas, für Ofenkartoffel oder isst ihn ganz einfach mit Weißbrotscheiben.

Käse und Wein. Dazu trinkt man harmonische und ausgeglichene Weißweine wie Sorni Bianco del Trentino, Ansonica dell'Elba und Solopaca Bianco.

Queso Zamorano

Visitenkarte

Herstellungsgebiet
Provinz Zamora in der Region Kastilien und León

Milch
Schafsmilch

Fermentierung
Lammlab

Lagerung
mindestens 6 Monate

Aufbewahrung
an einem kühlen Ort; angeschnittener Käse in Alufolie verpackt im Kühlschrank

Queso Zamorano (DOP) wird in zylinderförmigen **Laiben** mit flachen Ober- und Unterseiten hergestellt. Die dunkle, graue **Rinde** ist ähnlich wie beim Queso Manchego von Linien durchfurcht, rissig und schmierig. Die Laibe sind mittelgroß und wiegen meist 3 kg. Der strohgelbe **Teig** ist kompakt, nicht brüchig und ohne Lochung. Der **Geschmack** ist markant, intensiv, nicht allzu scharf und leicht pikant, der **Geruch** voll und angenehm. Beim Verkosten wird die sehr buttrige, schmierige Beschaffenheit und ein Grundton von getrockneten Nüssen deutlich.

Herstellung und Reifung. Das Herstellungsverfahren ist gleich wie beim Queso Castellano. Für den Zamorano-Käse wird jedoch vorwiegend Milch der fetten Churra-Schafe verwendet, welche vor allem auf den Weiden der Hochfläche grasen. Bei einer Temperatur von 28-33 °C wird die Milch mit Lab versetzt. Die Masse wird zu maiskorngroßem Bruch zerkleinert, auf 36-38 °C erwärmt, wodurch die Bruchkörner Molke verlieren und auf Reiskorngröße zusammenschrumpfen. Nach dem Ruhen hebt man die Bruchmasse aus dem Käsekessel, drückt sie zusammen und teilt den abgetropften Bruchkuchen in viereckige Stücke, welche in die Käseformen gepresst werden. Später werden die Laibe in Salzlake getaucht. Schließlich werden die Zamorano-Laibe mindestens sechs Monate in kühlen und feuchten Kellerräumen gelagert. Hier überzieht sich die Rinde mit graublauem Schimmel, welcher für die charakteristische dunkle Farbe verantwortlich ist.

Käse und Küche. Man serviert ihn mit Landbrot oder Vollkornbrot zusammen mit Erdbeerbaumhonig oder Kürbis-Amaretto-Kompott. Er schmeckt vorzüglich zu Mittelmeersalaten mit Zwiebeln und Oliven oder zu rohem Artischockensalat und er wird gerne für Tortillas verwendet.

Käse und Wein. Queso Zamorano harmoniert mit körperreichen Rotweinen wie Valle d'Aosta Torrette, Rosso di Montalcino oder Aglianico del Taburno.

Quesucos de Liébana

Visitenkarte

Herstellungsgebiet
Kantabrisches Gebirge, bis zur Grenze zum Baskenland, vor allem in den Gemeinden Liébana und Peñarrubia

Milch
Kuhmilch, Schafsmilch oder eine Mischung von beiden

Fermentierung
Kälberlab oder Lammlab

Lagerung
wenige Tage bis zu 2 Monate

Aufbewahrung
der ganze Laib kann lange Zeit an einem kühlen Ort gelagert werden; angeschnittene Stücke bewahrt man, in Alufolie verpackt, im weniger kühlen Fach des Kühlschranks auf

Quesucos de Liébana (DOP) wird in Form flacher, unregelmäßig geformter **Laibe** hergestellt. Die Laibe sind verschieden groß und haben ein Gewicht bis zu 750 g – der Name *»quesucos«* weist auf die relativ geringe Größe der einzelnen Stücke hin. Die **Rinde** ist rissig und klebrig und leicht von gelblichem oder graublauem Schimmel überzogen. Der elfenbeinfarbene oder blassgelbe **Teig** ist kompakt, etwas elastisch und zeigt eine mäßige **Lochung**. Der **Geruch** erinnert ebenso wie der leicht bittere, kaum salzige, zarte **Geschmack** an Milch; beim Verkosten erweist sich der Käse als buttrig und cremig.

Herstellung und Reifung. Ursprünglich wurde Quesucos de Liébana aus Rohmilch hergestellt, heute wird meist pasteurisierte Milch verwendet. Nachdem diese eine Temperatur von etwa 30 °C erreicht hat, fügt man tierisches Lab hinzu. Die sich bildende Gallerte wird vorsichtig zu bohnen- bis erbsgroßem Bruch zerteilt. Nach einer Ruhephase füllt man die Bruchmasse in Käseformen und lässt sie 12 oder 24 Stunden lang abtropfen. Während dieser Zeit werden die Formen häufig gewendet. Danach werden beide Seiten trocken mit Salz eingerieben. Schließlich lässt man die Laibe in sehr feuchten, kühlen und luftigen Räumen trocknen, bis sie in den Verkauf kommen. Quesucos de Liébana kommt als Frischkäse, als junger und gereifter Käse in den Handel. Wenn die Laibe länger als einen Monat gelagert werden, überzieht sich die Rinde mit Schimmel und nimmt eine graublaue Farbe an.

Käse und Küche. Zu dieser Käsesorte reicht man Bauernbrotschnitten und Senfbirnen. Außerdem kann Quesucos auf einem Salat mit Sellerieherzen, Radieschen, schwarzen Oliven, Avocados, Walnüssen und Artischockenherzen serviert werden. Er wird auch gerne für Teigwarenaufläufe und Quiches verwendet.

Käse und Wein. Zu empfehlen sind frische Weißweine mit leichtem Körper wie Martina Franca, Gavi und Trebbiano di Romanga, da diese Weine dank ihres zarten Körpers den delikaten Käsegeschmack nicht übertönen.

Roncal

Roncal (DOP) wird in mittelgroßen, 2-3 kg schweren, zylinderförmigen **Laiben** mit scharfen Kanten hergestellt. Die gut ausgeprägte, glatte **Rinde** ist teilweise von Schimmel überzogen, der für die graublaue Farbe und eine samtige Konsistenz verantwortlich ist. Der an der Schnittfläche brüchige, elfenbeinfarbene oder gelbliche **Teig** ist homogen und zeigt eine kleine, regelmäßige Gärlochung. Roncal hat einen sehr charakteristischen, kräftigen, intensiven, leicht pikanten **Geschmack** und zeigt beim Verkosten eine buttrige Konsistenz.

Herstellung und Reifung. Dieser Käse wird aus frisch gemolkener Schafsmilch hergestellt. Noch bei Melktemperatur von 35-37 °C fügt man Lammlab hinzu und erhält in etwa einer Stunde eine kompakte Gallerte. Diese wird zerdrückt und manchmal etwas erhitzt. Nach einer Ruhephase lässt man die Molke abrinnen, die sehr fette Bruchmasse wird sorgfältig von Hand geknetet, bis sie plastisch wird und die ganze Molke entfernt ist; danach gibt man die Masse in zylindrische Formen, die aus flexiblen, rechteckigen Holzmatten gefertigt werden. Um die verbliebene Molke auspressen zu können werden die Laibe mit Holznadeln durchstochen. Nun erzeugt man eine Rinde, indem man die Käselaibe mit heißem Wasser überbrüht und auf einer erwärmten Holzplatte dreht. Schließlich werden beide Seiten mehrere Tage lang von Hand mit trockenem Salz eingerieben. Die Laibe werden an einem kühlen, feuchten Ort mehrere Monate lang gelagert.

Käse und Küche. Roncal wird mit Vollkorn- oder Roggenbrot, mit Kastanienhonig und Walnüssen serviert. Außerdem isst man ihn gerne zu würzigem Gemüse wie in der Pfanne gebratenen Auberginen, oder fein aufgeschnitten zu Öl-Pfeffer-Nudeln und Teigwaren mit rohem Tomatenfruchtfleisch. Darüber hinaus verfeinert er im Ofen überbackenes Gemüse.

Käse und Wein. Zum intensiven Geschmack des Roncal passen Rotweine mit mittlerem Körper wie Schioppettino di Cialla, Sangiovese di Romagna, Rosso Piceno und Solopaca Rosso.

Visitenkarte

Herstellungsgebiet
Roncal-Tal, im Nordosten der Provinz Navarra

Milch
Schafsmilch

Fermentierung
Lammlab

Lagerung
mindestens 4 Monate

Aufbewahrung
in Alufolie oder ein feuchtes Tuch eingewickelt kann er sehr lange an einem kühlen Ort oder im Kühlschrank aufbewahrt werden; für eine noch bessere Konservierung bestreicht man die Schnittfläche mit Butter oder Öl

San Simón

Visitenkarte

Herstellungsgebiet
ursprünglich in den Gemeinden San Simón de la Cuesta, Samarugo, Villapedre und Villalba (Provinz Lugo); heute fast ganz Galicien

Milch
Kuhmilch

Fermentierung
Schweinelab

Lagerung
10 Tage bis mehrere Monate

Aufbewahrung
an einem kühlen Ort oder im weniger kühlen Fach des Kühlschranks, in Alufolie verpackt

Er hat eine sehr charakteristische **Form** und – ähnlich dem Queso Tetilla – eine kreisförmige flache Grundfläche und eine rundliche Oberseite, welche auf eine blattstängelartige Spitze zuläuft. Das Gewicht beträgt 1-2 kg. Die glänzende, glatte, wachsartige **Rinde** ist von hellbrauner oder leicht grauer Farbe und kann bei länger gelagertem Käse von blauen Schimmeläderungen durchzogen sein. Der **Teig** ist kompakt, mit oder ohne **Lochung** und zeigt ein blasses oder auch intensiveres Gelb. Beim **Geschmack** herrschen mehr oder weniger intensive, aber nie allzu kräftige Rauchnoten vor; er ist etwas säuerlich, leicht pikant, kaum fett und nicht salzig.

Herstellung und Reifung. Rohmilch wird bei einer Temperatur von 28-35 °C mit Schweinelab versehen und gerinnt sehr rasch. Die Gallerte wird zerkleinert und dann mit den Händen aus der Molke genommen. Nach dem Abtropfen drückt man sie von Hand in die Käseformen und füllt mit anderen kleinen Stücken des Käsebruchs auf. Nun wird die Unterseite mit Nadeln durchbohrt, damit die Molke abrinnen kann; anschließend werden die birnenförmigen Käse mit heißem Wasser überbrüht. Das Salz kommt bereits in die Milch, bevor sie dickgelegt wird. Schließlich bringt man den Käse in Speicher oder frische, luftige Räume und räuchert ihn mit frischem Birkenholz. Die Lagerungsdauer kann zehn Tage oder auch mehrere Monate betragen.

Käse und Küche. San Simón wird mit Bauernbrot und Lindenhonig serviert. Man kann ihn mit Fenchelsalat, Sellerie und Apfelsinen oder auch zu einem Salat aus Schalottenzwiebeln, frischen, rohen Zucchini und Oliven genießen, aber auch zu geschmortem Lauch oder Rosenkohl und Röstkartoffeln passt er vorzüglich.

Käse und Wein. Dazu trinkt man körperreiche Weißweine wie Greco di Tufo, Vermentino di Gallura, oder zum schärferen Käse liebliche Weine wie Recioto di Soave.

Torta del Casar

Torta del Casar (DOP) wird in flachen, zylinderförmigen **Laiben** hergestellt. Die Ober- und Unterseiten zeigen Abdrücke des Gitterwerks, auf welchem die Laibe gelagert wurden, der Rand ist leicht gebaucht und zeigt das Muster der aus Espartogras geflochtenen Käseform. Das Gewicht beträgt etwa 1 kg. Die strohgelbe **Rinde** ist sehr dünn, glatt, wachsartig glänzend und kann kleine Risse aufweisen, aus welchen der Käseteig austritt. Der blassgelbe **Teig** ist kompakt, sehr weich, fett, elastisch und weist eine kleine **Lochung** auf. Der volle, charakteristische **Geschmack** ist sehr vielschichtig: leicht bitter, buttrig, mitunter säuerlich, mit deutlichem Schafsmilch-Aroma. Beim Verkosten erweist sich die Konsistenz als weich und cremig.

Herstellung und Reifung. Torta del Casar wird nach einem ähnlichen Verfahren wie Queso de La Serena hergestellt, bei welchem gleichfalls Schweinelab verwendet wird. Ein bedeutender Unterschied besteht jedoch darin, dass die verwendete Milch weniger fett ist und weniger Säure enthält. Die Gerinnung erfolgt langsamer und es entsteht eine weichere, aber ebenfalls kompakte Gallerte. Diese wird vorsichtig in große Stücke zerteilt und ruhen gelassen. Dann leert man die Bruchmasse auf schräggestellte Holztafeln mit hohem Rand, wovon sie in die als Käseformen dienenden aus Binsen geflochtenen Reifen rutschen kann. Durch Zusammenziehen der Reifen wird die Masse gepresst; bei immer stärkerem Zusammenziehen wird der Rest der Molke entfernt, der dabei gleichzeitig durch die Verringerung des Durchmessers nach oben aus der Käseform gedrückte Teig wird von Hand gepresst. Der Käse wird auf der Oberseite gesalzen, nach 12 Stunden Ruhepause gewendet und dann der Vorgang wiederholt. Schließlich nimmt man die Laibe aus der Ringform und lagert sie einen Monat lang auf Holzbrettern. Während dieser Zeit werden die Laibe zum besseren Trocknen täglich gewendet.

Käse und Küche. Torta del Casar wird meist pur mit Bauernbrotschnitten serviert. Man entfernt die Rinde an der Oberseite und isst den Käse mit dem Löffel. Ein wenig Torta del Casar auf Kartoffelpüree, Polentas oder Risottos kann diese Gerichte erheblich verfeinern.

Käse und Wein. Dazu passen körperreiche Weißweine wie Chardonnay dell'Isonzo, Vernaccia di San Gimignano oder auch einige junge Trebbiano d'Abruzzo.

Visitenkarte

Herstellungsgebiet
Casar de Cáceres in der Region Estremadura

Milch
Schafsmilch

Fermentierung
pflanzliches Lab

Lagerung
1 Monat

Aufbewahrung
der ganze Laib kann lange Zeit an einem kühlen Ort gelagert werden; angeschnittene Stücke bewahrt man in Alufolie verpackt im Gemüsefach des Kühlschranks auf

Tronchón

Visitenkarte

Herstellungsgebiet
Maestrazgo-Gebiet zwischen Teruel und Castellón, und im Süden der Provinz Tarragona (Katalonien)

Milch
Schafsmilch, Ziegenmilch oder eine Mischung aus beiden

Fermentierung
Lammlab oder Ziegenlab

Lagerung
meist 1 Monat

Aufbewahrung
an einem kühlen Ort oder im Kühlschrank und in Alufolie verpackt sehr lange haltbar

Charakteristisch für Tronchón-Käse ist die mit dekorativen Motiven verzierte Rinde.

Tronchón-Laibe haben ein ganz besonderes Aussehen; sie haben die Form eines Zylinders oder Kegelstumpfes, deren Oberseiten, oft auch die Unterseiten eine einem Vulkankrater ähnliche Vertiefung besitzen. Die eher kleinen **Laibe** wiegen 1-2 kg. Die mit Prägungen von Blumenmotiven, Symbolen oder ornamentartigen Buchstaben verzierte **Rinde** ist fest, glänzend, ölig und von strohgelber Farbe. An der Schnittfläche ist ein kompakter, elastischer, elfenbeinfarbener bis blassgelber **Teig** mit leichter **Lochung** zu sehen. Der **Geschmack** ist intensiv, ausgeprägt und erinnert an die typischen Schafsmilcharomen, der **Geruch** lässt die Kräuter, von welchen sich die Tiere ernähren, wie Lavendel, Rosmarin und Thymian erkennen. Tronchón hinterlässt am Gaumen einen sehr fetten und buttrigen Eindruck.

Herstellung und Reifung. Man verwendet rohe oder pasteurisierte Schafsmilch, Ziegenmilch oder eine Mischung von beiden. Die Milch wird bei einer Temperatur von 32-35 °C mit Lab versehen, worauf man eine relativ feste Gallerte erhält. Diese wird zu bohnengroßem Bruch zerschnitten, langsam im Wasserbad erwärmt oder heißes Wasser zur Masse gegeben. Nun hebt man die Bruchmasse mit den Händen heraus und drückt sie in Käseformen, sodass sie an Feuchtigkeit verliert und ihre charakteristische Form annimmt. Um die Rindenbildung zu fördern, wird die Käsemasse in den Formen mit heißem Wasser überbrüht; schließlich wird trocken gesalzen. Am nächsten Tag werden die Laibe ausgeformt und an einem kühlen, wenig feuchten und luftigen Ort gelagert. Die Lagerdauer kann eine Woche bis mehrere Monate betragen, der Großteil der Tronchón-Käse wird nach einem Monat verzehrt.

Käse und Küche. Tronchón wird pur mit Bauern-, Vollkorn- oder Gewürzbrot (beispielsweise mit Sesam) serviert. Aber auch mit leicht bitterem Honig, wie etwa Kastanienhonig, oder mit Orangenmarmelade schmeckt er sehr gut. Außerdem passt er zu Rührei, verlorenen Eiern, rohem Gemüse, Salaten, in feine Streifen geschnittenem Wirsingkohl und Salzkartoffeln.

Käse und Wein. Diese Käsesorte verlangt körperreiche Weißweine wie toskanischen, in Barriques ausgebauten Chardonnay, oder wenig strukturierte Rotweine wie Südtiroler Sankt Magdalener und Merlot aus Venetien.

Glossar

Affinage
Endphase der Käseproduktion – sie wird in geeigneten Räumen, Hallen, Kellern oder Höhlen vorgenommen. Die Dauer der Affinage kann Tage, Wochen, Monate und bei manchen Käsesorten sogar Jahre betragen. Der französische Begriff Affinage bedeutet »Verfeinerung« und ist ein Synonym für Reifung oder Alterung.

Alm
Weiden im Hochgebirge, auf welche die Rinder im Sommer zum Grasen gebracht werden. Das frische Futter dieser Bergweiden enthält oft sehr nahrhafte und aromatische Gräser, welche der Milch und in der Folge auch dem Käse einen besonderen Geschmack verleihen.

Almsennerei
Almhütte, in welcher im Sommer Almkäse produziert wird.

Annatto
Orangefarbene ölige Substanz, welche aus dem Orleansstrauch *(Bixa orellana)* gewonnen und als Farbstoff für einige Käsesorten verwendet wird.

AOC
Appellation d'Origine Contrôlée; französische Ursprungsbezeichnung, welche die Herkunft einer Käsesorte oder eines anderen Produktes aus einem bestimmten Gebiet garantiert. Die nationale Bezeichnung AOC entspricht der EU-Qualitätsnorm AOP *(siehe unter EU-Normen S. 224)*.

Aufrahmen
Physikalischer Prozess, bei welchem sich die Fettkügelchen (also die Sahne) aufgrund ihres gegenüber der übrigen Milchflüssigkeit geringeren spezifischen Gewichts an der Oberfläche ansammeln, wenn man die Milch in geeigneten Behältern eine Zeit lang stehen lässt.

Bergkäse
Allgemeine Bezeichnung für im Hochgebirge produzierte Käsesorten. Äquivalente Bezeichnungen sind *Tome* oder *Tomme* in Frankreich und das italienische *Toma*.

Blauschimmel
Edelschimmel der Gattung *Penicillium*, welcher sich durch blaue bis dunkelgrüne Flecken und Streifen im Käseteig offenbart, wie etwa bei Roquefort, Gorgonzola und Stilton.

Bleu
Französische Bezeichnung für dem Roquefort ähnliche Blauschimmelkäsesorten, welche aus Kuh- oder Schafsmilch gewonnen werden.

Böhrling
Sehr kleiner Käsezylinder, welcher aus dem Inneren des Käselaibes mit einem Bohrer herausgehoben wurde, um die Qualität des Produkts und das Reifestadium feststellen zu können.

Cassolette
Typische halbkugelförmige Holz- oder Plastikform, welche in Spanien für die Herstellung bestimmter Käsesorten verwendet wird.

Cheddaring
Verfahren zur Käseherstellung, bei welchem man den Käsebruch nach dem Schneiden in einem großen Behälter zu einem Bruchkuchen zusammenwachsen lässt. Die Masse wird bei einer Temperatur von 37 °C ständig gewendet, um die enthaltene Feuchtigkeit zu entfernen. Die Käsemasse wird deutlich fester, aber gleichzeitig sehr brüchig. Dann wird das Ganze in kleine Stückchen zerschnitzelt, wieder in den Behälter gefüllt, gerührt, gesalzen und schließlich gepresst. Bei diesem Prozess wird der Bruch immer wieder übereinander geschichtet, wobei durch das eigene Gewicht eine geschmeidig-glatte Käsemasse erreicht wird.

Chèvre
Französische Bezeichnung für »Ziege«. Mit diesem Terminus werden französische, aber auch viele nicht französische Ziegenkäse bezeichnet.

Dickete
Siehe Gallerte.

Été
Bezeichnung für manche französische Käsesorten, welche nur im Sommer erzeugt werden.

Fermier
Französische Bezeichnung für eine Käsesorte, welche in Sennerei oder Bauernhof und nicht in einem großen Molkereibetrieb hergestellt wird.

Fiscella
Der Begriff stammt aus dem Lateinischen und bedeutet »Körbchen«; er bezeichnet die kleinen siebartigen Behälter, in welchen man die frischen Ricotta-Käse abtropfen lässt. Einst wurden die Fiscelle von den Viehhirten von Hand aus Weiden und Binsen geflochten, heute werden Kunststoff-Körbchen verwendet.

g.g.A.
Geschützte geographische Angabe. Bei Produkten mit g.g.A.-Status muss lediglich eine der drei Produktionsstufen (Erzeugung, Verarbeitung oder Affinage) in dem bezeichneten Gebiet erfolgen. Für diese EU-Norm gibt es verschiedene

Abkürzungen für die jeweiligen Mitgliedsländer *(siehe Tabelle S. 224)*.

g.U.
Geschützte Ursprungsbezeichnung. Die Abkürzung g.U. steht für Käseprodukte, welche nach einem ganz bestimmten, anerkannten Verfahren in einem genau beschriebenen geographischen Gebiet produziert, bearbeitet und verfeinert wurden. Qualität und/oder Eigenschaften der Käsesorte müssen grundsätzlich auf die besondere geographische Lage und dafür zutreffende natürliche und menschliche Faktoren wie Klima, Bodenqualität und verwendete Verfahrenstechniken (die vielleicht nur hier bekannt sind) zurückzuführen sein. Diese Bezeichnung »g.U.« und die entsprechenden, für die jeweiligen Mitgliedsstaaten verwendeten Abkürzungen sind offiziell von der EU anerkannt *(siehe Tabelle S. 224)*.

Gallerte oder Dickete
Käsige, gestockte oder zähflüssige Masse, welche sich durch Labbeigabe und dem daraus resultierenden Eindicken der Milch gebildet hat.

Grubenkäse
Unter »Gruben« versteht man dabei etwa 3 m tiefe Höhlen (meist aus Tuff) von rundem Grundriss mit 2 m Durchmesser und mit einer 80 cm breiten Öffnung. In diese mit Stroh ausgekleideten Gruben lässt man mittels geeigneter Säcke die so genannten Grubenkäse gleiten, um sie hier reifen zu lassen. Lange Tradition hat die Herstellung von Grubenkäse in Sogliano al Rubicone, aber auch anderswo lässt man Käse auf diese Art reifen.

Gruyère
In Frankreich die Bezeichnung für große Käselaibe, welche durch Brennen und Pressen hergestellt wurden. Sie sind jedoch deswegen nicht mit dem gleichnamigen Schweizer Käse verwandt.

Järb (Käseform)
Behälter aus Holz, Kunststoff oder Edelstahl, in welche die Käsemasse nach dem Zerteilen, Abseihen und eventuellem Pressen gefüllt wird. Der Järb verleiht dem Käselaib seine Form.

Käsebruch
Sobald sich die Gallerte gebildet hat, wird sie zu mitunter sehr feinem Käsebruch zerteilt, damit die Molke abrinnen kann.

Käseharfe
Speielles Schneidewerkzeug mit Edelstahldrähten, welches bei der Käseherstellung zum Schneiden des Käsebruchs verwendet wird.

Kasein
Milchprotein, durch dessen Ausfällen Käse (vom lateinischen *»caseus«*) entsteht.

Käser
Der mit der Herstellung von Milchprodukten betraute Fachmann.

Käserei
Betrieb, der mit geeigneten Geräten ausgestattet ist, um Milch zu Butter und Käse zu verarbeiten.

Lab
Ein Eiweißspaltendes Enzym aus der Schleimhaut des Labmagens *(Abomasum)*, des vierten Magens von Kalb, Lamm oder Zicklein. Es wird meist als Pulver, Paste oder in flüssiger Form der Milch beigegeben, um das Gerinnen und Dickwerden der Milch einzuleiten. Es gibt auch pflanzliches Lab, welches aus Karden *(Cynara cardunculus)* gewonnen wird.

Labgerinnung
Durch Lab eingeleitete Gerinnung der Milch.

Lagerung
Nach dem Einleiten des Reifungsprozesses lagert man die Käselaibe in Höhlen oder Kellern, um ihre organoleptischen Eigenschaften (Farbe, Geruch, Geschmack) zu verbessern. Während der Lagerung verfestigen sich durch das Austrocknen sowohl Rinde als auch Teig. Gleichzeitig konzentrieren sich die Geruchs- und Geschmacksaromen, sodass sich die Intensität von Aroma und Geschmack verstärken.

Laktose
Milchzucker; ein in der Milch enthaltenes Disaccharid.

Lochung
Luftblasen verschiedenster Größe, welche sich im Inneren des Käseteiges während der Gärungsphase bilden. Die Lochung kann bei manchen Käsesorten, wie etwa dem Emmentaler, besonders ausgeprägt sein.

Magermilch
Milch, welche durch Abschöpfen nach dem Aufrahmen oder durch Zentrifugieren entfettet wurde, also der fette Anteil – die Sahne – entfernt wurde.

Merendeira
Bezeichnung für einige spanische Käsesorten mit 10-12 cm Durchmesser, wenigen

Zentimeter Höhe und einem Gewicht zwischen 200 und 400 g.

Milch
Im Fachjargon für die Käseerzeugung versteht man unter »Milch« das durch vollständiges Ausmelken des Euters eines Muttertieres gewonnene Produkt. Wenn keine weitere Spezifizierung (»Ziegen-«, »Schafs-« etc.) angegeben ist, handelt es sich ausschließlich um Kuhmilch.

Milchfett
Bestandteil der Milch. Im Allgemeinen sind Käsesorten mit hohem Milchfett-Anteil relativ frisch zu genießen, während die lange haltbaren Sorten aus fettarmer oder Magermilch hergestellt werden. Je nach ihrem Milchfett-Anteil können die Käsesorten als »mager«, »halbfett« oder »fett« klassifiziert werden.

Milchgerinnung
Phase bei der Käseherstellung, bei welcher die Milch dickgelegt bzw. das Kasein ausgefällt wird und so die Gallerte oder Dickete entsteht.

Milchsäurebakterien
Mikroorganismen, welche durch Bildung bestimmter Enzyme die Vergärung der in der Milch vorhandenen organischen Substanzen bewirken.

Molke
Flüssiger Teil der Milch, welcher nach der Bildung der Gallerte zurückbleibt. Molke enthält Serumalbumin, ein Protein, das im Gegensatz zum Kasein nicht durch Labbeigabe, sondern durch erhöhte Temperatur zum Ausfällen gebracht werden kann. Diese Eigenschaft wird bei der Ricotta-Herstellung genutzt – der Name »Ricotta« (»nochmals gekocht«) weist auch darauf hin, dass die Molke ein zweites Mal erhitzt wurde.

Penicillium roqueforti
Edelschimmel, dessen Sporen der Milch beigegeben werden, um Blauschimmelkäse wie Roquefort zu erzeugen.

Pressen
Verarbeitungsverfahren, bei welchem die Käsemasse, meist bereits in den Käseformen, gepresst wird, um das Austreten der Molke zu bewirken und den Teig zu festigen.

Racler
Französische Bezeichnung in der Bedeutung »abschaben«, wovon auch der Name der Schweizer Käsesorte Raclette abgeleitet wurde. Man isst diesen Käse, indem man den Laib leicht erwärmt, sodass die Oberfläche schmilzt und man den geschmolzenen Teil auf den Teller »schaben« kann.

Räuchern
Zum Konservieren verwendetes Verfahren, bei welchem der Käse dem beim Verbrennen von Holzspänen oder Holzmehl entstandenen Rauch ausgesetzt wird.

Reifung
Der Käse wird nach dem Einsalzen der Reifung zugeführt. Temperatur und Feuchtigkeit in den Reifungsräumen begünstigen bestimmte chemische und physikalische Prozesse, welche dem Käse zusätzlich zum ursprünglichen Aroma und Geschmack noch weitere Duft- und Geschmacksnoten verleihen.

Rinde
Äußerste Schicht des Käselaibes, welche je nach Herstellungsverfahren, Reifung, Affinage und Lagerraum von unterschiedlicher Konsistenz oder Dicke sein kann. Wenn sich auf der Rinde der typische weiße, weiche Schimmelpilz *Penicillium candidum* entwickelt, so spricht man von einer »Schimmelrinde« (Camembert, Brie, Paglierina di Rifreddo etc.).

Sahne
Fetter Bestandteil der Milch, welcher sich an der Oberfläche absetzt oder durch Zentrifugieren von der Milchflüssigkeit getrennt wird.

Salzen oder Salzbad
Schritt bei der Käseherstellung, um dem Käse den richtigen Salzgehalt zu verleihen. Die Laibe können trocken gesalzen werden, indem man sie mit Salz einreibt, oder sie können in eine Salzlake gelegt werden *(siehe dort)*. In einigen Fällen wird das Salz bereits direkt in die Bruchmasse gemischt.

Salzlake
Lösung von Wasser und Salz, welche zum Salzen der Käselaibe verwendet wird.

Schimmelpilz
Mikroorganismus aus dem Reich der Pilze, welcher sich im Käseteig (Blauschimmelkäse) oder an der Oberfläche des Käselaibes (Schimmelrinde) bilden kann. Außerdem kann Schimmel durch schlechte Lagerung von Käse entstehen – dieser Schimmel darf nicht gegessen werden.

Vollmilch
Die beim Melken gewonnene Milch, deren Fettanteil weder durch Stehenlassen und Abschöpfen noch durch Zentrifugieren (Entrahmen oder Teilentrahmen) verringert wurde.

Index

Abkürzungen für EU-Schutzmarken

EU-Mitgliedsstaaten	**Geschützte Ursprungsbezeichnung**	**Geschützte Gebietsbezeichnung**
DÄNEMARK	BOB	BGP
DEUTSCHLAND	g.U.	g.g.A.
FRANKREICH	AOP	IGP
GRIECHENLAND	POP	PGE
GROSSBRITANNIEN	PDO	PGI
ITALIEN	DOP	IGT
NIEDERLANDE	BOB	BGA
ÖSTERREICH	g.U.	g.g.A.
SPANIEN	DOP	IGP

JORDAN CHENEVIER • AURÉLIE FLIEDEL
YANNIG ROTH • GEOFFREY VION
ET +30 CMO DE LA TECH FRANÇAISE

QUAND LES START-UP & LICORNES RÉINVENTENT LE MARKETING

Retours d'expériences d'Alan, Brut., Bulldozer, Contentsquare, Hirondo, iBanFirst, Malt, etc.

DUNOD

TechMarketing Leaders

Éditorial : Laure Duclaud, Laëtitia Le Naour
Couverture : Nicolas Wiel, Studio Dunod
Fabrication : Pauline Riou
Mise en page : PCA

NOUS NOUS ENGAGEONS EN FAVEUR DE L'ENVIRONNEMENT :

Nos livres sont imprimés sur des papiers certifiés pour réduire notre impact sur l'environnement.

Le format de nos ouvrages est pensé afin d'optimiser l'utilisation du papier.

Depuis plus de 30 ans, nous imprimons 70 % de nos livres en France et 25 % en Europe et nous mettons tout en œuvre pour augmenter cet engagement auprès des imprimeurs français.

Nous limitons l'utilisation du plastique sur nos ouvrages (film sur les couvertures et les livres).

11 rue Paul Bert, 92240 Malakoff
www.dunod.com
ISBN : 978-2-10-087796-6